JN298127

多岐にわたる**心理学**の
基礎知識から、
最新の話題まで
様々な場面で役立つ情報が満載！

史上最強
カラー**図解**

プロが教える

心理学

のすべてがわかる本

元立正大学心理学部特任教授
大井晴策監修

ナツメ社

CONTENTS

Report 心理学最前線
キャリア心理学　**宮城まり子**先生	6
コミュニケーション心理学　**浦登記**氏	10
精神生理学　**福田一彦**先生	14
発達心理学　**小田切紀子**先生	18

はじめに ……………………………… 22

第❶章　「こころ」の歴史
心理学以前の「こころ」	24
19世紀ドイツで誕生	26
ゲシュタルト心理学	28
行動主義心理学	30
無意識の発見	32
人間性心理学の誕生	34
21世紀の心理学のあり方	36

Column ❶　男は失恋を引きずるってホント?　……… 38

第❷章　人は世界をどうとらえるか
心に備わった機能	40
心は脳から生まれる	42
視覚	44
聴覚	46
触覚、味覚、嗅覚	48
知覚のはたらき	50
感覚の不思議	52
身近にある錯覚	54
アフォーダンス理論	56
感情はどこから来るのか	58
感情が生じるプロセス	60

Column ❷　「金縛り」は心霊現象?　……………… 62

第❸章　心のはたらきを知る
学習とは何か	64
言語と思考	66

動機づけ	68
学習性無力感	70
記憶のメカニズム	72
短期記憶	74
長期記憶	76
記憶力を伸ばすには	78
問題解決	80
推論	82
創造的思考	84
知能	86
知能の発達	88
知能検査	90
さまざまな動機	92

Column ❸ つまらない仕事、面白くするには? ……… 96

第❹章 「私らしさ」はどう決まるのか

心理学における性格とは	98
クレッチマーの類型論	100
ユングの類型論	102
血液型による性格判断	104
特性論による性格分析	106
出生順位と性格	108
生得説と経験説	110
男らしさと女らしさ	112
交流分析とエゴグラム	114
さまざまな性格テスト	116

Column ❹ 子どものお昼寝、いらないってホント? ……… 118

第❺章 対人関係の心理学

セルフ・モニタリング	120
自尊心	122
原因帰属	124
さまざまな原因帰属	126
印象形成	128
自己呈示	132
好き嫌い	134

CONTENTS

表情	138
社会的ジレンマ	140
認知的不協和	142
援助	144
説得的コミュニケーション	146
リーダーシップ	148
集団	150
集団の意思決定	152
集団のまとまり	154
権力	156
群衆心理	158
組織づくり	160
流行	162
攻撃	164

Column ❺ 苦手な上司、どうすればうまくいく? ……… 166

第❻章　人間の発達

発達とは	168
遺伝と環境	170
発達理論	172
胎児の成長	174
赤ちゃんの感覚	176
赤ちゃんの感情	178
言葉の発達	180
愛着	182
自意識	184
道徳性	186
他人の気持ちを理解する	188
遊び	190
友人づきあい	192
ギャングエイジ	194
発達障害	196
自分探しの始まり	198
第二次性徴	200
青年期の人間関係	202
成人期の課題	204
結婚	206

出産・育児	208
中年期	210
高齢期の心と身体	212
死の受容	214
サクセスフル・エイジング	216

Column ❻ 育児は女性が行うべき？ ……… 218

第❼章　心のトラブルを考える

臨床心理学とは	220
神経症	222
社会問題化する「うつ」	224
統合失調症	226
心身症	228
パーソナリティ障害	230
犯罪心理学	232
現代人が抱える病	234
カウンセリング	236
心理アセスメント①	238
心理アセスメント②	240
心理療法の分類	242
精神分析的心理療法	244
来談者中心療法	246
認知行動療法	248
夢分析	250
自律訓練法	252

Column ❼ 若者に急増！ 新型うつって？ ……… 254

INDEX	255
写真提供、参考文献等	263

- 編集・執筆　　東雄介、株式会社アーク・コミュニケーションズ
- 編集担当　　　澤幡明子(ナツメ出版企画株式会社)
- 執筆　　　　　國天俊治、平瀬菜穂子、金子芳恵、岸並徹、西田知子、小川真理子(クロロス)、武田純子
- 本文デザイン　プロワン
- 撮影　　　　　東京フォト工芸(松谷祐増、樋木雅美)
- イラスト　　　石玉サコ
- 校正　　　　　山口智之

Report

人を動かす科学
心理学最前線

まさに今、注目が集まる心理学の領域とは？ キャリア心理学の宮城まり子先生、NLPの普及に力を尽くす浦登記氏、非医学的なアプローチで眠りを研究する福田一彦先生、離婚家庭をサポートする小田切紀子先生に話を聞いた。

Report 1

キャリア心理学の現在

仕事で病むことのない社会を心理学でつくる

自分が望むような仕事を見つけるには？ 心身とも健康な状態で仕事を続けるには何が必要？ 仕事のなかで自分らしさを発揮するにはどうしたらいい？ このような悩みを抱える人々をサポートするのが、キャリア心理学の領域だ。

法政大学
宮城まり子 先生

キャリア支援は自己理解から
仕事とはその人のアイデンティティそのものです

キャリア支援とメンタル支援の両方を行う

私は主に、キャリアカウンセリングの研究をしています。

キャリアカウンセリングというのは、現在の仕事に対する取りくみ方や、将来の自分のキャリアなどに関して、カウンセリングを行い、キャリア支援とメンタル支援の両方を行うことです。

一生のうちの多くの時間を費やす仕事というものは、単なる生活費を稼ぐための手段ではありません。たとえば「何をしている人ですか？」と問われたら、仕事の内容や役職の話をする人が多いのではないでしょうか。このように仕事とは、その個人のアイデンティティそのものと言ってもいいぐらいの意味を持っているのです。

そのため、仕事一筋で生きてきた人が定年退職を向かえた後にうつ病[※1]にかかってしまうなど、仕事とメンタルヘルス[※2]は密接に関係しています。たとえば現在では、ハローワークに臨床心理士が待機するようになりました。不景気のあおりを受け、失職者のメンタルヘルスが大きく損なわれてしまっていることの表れでしょう。

キャリアを考えることは心の健康を保つためでもある

さてキャリア支援は、まず自己理解を促すところからスタートします。自分がどうありたいか、何が得意か、何に価値を見いだすのか、どこに興味や関心があるのか、自分の役割をどう考え、それに対しどう行動すべきなのか、などを考えていきます。これらはすべて心理学で研究されているテーマそのものと言えますね。だからこそ、キャリア心理学がいま、

DATA：1　仕事につけない理由別の完全失業者数

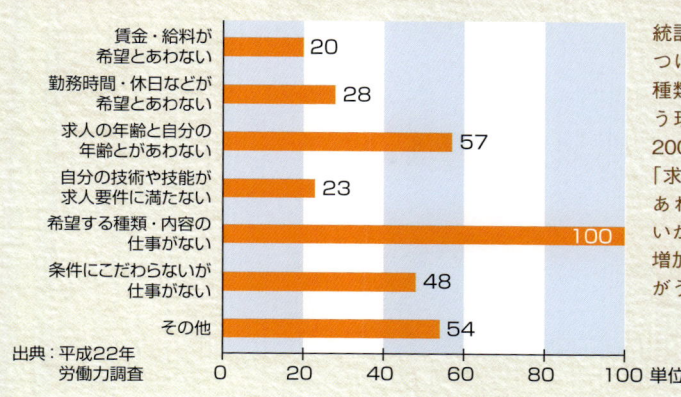

理由	万人
賃金・給料が希望とあわない	20
勤務時間・休日などが希望とあわない	28
求人の年齢と自分の年齢とがあわない	57
自分の技術や技能が求人要件に満たない	23
希望する種類・内容の仕事がない	100
条件にこだわらないが仕事がない	48
その他	54

出典：平成22年労働力調査　単位：万人（総数334万人）

統計局の調査によると、仕事につけない人の多くは「希望する種類・内容の仕事がない」という理由を挙げている。ただし2009年から2010年にかけては、「求人の年齢と自分の年齢とがあわない」「条件にこだわらないが仕事がない」と答える人が増加しており、雇用情勢の悪化がうかがい知れる。

用語解説　[※1] **うつ病**　気分が落ち込む、考え方が悲観的になるなどの精神症状が現れる。原因はストレスや心的外傷などさまざまだが、脳内の伝達物質セロトニンがうまく機能しなくなることも原因のひとつとされる。

必要とされているのでしょう。

キャリアカウンセリングの研究自体には15年ほど前から取り組んでいますが、昔はキャリアという言葉自体がほとんど認知されていませんでした。それは、ひとつの会社に一生勤めるという考えが当たり前という当時の風潮からすれば自然なことです。しかし現在は、大手企業も倒産に追い込まれることが十分にありうる時代。キャリアを考えることは自分を守るためであると同時に、心の健康を保つために大切なことなのです。

どんな仕事内容でも満ち足りた状態はつくれる

キャリアに対する満足度は、人を仕事に内発的に動機づけ[※3]ます。仕事が他人から評価されている、誰かに必要とされている、信頼されている、自分が生かされていると思う、成長していると思う、などと感じられるのであれば、仕事内容にかかわらず、心理的な充足感を得られます。

つまり、天職という言葉がありますが、天職は与えられるものではないということです。むしろ、自分で作るもの。どんな仕事であれ、きちんと努力をすれば周囲に認められ、自分の成長を実感することができるでしょう。

仕事というテーマを考える上で、メンタルヘルスの分野とキャリア支援の分野の間にはまだまだ垣根があると感じます。今後も2つを統合させる研究を続け、仕事により心が病むことがないような社会を目指し、研究していきたいと思っています。

DATA:2　うつ病・躁うつ病の総患者数

2009年に、うつ病の総患者数は100万人を超えた。男女別に見ると、男性よりも女性のほうが1.7倍多い。男は40歳代が、女性は60歳代、70歳代が多いという特徴もある。しかし増加数で見ると、男女とも30歳代の増加がもっとも多い。つまり"働き盛り"にうつが多いのである。

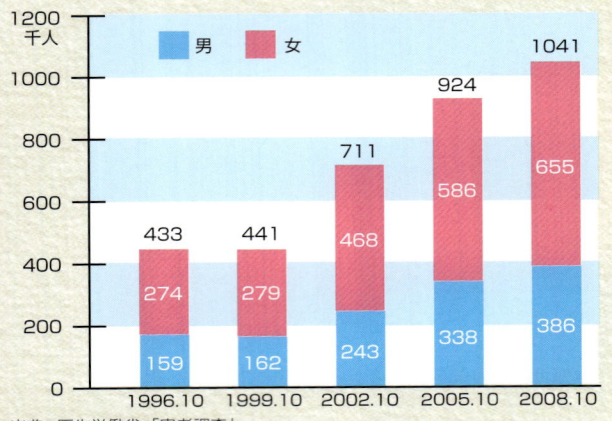

	1996.10	1999.10	2002.10	2005.10	2008.10
合計（千人）	433	441	711	924	1041
女	274	279	468	586	655
男	159	162	243	338	386

出典：厚生労働省「患者調査」

宮城まり子先生

病院臨床などを経て米カリフォルニア州立大学大学院キャリアカウンセリングコースに研究留学。立正大学心理学部教授を経て、現職。臨床心理学、生涯発達心理学、キャリア開発・キャリアカウンセリングを専門に研究。

➡p96、254のコラムもチェック！

※2 メンタルヘルス　精神の健康のことをいう。ストレス過多の問題が社会全域に広まり、誰しも心のトラブルを抱える危険がある現状を受け止め、国や企業も働く人たちのメンタルヘルスの向上に取り組んでいる。

キャリアカウンセリングの基礎「傾聴」

キャリアカウンセリングは、相手が置かれている状態を的確に把握することから始まる。そこで求められるのが、話を効果的に聞くための技法「傾聴」だ。

①うなずき・あいづち

話し手は、自分の話に聞き手が無反応だと、「本当に聞いているのかな」と不安になるもの。聞き手が適宜うなずいたり、「ええ」「なるほど」「それから？」などとあいづちを打つことで、ぐっと話しやすくなる。

②姿勢・アイコンタクト

「相手の目を見つめる」のは大切だが、度が過ぎると相手を話しにくくさせる。身体と顔は相手に向けた上で、相手全体をぼんやりと見るような感じがちょうどいい。またその際、足組みや腕組みは避ける。

③繰り返し・要約

相手の話を繰り返して伝えるだけで、相手は「この人はちゃんと理解してくれている」という印象を持つ。また適宜「あなたの言いたかったのはこういうこと？」と、相手の話を要約するのも、同じ効果が。

●クライエント
「このところずっと眠れなくて困っているんです……」

●カウンセラー
「眠れないんですね。それはお辛いでしょう」 ――繰り返し

●クライエント
「上司に怒られてばかりなんです。私が未熟なせいもありますが、他の社員は怒られないのに……」

●カウンセラー
「なるほど、あなたばかりが怒られているんですね」 ――要約

④沈黙

話し手との沈黙は気まずいものだが、無理に沈黙を破る必要はない。沈黙しながら、相手は自分の考えをまとめたり、大事なことを思いだそうとしているかもしれない。あせって沈黙を破ろうとせず、ガマンして沈黙につきあうという姿勢が大切だ。

⑤共感的理解

相手が言ったことを批判せず、できるだけその通りに受け止めること。また、それを「それは苦しかったでしょう」などと伝えること。それだけで話し手は満足し、問題を自己解決する場合もある。

⑥質問

「そこをもう少し具体的に教えてください」「それはどういう意味でしょう？」などと、適宜質問をすることで、相手は話しやすくなり、カウンセリングはスムーズに進む。相手も自分の言いたいことをより深く理解できる。

用語解説 ※3 **内発的動機づけ** 人が何か行動を起こそうとする意思を心理学では「動機」という。このうち、外的に与えられる報酬や物品ではなく、その人の内面からわき上がる好奇心や満足感に基づくものを内発的動機づけという。

Report 2

米国NLP協会認定
トレーナー
浦登記 氏

コミュニケーション心理学の現在

コミュニケーションは技術
言葉の力で人生は変わる

心理学の知見を、恋愛やビジネスなど実生活に役立つスキルとして発展させたものが、「NLP」（神経言語プログラミング）だ。特にコミュニケーションにおいて効果を発揮する。

質問の仕方しだいで簡単に人を動かせる

　私は、NLP※1と呼ばれるコミュニケーションの心理学を学んでいます。
　言葉のコミュニケーションは、誤解が生まれやすいものです。特に日本人同士が日本語で会話する時というのは、言いたいことを相手に察してもらうことを良しとする文化的な背景があるため、口数が少ない傾向があります。

　長年連れ添った夫婦ならともかくとして、仕事上のコミュニケーションにおいてはマイナスの慣習かもしれません。NLPでは、たとえばここで的確な質問の仕方を学ぶことになります。「ちょっと前にできたあの資料ってどこにあるの？」では曖昧すぎますから「3日前にできた〇〇案件の資料はどこ？」などと具体的に聞く。こうして、誤解が生まれにくいコミュニケーションの仕方が身についていくのです。

用語解説　※1 **NLP**　神経言語プログラミングの英語の頭文字をとったもの。30年ほど前にアメリカで発案され、当時有名だった心理療法家3人のコミュニケーションスタイルを解析・体系化したのがはじまり。

NLPとは何か

Neuro　神経
Linguistic　言語
Programming　プログラム

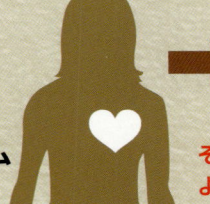

NLPとは、
・五感によって得た情報を、
・言語を使って
・意味づけする

そのパターンを分析し、よりよい生き方のために役立てるもの

「質問」ひとつとっても、コツがあるものなのです。うまくできれば、相手に気づかせずに、自分に都合よく動かすことも可能です。

人は誰しも「ああしなさい」「こうしなさい」と命令されるのを嫌います。それが好きでもない人に言われたならなおさら、気持ちよくは動いてくれないでしょう。たとえば時間が知りたい時に「時間を教えて下さい」というのは命令形。「嫌です」といわれたらそれまでです。ところが「時計を持っていますか？」と聞いたらどうでしょう。論理的には「持っています」が正しい答えのはずなのに、大多数の人はためらいなく自分の時計を見て時間を教えてくれるのではないでしょうか。

このように、コミュニケーションにはそれをスムーズにするスキルがあるのです。コミュニケーション力は持って生まれたものではなく、コツを掴めばだれでも身につくものなのです。

失敗という概念を捨てれば人生がポジティブになる

言葉には力がある。それをコミュニケーションの中でうまく使えば人生もプラスに変えることができる。私はそのことを多くの人に伝えたいと思っています。

また、NPLの考え方の前提として、「物事に失敗はない」ということがあります。失敗、成功は自分の心が決めること。思った結果が出なくても、「こうすれば結果がでないことがわかったから、次はこうしてみよう」というフィードバック[※2]が得られるという意味では成功だとも言えるのです。つまり体験した物事はすべてが自分の進歩に繋がるものであり、最高の結果に向かうための小さな成功であるとも考えられるわけです。

ポジティブな心こそ人生を楽しむベース。人生にはいろいろなことがありますが、すべてを自分の成長のワンステップととらえ、前向きに生きていきましょう。

浦登記 氏

米国NLP協会認定トレーナー。マインドマップアドバイザー。NLP心理学をビジネスやプライベートで生かせるよう伝えている。著書に『一番やさしくNLPのことがわかる本』（日本実業出版）。

➡p166のコラムもチェック！

用語解説 ※2 **フィードバック**　NLPにおいて重要とされる考え方。ある方法でうまくいかなければ、改善点を考察し、別のやり方を試みる。すべての物事が「学び」につながるため、人生をポジティブに捉えられるようになる。

Column
知って使えるNLP10のメソッド

知っているとぐっとコミュニケーションが楽になる、NLPのメソッドの一部を紹介しよう。ビジネスにもプライベートにも活用できるはずだ。

1 ラポール
相手の信頼感を引き寄せる

ラポールとは、親しい感情によって人間関係が構築された状態のこと。心理的距離が縮まり、安心感や信頼感が生まれている。この状態を作るには、「京都に旅行に行ったんだよ」「そうですか、京都に行ったんですか」などと、相手の言葉を繰り返す「**バックトラック**」や、相手と同じタイミングで飲み物を飲むなど、相手と同じ動作をする「**ミラーリング**」のテクニックなどを使う。

2 キャリブレーション
相手を観察してストレス回避

しぐさや表情、話し方、姿勢など、非言語的なメッセージをじっくり観察し、相手の心の動きを感じ取ることを**キャリブレーション**という。表面的な言葉に隠れた相手の本音をキャッチするメソッドだ。

3 サブモダリティ
どんな人が相手でも苦手意識を克服

視覚、聴覚、身体感覚を意識的に変化させるメソッド。たとえば、話していると自分が萎縮してしまうような苦手な上司がいたら、イメージのなかで上司の背を小さくしてしまう。すると、現実世界においても上司に萎縮しなくなるのだ。

4 アンカリング
どんなときでもスグ元気になる!

梅干しを見ると唾液があふれてくる。このようにある刺激が身体的・心理的な状態を作り出すことをNLPでは**アンカリング**※3という。これを応用すると落ち込んだりしたときにもすぐ元気になれるスイッチを作ることができる。たとえば「プレゼンに成功したときの達成感」(状態)を「ガッツポーズ」(刺激)にアンカリング。すると後はガッツポーズするだけでかつての達成感がよみがえる。

用語解説 ※3 **アンカリング** 「アンカー」は船のいかりのことで、アンカリングは「いかりをおろす」の意味。NLPでは、「特定の感情や反応を引き出すきっかけ」のことをアンカーと呼んでいる。

5 リフレーミング
言い方次第で自分も周りも元気になる

物事を肯定的にとらえられるよう言葉を言い換えることを**リフレーミング**※4という。たとえば「のろま」は「丁寧」、「八方美人」は「人あたりがいい」などと変換できる。

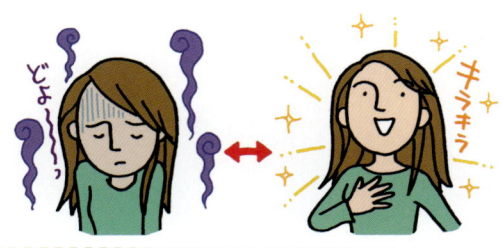

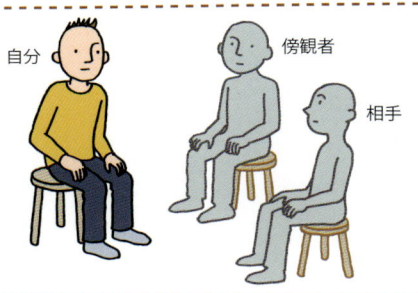

6 ポジションチェンジ
相手の立場でものを考える体験

3つのイスを用意し、自分、相手、傍観者の立場それぞれになりきって話す。すると自分中心の見方から解放され、相手や第三者の気持ちをリアリティをもって感じられる。

7 タイムライン
自分を縛る過去から脱出

過去や未来の出来事から現在の自分にアドバイスをもたらす。たとえば自信を失った時、**タイムライン**によって元気だった過去の自分を追体験、当時のエネルギーを現在に持ち帰る、など。

8 メタモデル
質問することでミスコミュニケーションを防ぐ

日常会話では省略、歪曲、一般化された情報しか伝えることができない。そこで「いつ」「誰が」「どうして」などと聞き直し、明確な情報を収集することを**メタモデル**という。

9 ミルトンモデル
曖昧な表現で深層心理にアプローチ

受け手が自由に解釈できるような曖昧な表現を使うこと。たとえば「残業しなさい」と命じるよりも「君の力がぜひ必要だ」といったほうが豊かなメッセージを伝えられる。

10 メタファ
例えや寓話を使って抵抗感を減らす

例えや寓話などのメタファをつかうと、命令や指示のメッセージであっても、抵抗感なく相手は受け止めてくれる。たとえば「ガマンしろ」→「石の上にも3年だよ」。

用語解説 ※4 **リフレーミング** 同じ物事であっても、見る視点によっては受け取り方が変わる。これを意識的に行うことをNLPではリフレーミングという。

精神生理学の現在

眠りの不思議を心理学が解き明かす

医学の領域で研究されることが多かった「睡眠」だが、近年は心理学的なアプローチからの研究も進んでいる。

Report 3

江戸川大学
福田一彦 先生

心のトラブルと睡眠には深いつながりがある

　私が研究している精神生理学※1でのメインテーマは"睡眠"です。睡眠と心理学がいったいどうつながっているのか、不思議に思う人もいるでしょう。しかし実は、睡眠の質が覚醒時の心理状態に大きな影響を与えています。

　人間の脳は大きく分けて3つの構造からなっていますが、睡眠は、呼吸など生命活動の根底を司る「脳幹」がコントロールします。したがって、その上にある「情動を司る大脳辺縁系※2」や「より高等な精神作用を司る大脳皮質※3」へ重大な影響を及ぼすのです。

　たとえば、多くの心の病に"不眠"の症状が付随しているのは、以前から知られていました。ところが最近では、うつ症状が現れる前に4割もの人に不眠が現

用語解説　※1 **精神生理学**　睡眠や意識、感情などの精神活動と、脳内での生理的機能との対応関係を研究する学問のこと。

心理学最前線 Report 3

DATA：1　不眠とうつの密接な関係

睡眠薬と抗不安薬併用患者の44.7％にうつが見られるという調査結果である。また、不眠とうつのうち、うつのみを治療した場合と、うつと不眠どちらも治療した場合を比較すると、前者のうつ再発率が圧倒的に高い。これも、不眠がうつのリスクファクターのひとつと考えられる理由のひとつだ。

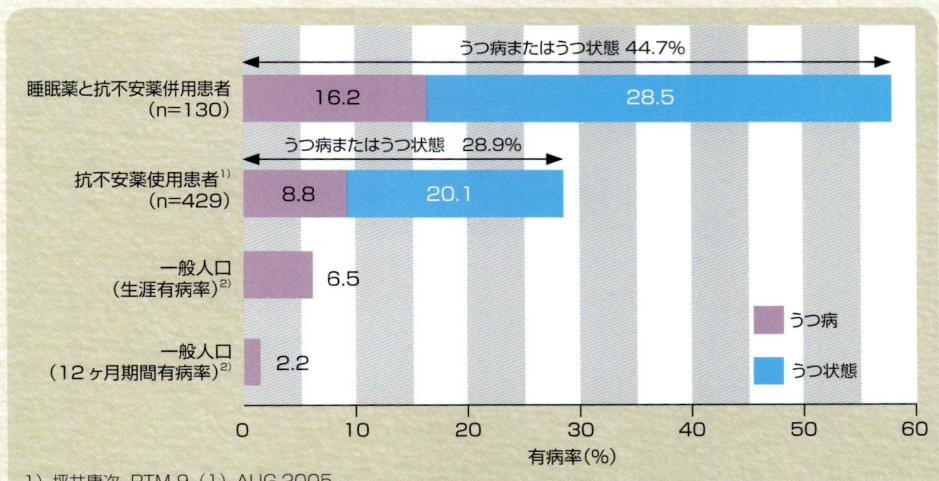

	うつ病	うつ状態	合計
睡眠薬と抗不安薬併用患者 (n=130)	16.2	28.5	うつ病またはうつ状態 44.7％
抗不安薬使用患者[1] (n=429)	8.8	20.1	うつ病またはうつ状態 28.9％
一般人口（生涯有病率）[2]	6.5		
一般人口（12ヶ月期間有病率）[2]	2.2		

有病率(％)

1) 坪井康次. PTM 9（1）AUG,2005
2) 川上憲人,他. 心の健康問題と対策基盤の実態に関する研究,平成14年度厚生労働科学特別研究事業総括研究報告書
坪井康次. PTM 9（1）FEB,2006

れていることなどから、単なる付随症状ではなく、不眠はうつのリスクファクターのひとつと考えられるようになっているのです。

アメリカでは、州ごとに睡眠障害の治療施設があり、心理学の領域からもたくさんの研究者が睡眠についての研究をしています。薬などを使った医学の領域からではない、日常生活の過ごし方を変えるような非医学の睡眠改善の取り組みは、精神衛生的にも極めて有効です。日本でも、そのような取り組みが始められてい

ます。たとえば、国立精神・神経医療研究センターの白川修一郎先生と、広島大学名誉教授の堀忠雄先生が立ち上げられた、一般社団法人日本睡眠改善協議会では、睡眠に関する非医学的なアドバイスができる人材「睡眠改善インストラクター」を育てる試みを続けています。

寝だめも8時間睡眠も思い込みに過ぎない

さて、そんな私たちの研究をふまえてみると、今、睡眠に関する常識とされて

うつ病患者の9割に不眠症状
心のトラブルと睡眠には深いつながりがある

用語解説　※2 大脳辺縁系　大脳のなかでも、もっとも発生が古い部分だとされる部位。人の本能的な活動や、恐怖などの原始的情動を司る。

15

睡眠の質は、日中をどう過ごしたかで決まる
布団に入ってからでは遅いのです

いるもののなかには、多くの誤解が含まれているのが現実です。

たとえば、「寝だめ」について。休みの日にたっぷり寝ることで、寝だめができたから翌日は睡眠不足でも大丈夫、といったような思い込みがありませんか？

しかし実際は寝だめはできません。どれだけ寝ても、それは翌日にはもちこせないのです。

「昼寝」も、実はあまりいい行為とはいえません。30分以上の昼寝になると、むしろ夜の睡眠に悪影響を与えてしまいますから、避けた方がいいでしょう。

これは、幼い子どもであっても同様です。というのも、多くの保育園が実施している「お昼寝の時間」が、子どもたちの夜更かしの原因になっていることがわかっているのです。

よく眠れるようにお酒を飲む、いわゆる「寝酒」も、質のよい睡眠にはつながりません。眠りに落ちるときはいいかもしれませんが、睡眠に関する効果は長続きせず、アルコールの利尿作用[※4]で結局目が覚めてしまい、アルコール中毒の危

Column 「日光を浴びるとよく眠れる」のワケ

「日中、陽を浴びることがよい睡眠には不可欠です」と福田先生。というのも陽の光を目から取り入れることが生体リズムを整えるからだ。「人間の目というのは屋外と屋内の光の強さの差がわかりにくい。室内撮影用に設定したカメラで屋外を撮影するのは難しいのに、人間の目は屋内外を同時に見ることができます。そのせいで部屋のなかも十分に明るいつもりになっている。ところが照度計で測ると屋内と屋外、光量は10倍以上違うんです。つまり屋内にいるときの私たちは、本当は暗いのに明るいと思い込んでいるということ。実際は、屋内にいる限り私たちの生体時計はどんどん遅れていきます。そこで午前中に陽を浴びることで生体時計に『今は昼間だよ』と教えてあげる必要があるんです。さもないと生体リズムがどんどん後ろにずれて、昼夜が逆転する。作家さんなど、部屋にこもりっぱなしの仕事をされている方が夜型になるのはそのせいです」（福田先生）

屋内外で明るさに数十倍の違いがある

用語解説 ※3 **大脳皮質** 大脳を覆っている淡い灰色をした薄い層。神経細胞が集まっており、思考、推理、記憶など脳の高次機能を司っている。

険も増します。日本は他国より寝酒の習慣が多いため、とくに注意しなければいけませんね。

また、「睡眠時間は8時間以上必要」という説も、ずいぶん広く信じられてきました。しかし必要な睡眠時間は人によっても変わるものです。

たとえば高齢になれば当然睡眠時間は短くなります。長く眠ろうとする努力はいりません。体が求める分だけの時間眠れば十分なのです。それよりも大切なのは、毎日同じ時間に寝起きして、できるだけ日中は眠らないこと。睡眠の質というのは日中をどう過ごしたかで決まります。つまり、寝ようと思ったときにはもう手遅れなのです。

このような睡眠に関する知識を得るだけで、誰でも生活の質を上げることができます。これからも、心と睡眠の関係を精神生理学の領域から探っていきます。そしてそれが人々の生活改善につながればうれしい限りですね。

福田一彦 先生

江戸川大学社会学部人間心理学科教授。福島大学教育学部教授などを経て現職。ヒトの睡眠や、脳波を使っての認知プロセスを中心に研究。金縛りのメカニズムの専門家としても知られ、テレビなどでも幅広く活躍中。

➡ p62、118の コラムもチェック！

Column

7時間睡眠がもっとも死亡率が低い

「たくさん眠れば健康になる、というのも大きな誤解です」と福田先生。一般的には8時間睡眠がよいとされているが、それも間違いだというのだ。「人にとってベストな睡眠時間は異なり、6時間睡眠でも5時間睡眠でも、日中きちんと活動できるなら十分なのです」（福田先生）。また、名古屋大学の玉腰暁子助教授が日本人11万人の睡眠時間と死亡リスクの関係を調べたところ（下グラフ参照）、男女とも7時間睡眠の人が最も死亡率が低いことがわかった。それよりも長い8時間台になると、睡眠不足とされる5～6時間台の睡眠よりも死亡率は高くなった。さらに、10時間以上の睡眠になると、7時間睡眠に比べて男性で1.73倍、女性で1.92倍も死亡率が高くなることがわかった。

睡眠時間と死亡リスク
6.5～7.4時間睡眠の人のリスクを1とした場合。睡眠時間は年齢の影響を調整して計算。

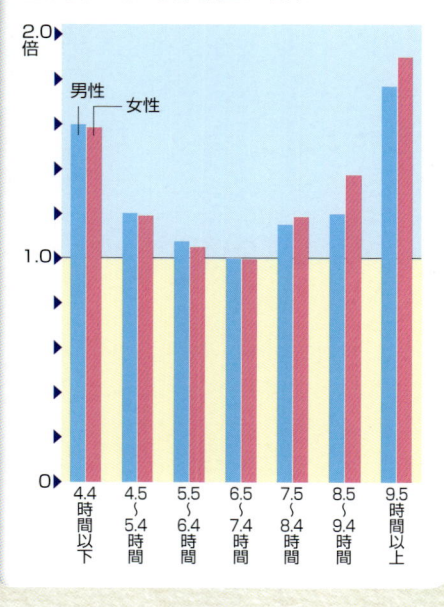

※4 **アルコールの利尿作用** 尿の量をコントロールする抗利尿ホルモンの働きをアルコールが抑えることによって、トイレが近くなる現象を指す。

Report 4

発達心理学の現在
離婚後の親子を どう支えるか

東京国際大学
小田切紀子 先生

日本における離婚件数は上昇傾向。離婚家庭におけるトラブルも増えているという。離婚した母親とその子どもを支援するための研究を続けている小田切紀子先生に話を聞いた。

根強い"母親神話"と 単独親権の影響

現在、日本の夫婦の2.8組に1組が離婚する時代です。離婚する夫婦の約6割に未成年の子どもがおり、離婚後は父親か母親のどちらかが親権者となる「単独親権」が民法によって定められています。

日本では、子どもには母親が一番大切だという「母親神話」が根強く、離婚後の親権の8割は母親がとります。そうなってしまうと、母親には「別れた夫と子どもを会わせたくない」という心理が働き、父と子は会いたい（「面会交流※1」したい）のに引き離されてしまうということがたくさん起きています。

一方、アメリカでは、「共同親権※2」なので面会交流が盛んに行われ、離婚後も父母は親の役割をともに果たす必要があります。そのため、州ごとに離婚後の

用語解説 ※1 **面会交流** 離婚し、子どもと暮らしていないほうの親が、子どもと面会すること。

心理学最前線 Report 4

親役割や子どもへの関わり方を学ぶ教育プログラムがあり、子どもの発達や、離婚後の元夫婦の関わり方などについて学びます。子連れで離婚する場合、このプログラムを受けなければ離婚届が受理されませんから、子どものことを考えた離婚制度がしっかり用意されていると言えるでしょう。

今や先進国のうち離婚後単独親権は日本だけです

再婚相手は「新しいパパ」か「ママのパートナー」か

子どもにとって父親と母親はそれぞれ一人だけ。再婚して、養子縁組をすれば、養親・養子という親子関係になり、実の親とは異なる親ができるわけですが、子どもの心理はそう簡単ではありません。

私がアメリカで出会った再婚家庭の男の子の話ですが、彼は私に、「ママのパートナーのボブだよ」と養父を紹介してくれました。共同親権で面会交流もあたりまえですので、実の父親とは一緒に暮ら

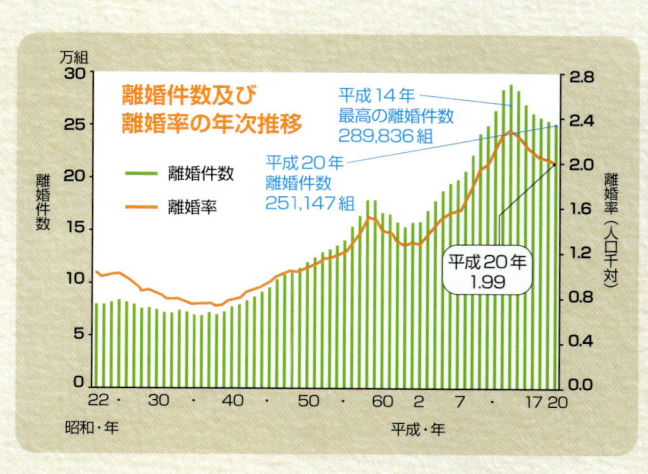

離婚件数及び離婚率の年次推移

- 離婚件数
- 離婚率

平成14年 最高の離婚件数 289,836組
平成20年 離婚件数 251,147組
平成20年 1.99

昭和・年 22・30・40・50・60 平成・年 2・7・17 20

DATA:1 離婚件数および離婚率の年次推移

厚生労働省の発表によれば、2008年の離婚件数は約25万1000件に達した。離婚総数の約6割は、同居期間10年未満の離婚。また離婚する約6割の夫婦に未成年の子どもがおり、そしてその子どもの約8割は、母親が親権を取得する。

DATA:2 離婚の理由

最高裁判所の調べ（平成20年）によると、離婚の理由としてもっとも多いのは、男女ともに「性格が合わない」である。具体的には「自分勝手」「発言と行動が異なる」などが挙げられた。

順位	男性	女性
第1位	性格が合わない	性格が合わない
第2位	異性関係	暴力をふるう
第3位	家族親族との折り合いが悪い	異性関係
第4位	その他	精神的に虐待する
第5位	性的不調和	生活費を渡さない

用語解説 ※2 共同親権　父母が共同で子どもの親権を持つこと。日本は単独親権だが他の先進国は大半が共同親権を法制化している。

離婚家庭に向けられる偏見の目に
子どもたちは敏感に反応します

していないだけで、母親の再婚相手は実の父親ではない、という考えが浸透しているのです。

一方日本はどうでしょう。「新しいパパ」という言い方をよく耳にします。もちろんそれでうまくいく再婚家庭も多いのですが、子どもにとっては実の父親の存在をどのように受け止めればよいのか、特に思春期の子どもの場合は困惑するケースが多いようです。

両親が離婚しても、多くの子どもは健全に育っています。しかし日本では、離婚家庭の子どもは非行に走る、ひとり親でかわいそうだ、など偏見で見られることも多く、子ども側もこういった周囲の目線に敏感に反応を示します。

離婚自体の善悪論はさておき、離婚は子どもの生き方や人間関係の持ち方などに将来に渡って影響を与える行為であることは認識しておかなければいけません。そして、子どもたちのために、親と周囲の大人はどのような態度をとるべきか。いまや先進国で離婚後の親子の交流について規定していないのは日本だけであり、共同親権の採用や、離婚する親への教育プログラムの必要性など、心理学の領域で解決できる問題を研究しているところです。

DATA:3　面会交流紛争※3の新受件数

平成11年から平成20年にかけて、日本では面会交流をめぐっての紛争が急激に増えた。しかし、面会交流が認められたのはそのうち半数以下である。子どもに会いたいのに会えない親がそれだけ多いということだ。

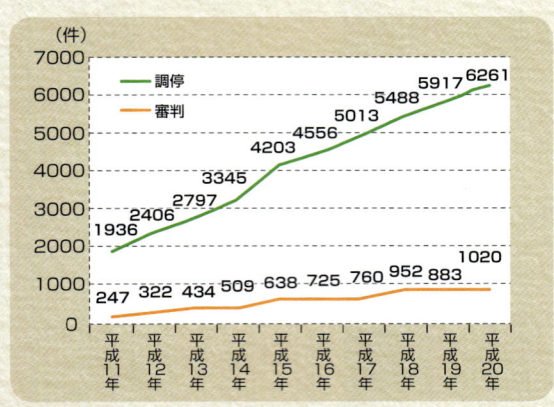

(件)

年	調停	審判
平成11年	1936	247
平成12年	2406	322
平成13年	2797	434
平成14年	3345	509
平成15年	4203	638
平成16年	4556	725
平成17年	5013	760
平成18年	5488	952
平成19年	5917	883
平成20年	6261	1020

出典：平成20年度『司法統計年報（家事事件編）』

小田切紀子 先生

東京国際大学人間社会学部教授。心理学博士、臨床心理士。夫婦関係と結婚生活、離婚問題などを研究。近年は、離婚家庭の子どもに関する心理的支援の研究にも力を入れている。著書に『離婚-前を向いて歩き続けるために』（サイエンス社）などがある。

➡p38、218のコラムもチェック！

用語解説 ※3 **面会交流紛争**　別れた相手と面会交流のための交渉をするのは煩わしく、深刻な対立に発展することが少なくない。これを面会交流紛争という。

心理学最前線 Report 4

Column

面会交流　家族にとっての意味

小田切先生によれば、面会交流が持つ意味には、親と子、それぞれの立場で違いがあるという。母親が子どもと同居している例で説明しよう。

母　子育てのサポーターを得て育児の心身的負担が軽くなる

父親と子どもの面会交流がないということは、育児についての協力が得られず、母親ひとりで育児負担を抱え込んでいることを意味する。そのため、時に母親は育児が重荷となり、子どもを疎ましく感じたり、無関心になったりと、精神的に不安定な状態に置かれ、それが子どもの成長を妨げることもある。

しかし、父親と子どもが面会交流している場合は、父親を「育児のパートナー」とみなせることから、母親ひとりで育児をするという負担感、責任感から解放されることになる。その結果、母親は精神的なストレスが軽くなり、子どもに対しても安定した気持ちで接することができる。

子　自己肯定感を高め、アイデンティティ確立を促す

父親との面会交流がある子どもは、両親から愛されていることを実感し、自信が持てるようになるという。また青木聡の調査によれば、面会交流の有無によって、子どもの自己肯定感と親和不足（コミュニケーション不足）の平均点に差が生じる。

青年期の発達課題であるアイデンティティの確立においても、面会交流は有意義だ。たとえば、母親の考え、父親の考えそれぞれを知ることで、片方の親の心情に感化されることもなく、無理のない親離れが可能になるという。また自分のルーツである父母の姿を理解するということは、親とは異なる自分らしさを発見することにもつながる。

父　子どもの社会性を育てる父親自身の人間的成長も

父親の面会交流は、母親の育児ストレスを軽くし、それが子どもの社会性を育てる。厚生労働省の「21世紀出生児縦断調査」（2009年）によれば、1歳のとき休日に父親と過ごす時間が長い子どもほど、5歳の時点では我慢強く、落ち着いて話を聞けるといった傾向があることがわかった。

子どもとの交流は父親の人間的成長をも促す。子育てに協力的な父親はそうでない父親よりも「柔軟さ」「自己制御」「視野の広がり」「生き甲斐・存在感」が身につくのだという。

また中学生の子どもは、一緒に遊んでくれたり会話をしたりする父親を「お父さんのようになりたい」「お父さんはかっこいい」などと慕うことがわかっている。

面会交流の有無と「自己肯定感」および「親和不全」の平均得点

		人数	平均得点	標準偏差
自己肯定感	両親	429	21.35	4.50
	面会交流あり	30	20.70	2.98
	面会交流なし	23	17.78	4.63
親和不全	両親	434	3.07	1.00
	面会交流あり	30	3.28	1.16
	面会交流なし	22	3.79	1.02

自己肯定感の平均得点

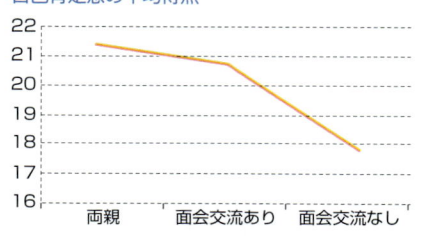

出典：「面会交流の有無と自己肯定感／親和不全の関連について」（青木聡）

はじめに

　心理学の面白さの一つは、"使える"学問であるということです。友人関係や恋愛をよりスムーズにする、仕事の悩みを解決する、心のトラブルを解決するなど、日常のさまざまな場面で心理学の知見が生かされています。
　いま若い学生のみならず、社会人にも心理学に関心を持つ人が増えているのはそのためでしょう。心理学とは、私たちが暮らすこの日常を豊かにしてくれる学問であることに、多くの方が気づき始めているのです。
　また一方で心理学には、人間とは何かという問いを追求していく領域もあります。私自身、人間を知りたいという思いから心理学の道を選んでもう50年が経ちますが、興味が尽きることがありません。
　たとえば、社会とは何か、人が発達するとはどういうことか、人の性格とは何か。私たちが普段何気なく行っている「物を見る」という行為ひとつとっても、その答えは一様ではないのです。視覚のメカニズムを知り、興味深い錯覚現象を知るほどに、「物を見る」という行為の不可思議さが深まっていくことでしょう。
　このように、心理学が扱うテーマは多岐にわたっています。臨床心理学、発達心理学、社会心理学、認知心理学など、○○心理学と名のつくものだけでも膨大な数に上ります。そのため「心理学に興味があるものの、どこから学んだらいいかわからない」という方が少なからずいるようです。
　本書は、そんな方々を対象にした、心理学のエッセンスを凝縮した入門書です。イラストと図版をふんだんに用いて、心理学におけるトピックスを広く、わかりやすく解説しています。また巻頭では、いま心理学の最前線ではどんなことが研究されているのか、現場の専門家の方々のインタビューによって紹介しています。
　どんな人も「これは面白い」「もっと知りたいな」と興味をそそられるトピックが必ずあるはずです。恋愛でしょうか、人の性格の違いでしょうか、それとも子どもの発達でしょうか。監修者として何より皆さんにお伝えしたいのは、私たちの暮らしのあちこちに、心理学を学ぶきっかけが転がっているということ。本書を通じて、そうご理解いただけることを願っています。
　最後になりましたが、編集の東雄介氏をはじめ、本書の制作に関わってくださったすべての皆様に感謝いたします。

　　　　　　　　　　　　　監修者　元立正大学心理学部特任教授
　　　　　　　　　　　　　　　　　大井晴策

第1章
「こころ」の歴史

古来、哲学者たちが探求していた「心とは何か」という問いは、
21世紀に至るまでに、どのように体系化されたのか。
この章では、「心理学」という学問の成りたちを考える。

心理学以前の「こころ」	24
19世紀ドイツで誕生	26
ゲシュタルト心理学	28
行動主義心理学	30
無意識の発見	32
人間性心理学の誕生	34
21世紀の心理学のあり方	36

心理学以前の「こころ」

科学としての心理学が誕生したのは19世紀のころ。しかし、それ以前からプラトン、アリストテレス、デカルトといった哲学者たちが「こころ」の仕組みを探求し続けていた。

●哲学者たちの心をめぐる探求

　心理学（Psychology）とは、さまざまな心のメカニズムを解明するための学問である。心を論理的に研究することを目的としているといってもいい。心の中で起きていることは目には見えない。しかし、その表れである行動を観察することにより、目に見える世界に置き換えることは可能なのである。そのための手法が生み出され、心理学が学問として確立したのは19世紀末のことだ。

　しかし心をめぐる探求はそのはるか以前より行われてきた。古くは心に対する原始的な解釈とされる**アニミズム**までさかのぼるが、なかでも心理学の誕生に多大な影響を及ぼしたのは哲学である。

　プラトン（ギリシア、BC.427-BC.347）は人間の心と体を分ける心身二元論を提唱した。プラトンによれば心（霊魂）は実体のない概念的なものだが体に宿れば苦楽を感じる。つまり「人間は霊魂と身体の複合体であり、肉体が滅びても霊魂は不滅である」と説いたのである。その一方、**アリストテレス**（ギリシア、BC.384-BC.322）は経験論的な立場から心を位置づけた。世界初の心理学書と評される著書『霊魂論』には「身体は素材であり心はその形相」であり「心と身体は分離できないもの」と書かれている。

　17世紀になると近代哲学の父**デカルト**（フランス、1596-1650）が「心

心を科学する学問

心の「表れ」を観察
↓
心理学のフィルターを通す
↓
分析・推論
↓
心のなかで起きていることを解明する
↓
記憶のメカニズム　　感情のメカニズム　　心の病のメカニズム

➡ 直接見えない「心」の中の働きを解き明かすのが「心理学」

ミニ知識　あらゆるものの中に魂や精霊が宿っているとする考え方を**アニミズム**という。ラテン語のanima（気息・霊魂・生命）に由来。宗教の原初的な形態で、世界的に習俗の中で一般化している。

心理学以前の「こころ」

身相互作用説」を説いた。「精神と身体は独立したもの」と考えながらも「身体は精神の支配下にあり、機械的原理により操作される」としたのである。さらには「相互作用を司るところが脳の松果体にある」として精神作用は実証的な証明が可能であると唱えた。

17世紀後半には経験主義心理学がイギリスで誕生した。哲学者**ロック**（イギリス、1632-1704）は「人は生まれたときは白紙の状態。連想によって感覚と観念が結びつき、観念体系が形成される」とする連想心理学を提唱した。やがて18世紀になると心理学は物理学や医学といった自然科学と融合しながら、学問として体系化されていった。

CLOSE UP　心理学の語源

心理学は英語でPsychologyという。ギリシア語で心を意味するプシュケー（Psyche）と学問を意味するロゴス（Logos）を合わせた言葉である。文字通り、心理学とは「こころ」とは何かを追求する学問といえるだろう。19世紀初頭、ドイツの心理学者、ヘルバルトが『心理学教科書』でこの言葉を使ったのが始まりとされている。

哲学者が考えた心の姿

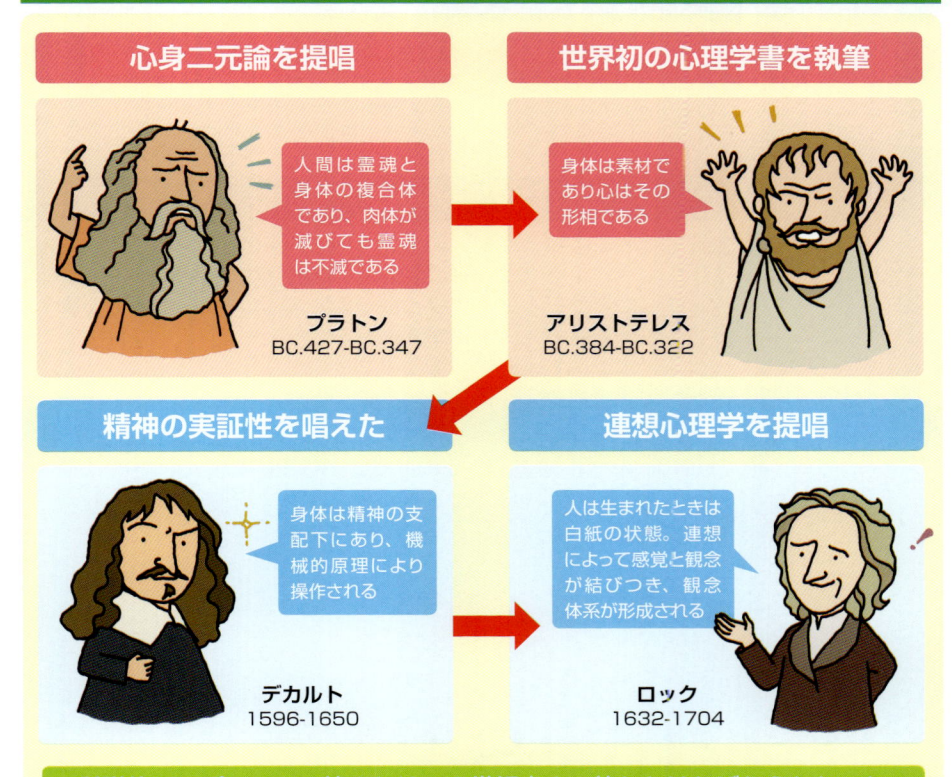

心身二元論を提唱
プラトン　BC.427-BC.347
人間は霊魂と身体の複合体であり、肉体が滅びても霊魂は不滅である

世界初の心理学書を執筆
アリストテレス　BC.384-BC.322
身体は素材であり心はその形相である

精神の実証性を唱えた
デカルト　1596-1650
身体は精神の支配下にあり、機械的原理により操作される

連想心理学を提唱
ロック　1632-1704
人は生まれたときは白紙の状態。連想によって感覚と観念が結びつき、観念体系が形成される

科学的なアプローチの始まりは19世紀末まで待たなければならなかった

ミニ知識　おもに恋愛に対して使われる**プラトニック**という言葉は「プラトン的な」という意味。プラトンが肉体にひかれる愛より精神にひかれる愛のほうが優れていると説いたことから、その名を冠している。

▶19世紀ドイツで誕生

19世紀になると、心理学は科学として発展を遂げていく。ウェーバーやフェヒナーにより自然科学と同じ手続きを踏むことで、人間の心を科学しようという試みが始まった。

●心の働きを数量化して公式に

19世紀後半、心理学が科学としての第一歩を踏み出すきっかけを作ったのがドイツの物理学者**フェヒナー**（ドイツ、1801-1887）である。彼はそれまでの哲学的なアプローチを捨て去り、心の働き（感覚）を測定するための手法を考案した。さらには刺激と人間の感覚との関係を表す「**フェヒナーの法則**」を見いだした。

フェヒナーの法則とは、心理的な感覚量（R）は物理的な刺激の量（S）の対数に比例するというものだ。たとえば1つしかない部屋の灯りを2つに増やすと「とても明るくなった」と感じるが、さらに3つ、4つに増やしてもさほど「明るくなった」とは感じない。このことから、人間が何かを感じる強さは必ずしも物理的な刺激の強さとは一致しないが、何らかの相関関係があることが予想された。フェヒナーはその相関関係を数量的に明らかにして、法則化したのである。

フェヒナーの研究に先立ち、同じライ

フェヒナーの法則

（グラフ：縦軸「感覚の大きさ（R）」、横軸「刺激の大きさ（S）」）

刺激が大きくなるほど感じ方も大きくなるが、その傾きは次第にゆるやかになる

1つの灯り（物理的な刺激の量）を2つに増やすと急に明るくなったように感じる（心理的な感覚量）

しかし、さらに3つ、4つと増やしてもさほど「明るくなった」とは感じない

$$R = k \log S$$

（心理的な感覚量）（定数）（物理的な刺激の量）

心理的な感覚量は物理的な刺激の対数に比例する

ミニ知識　フェヒナーは美を実験的に明らかにしようとする実験美学の研究にも取り組んだ。美感を与える長方形の実験により、**黄金比**（縦横の比率が1:1.618）の妥当性を初めて検証したことでも知られている。

プチヒ大学の生理学者だった**ウェーバー**（ドイツ、1795-1878）は運動感覚の実験に取り組んでいた。彼が発見したのが**ウェーバーの法則**である。

たとえば手のひらに標準となる一定の重さのおもりを乗せ、もう一方の手には重さの異なる別のおもりを乗せたとする。標準のおもりが100gであれば、もう一方のおもりが102gというわずかな違いであっても感じ取ることができる。

ところが標準のおもりを5倍の500gに、もう一方のおもりを502gに設定すると違いを感じ取れない。重さの違いを感じ取るにはもう一方のおもりを510gにしなければならなかったのである。このことから「2つの刺激があったとき、標準となる刺激と、それと識別可能な刺激の大きさの比はほぼ一定になる」というウェーバーの法則が導き出された。

フェヒナーは、このウェーバーの法則を参考にフェヒナーの法則を編み出したのである。のみならず、人間の心の働きに対して物理学のような理論を築こうと「**精神物理学**」を提唱した。この精神物理学の手法によって、心理的現象は数字で表せるようになり、科学としての心理学が確立されていったのである。

重さの違いを感じ取れるかどうかは、何g違うかよりも、何%違うかによって決まる。

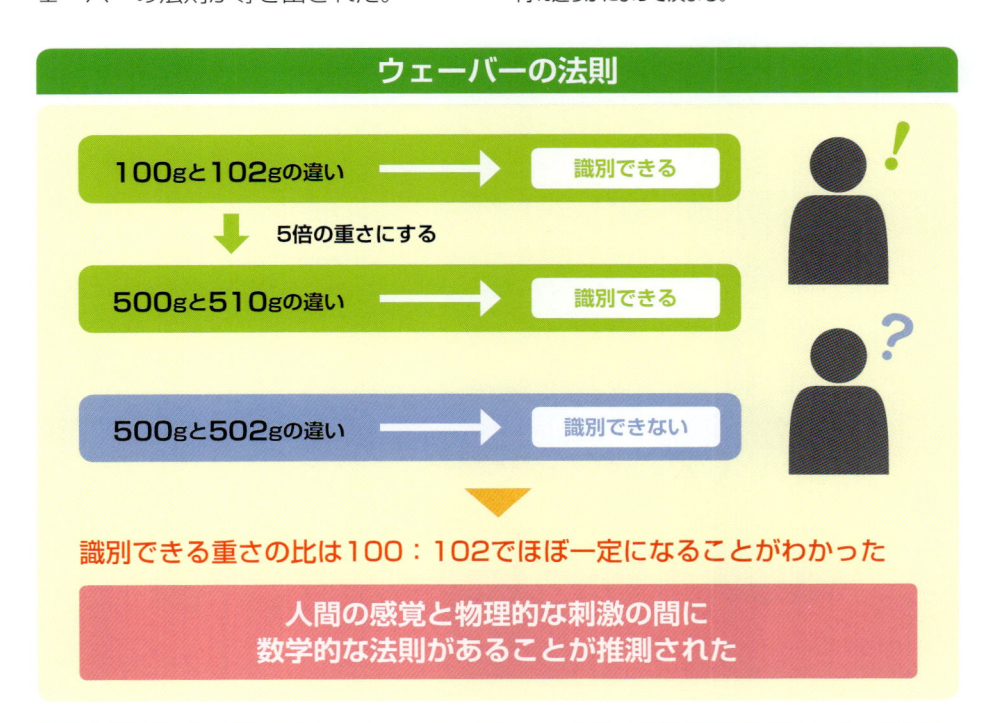

第①章 「こころ」の歴史

19世紀ドイツで誕生

ウェーバーの法則

- 100gと102gの違い → 識別できる
- ↓ 5倍の重さにする
- 500gと510gの違い → 識別できる
- 500gと502gの違い → 識別できない

識別できる重さの比は100：102でほぼ一定になることがわかった

人間の感覚と物理的な刺激の間に数学的な法則があることが推測された

生理学者ヘルムホルツはフェヒナーの手法を取り入れ、色覚、聴覚の研究で業績を上げた。光の三原色の理論を発展させた「三色説」などの理論を打ち立て、知覚心理学に多大な貢献を果たした。

ゲシュタルト心理学

心理学の父と称されるヴント。彼の学説は「構成主義心理学」と呼ばれる。ライプチヒ大学に初めて心理学実験室を開設すると、世界中の研究者がそこに集まった。

●実験科学に基づく2つの学説

1879年、**ヴント**（ドイツ、1832-1920）が**ライプチヒ大学**に心理学実験室を創設した。そこで「実験心理学演習」の講義を行ったのが近代心理学の始まりとされる。これによりヴントは心理学の父と称されるようになる。

ヴントの功績は、自然科学的な手法を取り入れ、心理学を実験科学として確立させたことである。たとえば被験者にさまざまな刺激を加えて、その瞬間に意識したことをくわしく報告させた。このように人間の内面を観察・分析する実験方法を**内観法**という。さらにヴントは意識を純粋感覚と単一感情の2種類の要素に分け、その要素を組み立てることであらゆる精神構造を説明できると考えた。また複数の要素を1つのまとまりとしてとらえようとする機能が人間の心にはあると考え、これを**統覚**と呼んだ。

のちに彼の学説はアメリカの心理学者ティチェナーによって**構成主義心理学**と名づけられた。

●ヴントへの反論

20世紀初頭、ヴントの構成主義に対する反論として提起されたのが**ゲシュタルト心理学**である。**ヴェルトハイマー**（ドイツ、1880-1943）を中心に**ケーラー**

ヴントの学説

心はさまざまな要素の集合である

ヴント 1832-1920
ドイツの心理学者。ライプチヒ大学に世界初の心理学実験室を創設した。

心の内面を観察する
内観法
ヴントは心的要素がどう結合するのか知るために、被験者に対してさまざまな刺激を与え、その瞬間意識した内容を伝えてもらうという「内観法」で調査を行った。

さまざまな要素の集まりで心は構成される
構成主義心理学
心の中にあるさまざまな要素（心的要素）が、「統覚」という働きによって1つにまとめられているとヴントは考えた。

感情　感覚　記憶

> ミニ知識　晩年、ヴントは民族の心理学的特徴などを研究した。人間の心理は個人の意識を超えて、その人の属する社会や慣習、宗教などによると唱える「民族心理学」を創始し、全10巻にわたる大著を著した。

（ドイツ、1887-1967）、**コフカ**（ドイツ、1886-1941）といった研究者たちによって、1学派が形成された。

彼らは、人間の心は要素や部分の集まりではなく1つのまとまりとして存在し、その構造こそが重要であると唱えた。たとえば私たちが「赤い花」を目にしたとき、網膜でキャッチする情報のみを取り出せばそれはただの赤い光に過ぎない。にもかかわらず、私たちはそれを赤い光の束などではなく、「赤い花」全体としてとらえているのだとゲシュタルト心理学は主張する。

またヴェルトハイマーは、**仮現運動**を構成主義への反証として提示している。仮現運動とは、静止した対象を短い時間間隔で位置を変えながら連続して提示すると、動いているかのように見える現象のことだ。

たとえば映画のフィルムが、1コマ1コマは止まっているのに、あたかも実際に絵が動いているかのように見えるのは、この仮現運動を知覚するためである。この現象は、個々の刺激に対して個々の感覚が対応するという構成主義的な考え方では説明することができない。

そのほかにも、ヴェルトハイマーらは、体制化の法則（→p50）など、視覚が世界を構造化するときの法則を見いだしている。

このように、人間の視覚の実験的研究を出発点として、ゲシュタルト理論は学習や記憶、行動などの幅広い領域に展開した。

CLOSE UP 哲学教授への転身

ヴントは高校時代までは学校嫌いの落第生だったが、猛勉強の末、大学の医学部に進み、医学博士になった。もともとの専門は生理学で、19世紀を代表する生理学者ヘルムホルツに師事した。しかし、当時、生理学が徐々に衰退していたため、より前途有望な哲学に転向。ライプチヒ大学の哲学の教授に就任した。結果的に、この転身によって生理学の手法と彼の哲学的関心とが結びつき、心理学が科学として独立する流れが作られていった。

ゲシュタルト心理学

心は分割できないとしてヴントを批判した

心は1つのまとまりであり、要素に分解することなどできない

ヴェルトハイマー
1880-1943
ドイツの心理学者。ケーラーやコフカらと並び、ゲシュタルト心理学の基礎を築いた一人。

物理的にはあり得ない動きが見える
仮現運動

実際には動いていないのに、ものが動いて見える現象。感覚は要素の合成であるとする構成主義心理学の考えでは説明がつかない。

Ⓐ 黒い点を交互に点滅させると、同じ点が左右に移動しているように見える

Ⓑ 黒い点が左から右へ移動しているように見える

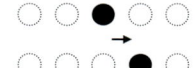

ミニ知識 ゲシュタルトとはドイツ語で「形態」、全体としてのまとまりを意味する言葉である。

行動主義心理学

行動主義が出現し、心理学の中心はドイツからアメリカへ移った。その特徴は、目に見えない「意識」より客観的に観察できる「行動」を研究対象とすることにあった。

●「行動」だけを研究対象にする

　20世紀に入ると、心理学の中心はアメリカへと移っていった。するとアメリカ発祥のプラグマティズム（実用主義）の影響を受け、それまで主流だったヴントの構成主義を真っ向から否定する新しい心理学が出現した。動物心理学者**ワトソン**（アメリカ、1878-1958）の提唱する行動主義心理学である。

　ワトソンは、目に見えず確かめようのない意識を研究の対象とすることは誤りであると批判し、客観的に観察可能な行動のみを研究するべきだと主張した。やがてワトソンは**アルバート坊やの実験**などを通じて、人間の行動を外部から与えられた刺激（S：Stimulus）に対する反応（R：Response）として理解する**S-R理論**を打ち立てた。

　またワトソンはS-R理論にもとづき、人間が条件づけによってどのような行動も身につけることができると考えた。つまり人間の特質を形成するのは、先天的な遺伝や資質より後天的な環境や経験に

行動主義心理学の考え方

客観的に観察可能な「行動」のみを心理学の対象とするべき

外から与えられた刺激（S）に対し、どんな反応（R）を示したか

例　アルバート坊やの実験

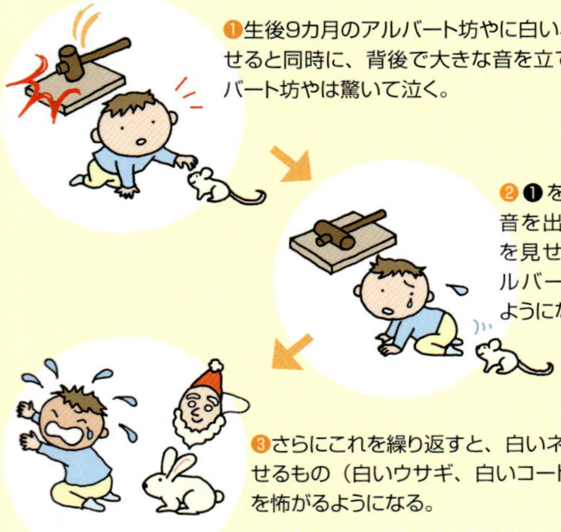

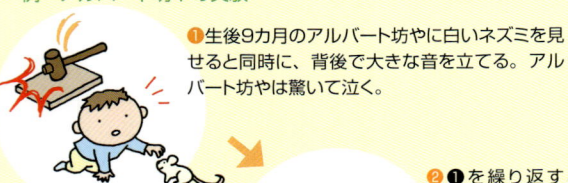

❶生後9カ月のアルバート坊やに白いネズミを見せると同時に、背後で大きな音を立てる。アルバート坊やは驚いて泣く。

❷❶を繰り返すと、音を出さずにネズミを見せるだけでもアルバート坊やは泣くようになる。

❸さらにこれを繰り返すと、白いネズミを連想させるもの（白いウサギ、白いコート、白いお面）を怖がるようになる。

ワトソン
1878-1958
アメリカの動物心理学者。ヴントの「内観」を批判した。

豆知識　犬にベル音を聞かせた後、エサを与えることを繰り返すと、犬はベル音を聞いただけで唾液を出すようになる。このように刺激のみで反応が起こることを古典的条件づけと呼ぶ。

よるところが大きいという環境決定論である。

やがてトールマン、ハル、スキナー（アメリカ、1904-1990）ら新世代の行動主義者たちによる「新行動主義心理学」が登場した。彼らは刺激が直接、行動に結びつくのではなく、その間に媒介するものがあると考えた。

たとえば**トールマン**は目的論的行動主義をとり、行動は生理学的反応の総和によって定義されるもの以上のもの、つまり目的を持ったものだと主張した。**ハル**は行動心理学に数学的体系を導入し、刺激と反応の間に媒介変数を仮定した。行動主義のS-R理論に対し、S-O-R理論を唱えた。OはOrganism（有機体）で、個体特有の内的要因という意味である。この概念を持ち込むことで、同一の刺激に対する反応の個体差が合理的に説明できるようになった。また**スキナー**は、スキナーボックスと呼ばれる実験装置を用いて動物の行動を記録・分析し、能動的・自発的な行動は学習されるものであることを実証した。後年、彼の考えはプログラム学習などに取り入れられ、現代の教育にも応用されている。

CLOSE UP 学会会長から実業家へ

1913年、コロンビア大学で「行動主義者の見た心理学」という論文を発表したワトソンは一躍脚光を浴びる。その主張は、当時の観念論的な心理学に飽き足らない思いを抱いていた研究者の間でたちまち支持を集めていった。3年後には、37歳の若さでアメリカ心理学会の会長にまで上り詰める。しかし、大変な野心家であったといわれるワトソンはビジネス界に転身。学者としての経歴は短かったが、その後の心理学を方向づけた。

第①章 「こころ」の歴史

行動主義心理学

新行動主義者たちの登場

刺激が直接、行動に結びつくのではない。その間に媒介するものがあるはずだ

スキナー
1904-1990
トールマンらとともに、新行動主義を唱えた一人。

能動的な行動により学習が進むことを立証した

例　スキナーボックスの実験

❶偶然レバーに触れたらエサが与えられる「スキナーボックス」にネズミを入れる。

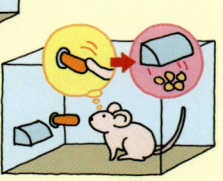

❷しばらくすると、レバーに触れればエサが手に入ることを学習する。

❸エサが欲しいときは自分からレバーを押すようになる。

ミニ知識　レバーを押すとエサの出る箱（スキナーボックス）に入れたネズミが偶然レバーに触れエサを得ると、次からエサが欲しいときにレバーを押すようになる。この自発的な学習行動を**オペラント条件づけ**と呼ぶ。

無意識の発見

フロイトによる「無意識」の発見は心理学史上の大きな功績となった。彼が作り上げた精神分析学は、心理学のみならず他の学問領域にも広く影響を及ぼした。

●20世紀心理学の2人の巨人

意識を重んじたヴントに対し、**無意識**を重視したのが**フロイト**（オーストリア、1856-1939）である。精神科医だったフロイトは、神経症の患者の記憶をよみがえらせると症状が改善することに気づいた。このことから、抑圧された記憶が無意識のうちに存在し、症状を引き起こしているのではないかと考えたのだ。後にその理論を発展させ、無意識は**超自我**・**自我**・**エス**の3つに分けられるとした。エスは人間の本能的な欲望であり、超自我とは良心や道徳心に当たるもの、自我

フロイトの理論

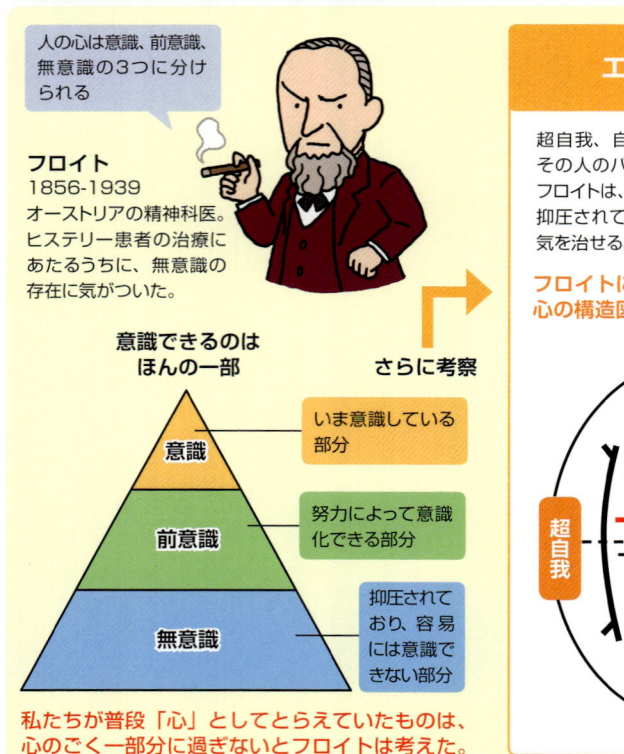

人の心は意識、前意識、無意識の3つに分けられる

フロイト
1856-1939
オーストリアの精神科医。ヒステリー患者の治療にあたるうちに、無意識の存在に気がついた。

意識できるのはほんの一部

- 意識 — いま意識している部分
- 前意識 — 努力によって意識化できる部分
- 無意識 — 抑圧されており、容易には意識できない部分

私たちが普段「心」としてとらえていたものは、心のごく一部分に過ぎないとフロイトは考えた。

エス・自我・超自我

超自我、自我、エスは互いに影響し合い、その人のパーソナリティを成立させている。フロイトは、これら無意識の領域に入り込み、抑圧されていたものを解放できれば心の病気を治せると考えた。

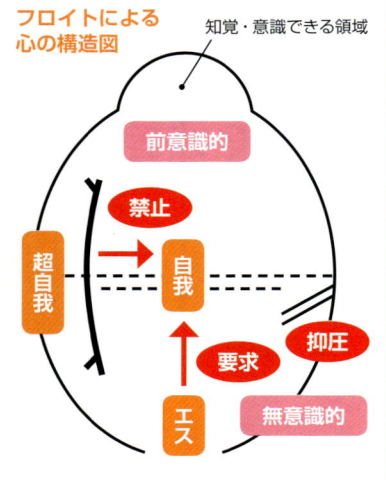

フロイトによる心の構造図

- 知覚・意識できる領域
- 前意識的
- 超自我 →禁止→ 自我
- エス →要求→ 自我
- 抑圧
- 無意識的

> フロイトは人間の性本能の基底となるエネルギーをリビドーと名づけた。人は生まれながらにリビドーを持つという理論を展開したが、幼児にも性欲があるとした学説は反道徳的とのレッテルを貼られた。

はエスと超自我のバランスをとる役目を持つという。こうしてフロイトは多くの臨床事例をもとに無意識を探求し、**精神分析学**を打ち立てた。

この革新的な理論に傾倒した一人が**ユング**（スイス、1875-1961）だった。ユングは一時フロイトの後継者と目されたがやがてフロイトと決別、独自の理論を展開した。たとえばフロイトの無意識は個人に限定されていたが、ユングは無意識をもっと大きな意味のあるものととらえ、個人の経験を超越する**普遍的無意識**の存在を主張した。その領域は人類の共通した記憶やイメージのまとまりによって構成されるとし、そのまとまりを**元型**と称した。

CLOSE UP 夢分析

フロイトは夢を無意識の働きを知るための重要な手がかりととらえた。夢は人間の願望を満たすためのものであり、象徴的な意味が現れるとして『夢分析』を著した。一方、ユングも夢を無意識からのメッセージととらえたが、フロイトとは解釈が異なり、夢を意識を補完するためのものと考えた。方法論においても、フロイトが「自由連想法」を用いたのに対し、ユングは神話や昔話で夢の意味をふくらませる「拡充法」という手法を採った。

ユングの研究

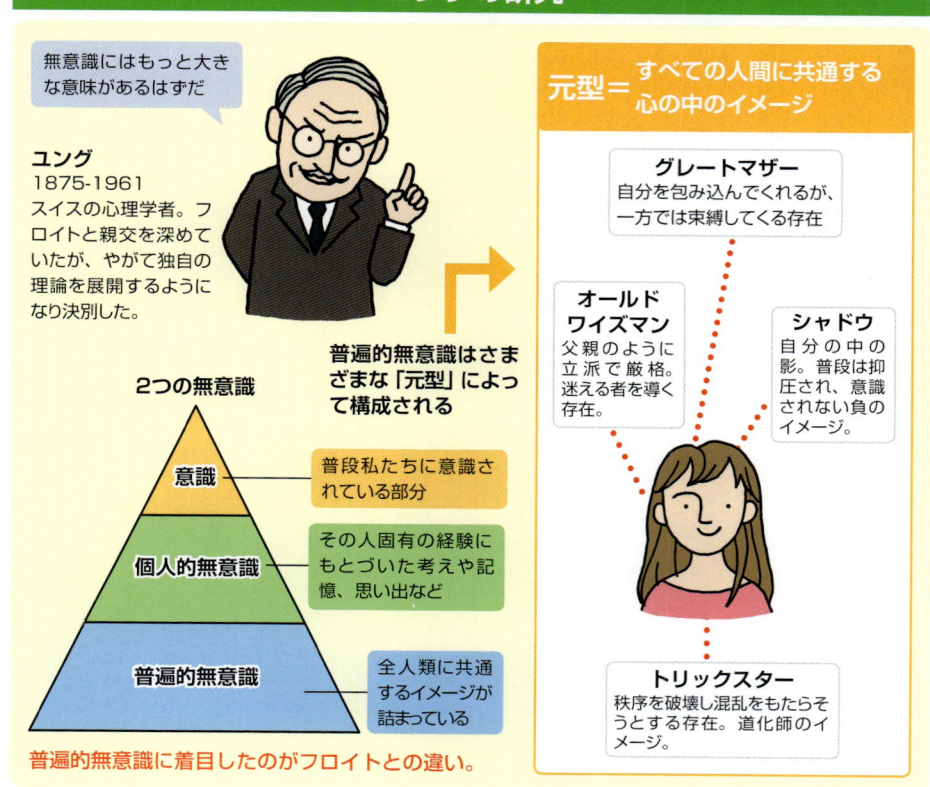

無意識にはもっと大きな意味があるはずだ

ユング
1875-1961
スイスの心理学者。フロイトと親交を深めていたが、やがて独自の理論を展開するようになり決別した。

2つの無意識

- **意識**：普段私たちに意識されている部分
- **個人的無意識**：その人固有の経験にもとづいた考えや記憶、思い出など
- **普遍的無意識**：全人類に共通するイメージが詰まっている

普遍的無意識に着目したのがフロイトとの違い。

普遍的無意識はさまざまな「元型」によって構成される

元型＝すべての人間に共通する心の中のイメージ

- **グレートマザー**：自分を包み込んでくれるが、一方では束縛してくる存在。
- **オールドワイズマン**：父親のように立派で厳格。迷える者を導く存在。
- **シャドウ**：自分の中の影。普段は抑圧され、意識されない負のイメージ。
- **トリックスター**：秩序を破壊し混乱をもたらそうとする存在。道化師のイメージ。

ミニ知識　師弟関係にあったフロイトとユングが決別した理由についてはいろいろな説がある。リビドーに対する考え方の相違とも、ある女性神経症患者の発症の原因に対する論争がきっかけともいわれている。

人間性心理学の誕生

20世紀半ば、マズロー、ロジャーズらによって新たな心理学の勢力が台頭した。生きることの意味や価値の発見に寄与することを目指した人間性心理学である。

●人間の肯定的な側面を強調

20世紀前半のアメリカで台頭したのは**人間性心理学**である。人間性心理学の特徴は、それまで支配的だった精神分析や行動主義を「無意識や環境など一面だけを決定論的に見て、人間の決断する能力を軽んじている」と厳しく批判したこ

とだ。そこで、人間としての主体性や可能性を重視し、ありのままの人間を理解しようとした。また、生きる意味や価値を見いだそうとする人間の営みに貢献できる心理学を目指そうとした。

人間心理学の創始者**マズロー**（アメリ

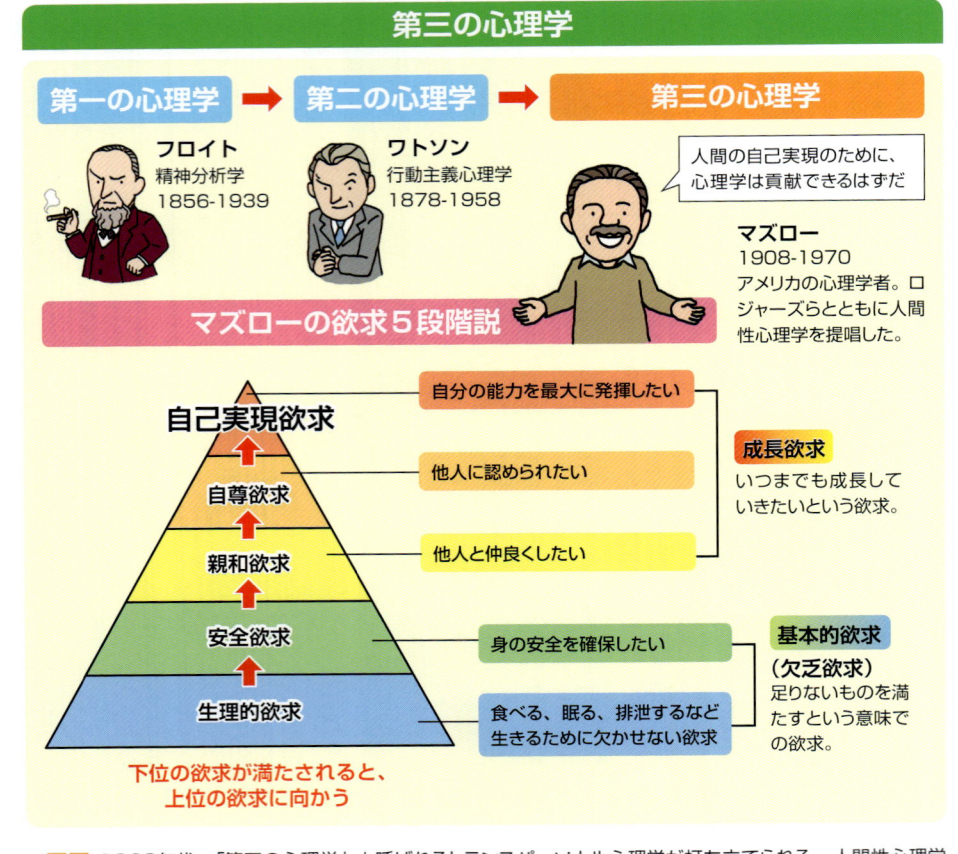

第三の心理学

第一の心理学 → **第二の心理学** → **第三の心理学**

フロイト
精神分析学
1856-1939

ワトソン
行動主義心理学
1878-1958

「人間の自己実現のために、心理学は貢献できるはずだ」

マズロー
1908-1970
アメリカの心理学者。ロジャーズらとともに人間性心理学を提唱した。

マズローの欲求5段階説

- 自己実現欲求 — 自分の能力を最大に発揮したい
- 自尊欲求 — 他人に認められたい
- 親和欲求 — 他人と仲良くしたい
- 安全欲求 — 身の安全を確保したい
- 生理的欲求 — 食べる、眠る、排泄するなど生きるために欠かせない欲求

成長欲求：いつまでも成長していきたいという欲求。

基本的欲求（欠乏欲求）：足りないものを満たすという意味での欲求。

下位の欲求が満たされると、上位の欲求に向かう

> 1960年代、「第四の心理学」と呼ばれるトランスパーソナル心理学が打ち立てられる。人間性心理学の自己実現から「自己超越」へと概念を発展させ、自己を超えた領域への精神的統合を重んじた。

カ、1908-1970）はフロイトの精神分析学を第一の心理学、ワトソンの行動主義心理学を第二の心理学、そして人間性心理学を**第三の心理学**と位置づけている。そのマズローは人間の欲求に着目したことで知られている。人間の欲求が際限ないことを肯定的にとらえ「欲求不満は人間が成長するための原動力になる」と考えたのである。そして欲求をピラミッド型の5つの段階に分け、下位の欲求が満たされるとやがて自己実現へと向かうという「欲求5段階説」を唱えた。

そのほか、人間性心理学に属する心理学者としては、来談者中心療法（→p246）という新しい療法を編み出した**ロジャーズ**やオーストリアの心理学者フランクルらの名前が挙げられる。

- どうしたら幸せになれる？
- もっと自分の可能性を試したい
- 今は、本当の自分じゃない

人間性心理学は、自分らしい人生を模索する助けにもなる。

ロジャーズが提唱した来談者中心療法

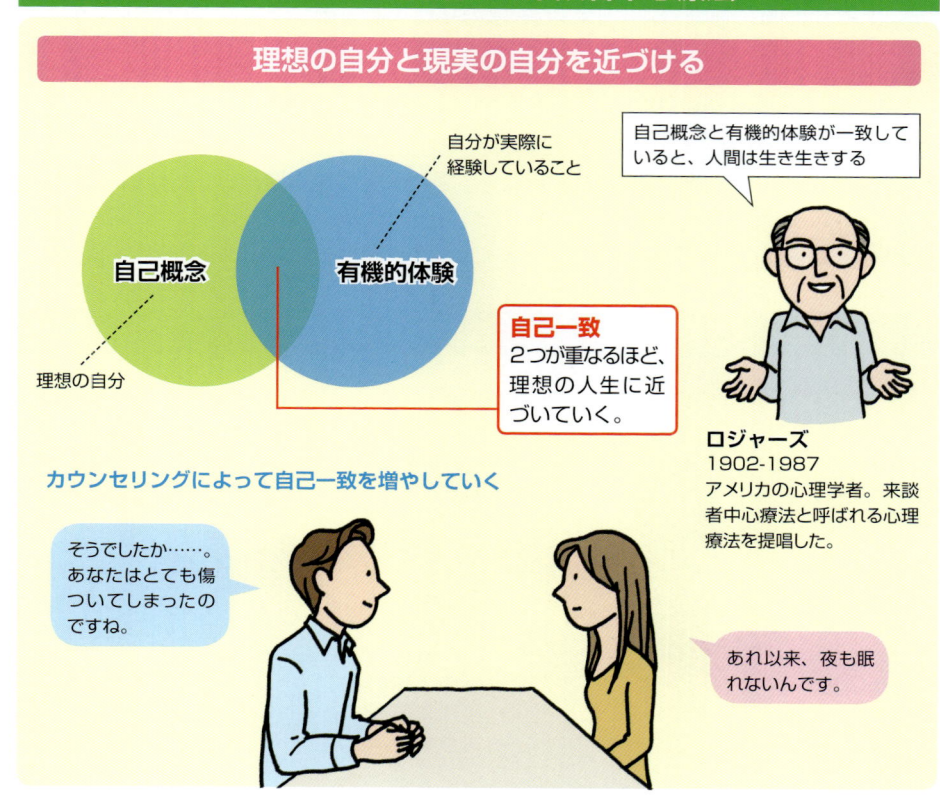

理想の自分と現実の自分を近づける

自分が実際に経験していること

自己概念 / **有機的体験**

理想の自分

自己一致
2つが重なるほど、理想の人生に近づいていく。

自己概念と有機的体験が一致していると、人間は生き生きする

ロジャーズ
1902-1987
アメリカの心理学者。来談者中心療法と呼ばれる心理療法を提唱した。

カウンセリングによって自己一致を増やしていく

- そうでしたか……。あなたはとても傷ついてしまったのですね。
- あれ以来、夜も眠れないんです。

ミニ知識 ロジャーズが提唱した来談者中心療法では、カウンセラー自身の態度を重視。権威や知識の量は不必要とされ、クライエント（来談者）に対する無条件の肯定的配慮や共感的理解が求められた。

21世紀の心理学のあり方

社会心理学、知覚心理学などの基礎から、産業心理学、スポーツ心理学といった応用心理学まで、心理学の研究領域は幅広く、また細分化が進んでいる。

●広がる心理学の可能性

現代の心理学はさまざまな学問領域と融合し、複雑化、高度化が進んでいる。

大別すると、心理学は**基礎心理学**と**応用心理学**の2つがある。基礎心理学とは、主に実験や観察、統計学等を用いて人間の行動を制御する心の法則やメカニズムを解明しようとする心理学分野をいう。一方、応用心理学とは、基礎心理学の研究によって得られた理論や法則などの成果を実際の社会生活に役立てようとする実践的な分野をいう。

応用心理学の研究対象はさまざまで、「○○心理学」と呼ばれる新しい分野が次々と生まれている。たとえば**産業心理学**は、生産性の高い組織人事や能率を向上させる職場環境などを研究対象とする。また、ビジネス上の問題を解決し、仕事のやりがいを実現できる方策を模索している。

教育心理学は、人間の知能・人格の発達過程と教育活動の相互作用を研究対象とする。生徒たちの人格形成や学力向上のために有効な教育学的アプローチを探求している。**人間工学**には人間の感情の変化など心理学的な探求が含まれ、工学との接点になる分野がある。たとえば使い勝手に優れたモノや環境の設計に際してのヒューマン・インターフェースの研究が行われている。この他にも、身障者福祉や高齢化問題、青少年問題、マーケティングから商品開発、さらには就労支援や災害時の被災者援助まで、多彩な領域で心理学の研究の成果は生かされている。

さまざまな学問と連携していく心理学

基礎心理学……心の法則を探求しつづける
- 発達心理学
- 動物心理学
- 学習心理学
- 数理心理学
- 認知心理学
- 知覚心理学
- 社会心理学
- 人格心理学
- 計量心理学
- トランスパーソナル心理学
- etc.

応用心理学……心理学を現実の問題に応用する
- 臨床心理学
- スポーツ心理学
- 健康心理学
- 芸術心理学
- 音楽心理学
- 産業心理学
- 犯罪心理学
- 災害心理学
- 経済心理学
- 教育心理学
- etc.

ミニ知識　スポーツ競技や体育に関わる人間行動と心理を探求するのが「スポーツ心理学」。スポーツ選手のメンタル面を強化・サポートするメンタルトレーニングは近年、特に関心が高まってきている。

心理学の現在

感覚心理学
人が何かを感じたり、認識したりするメカニズムを探る。

学習心理学
人や動物が経験によって行動を変化させるメカニズムを探る。

性格心理学
一人ひとりの個性の違いがどこからきているのかを研究する。

社会心理学
周囲からの影響が人の行動をどう変えるかを研究する。

発達心理学
人の誕生から死までのプロセスを研究する。

臨床心理学
うつや神経症といった心のトラブルの解決に取り組んでいる。

●本書で取り上げる6つの心理学

　このように幅広い学問領域の中から、本書では大きく6つのテーマを取り上げた。2章で扱う**感覚心理学**は、人間が物事をどう感じているのかを探るものだ。この研究から人間の知覚メカニズムが明らかになり、たとえば人によって感じ方が異なることが多い食べ物の味を、よりきめ細かく評価するといったことも可能になる。3章では**学習心理学**を取り上げた。勉強のやる気はどこから生まれるのかといった問題を考えるもので、学校で用いられる教育プログラムなどに生かされる。

　4章では**性格心理学**を取り上げた。一人ひとりの個性の違いを考え、また自分自身をより深く知るために、その研究が役立てられている。5章では**社会心理学**を扱う。人の行動が周囲からどう影響を受けるのかを探るもので、たとえばマインドコントロールや洗脳に関する研究を行うのも社会心理学である。6章では人が誕生してから死を迎えるまでのプロセスを研究する**発達心理学**を取り上げた。現代の若者心理を知ったり、少子高齢化時代をどう生きるかといった課題に取り組むのも、発達心理学の役割である。7章では**臨床心理学**を紹介した。うつ、神経症といった心のトラブルを抱える人を助けるべく、研究が続けられているものだ。

CLOSE UP 産業カウンセラーの役割

近年、心理学を学び、社会のために役立てようとする人が増えている。その方法の1つとして、産業カウンセラーがある。日本産業カウンセラー協会が認定する民間資格で、働く人たちが抱える心の問題や、人間関係の悩み、またキャリア開発に関するサポートを行う。

ミニ知識 音楽と人間の心の関係を研究するのが「音楽心理学」。一般に知られる音楽療法など音楽を活用した精神的ケアはその一部で、音楽の成り立ちを人間心理から科学的に解明することに重点が置かれている。

Column ❶ 日常の疑問を心理学で解説!
男は失恋を引きずるってホント?

対象喪失によるショックは男女変わらないが……

確かに男性のほうが失恋を引きずるようです。たとえば離婚からの立ち直りも男性のほうが遅い傾向があります。

失恋や離婚のショックは、心理学的には愛情や依存の対象を失ったことによる重大なストレスから生まれます。

この対象喪失という状態から、==モーニングワーク==と呼ばれる過程で心の整理をし、次第に悲しみを軽減していくのですが、このモーニングワークがうまく達成できるかどうかが、いわゆる"引きずる"ということに関係します。

男性のほうがモーニングワークがうまくいかない理由として考えられるのが、感情表出の機会が少ないことです。

女性は、友だちのネットワークを使い、誰かに自分の気持ちを吐きだす中で、喪失の悲しみが救われストレスが減ります。そして事実を受け入れていく、という過程を経て失恋から立ち直っていきます。

しかし男性は、「男は人前で泣かない」「弱さを見せない」のが男らしさだというイメージがあり、感情表出できる場が非常に限られています。ジェンダーに縛られて、対象喪失によるストレスを減らす行動がとれないのです。そもそも日本の男性には、以心伝心を重んじる傾向もあり、よけいに自分の心情を吐露する機会が減っているといえます。「男は黙って～」という言葉もよく聞かれますが、「言わなくてもわかってほしい」という伝統的な日本男児特有の心理的欲求が、失恋からの立ち直りを阻害していると言ってもいいでしょう。

以前、夫婦を対象に夫婦間の愛情関係について調査したところ、結婚後5年以降から、配偶者に対する愛情が夫と妻で変化していました。夫は同じように妻を愛しているのですが、妻の愛情は5年以降は下降傾向にあり、20年目では急激に落ちます。熟年離婚も、そのあたりに一因があるのかもしれません。いずれにせよ、男性と女性では、愛情表現の仕方や、心の持ちように差があることは知っておかなければいけません。

失恋で苦しんでいるのならば、まず誰かに話を聞いてもらうこと。もし「死んでしまいたい」と思うようなうつ状態になるようであれば、グリーフカウンセリングも検討しましょう。

失恋の事実はもう変わりません。その意味づけを肯定的にするしかないのです。当然、負の感情はたくさん起きてくると思いますが、それに流されずにできるだけポジティブに、「マイナスはあったけど、これがあったことで自分はプラスに変わることができた。人生に必要な時間だった」というように考えることができれば、立ち直りも早くなるでしょう。

● モーニング・ワーク
対象喪失にあって、哀しみを味わい、苦しみながら、徐々に喪失の事実を受け止め、様々な感情を受け入れる心理過程。

教えてくれたのは
小田切紀子先生
▶p18

第2章
人は世界をどうとらえるか

人は感覚器官を通じて多くの情報を外界から取り入れ、
それを解釈することで世界の姿をとらえている。

心に備わった機能	40
心は脳から生まれる	42
視覚	44
聴覚	46
触覚、味覚、嗅覚	48
知覚のはたらき	50
感覚の不思議	52
身近にある錯覚	54
アフォーダンス理論	56
感情はどこから来るのか	58
感情が生じるプロセス	60

心に備わった機能

外界からの情報をキャッチし、取るべき行動を判断するのが感覚・知覚の役割だ。日常で私たちがよりどころにするこれらの機能は、実験心理学によって研究が進められている。

●なぜ感覚・知覚がある？

　私たち人間の心には、感覚、知覚、思考、記憶などといった機能が備わっている。このうち、私たちを取り巻く環境を知る上で最も重要なのが、感覚・知覚の働きである。ほかの動物がそうであるように、感覚・知覚があるおかげで、危険を察知したり、食料を手に入れたりといった、生きるために欠かせない行動をとれるのである。

　私たちを取り巻く環境には、音や明るさ、におい、味、色など、さまざまな情報があふれている。それらは、光エネルギー、音エネルギーなど、さまざまな形のエネルギーと言い換えることができる。

しかしエネルギーのままでは、私たちの脳は感知することができない。そこで、目や耳、口といった器官を通じて、脳が理解できる形である電気エネルギーに変換されるのだ。

　感覚とは、こうした電気エネルギーを脳が解読し、さまざまな心的経験が生じる働きのことを指している。

　しかし、ただ「明るい」「静かだ」「甘い」などといった感覚を得るだけでは、生きていく上で不十分だ。たとえば、ある果物を目にしたとしよう。それが食べられるものかどうか、五感から得た情報から直接知ることはできない。「どのよ

人間の心の働き

感覚　目や耳などの感覚器官からの情報が脳に伝えられ、感じること

甘いにおいがするなあ
どこからだろう？

情報をキャッチする働き

知覚　脳に届いた情報から、形や大きさなどの情報を引き出して物事を認識すること

赤くて甘い香りのものがたくさん
あれはリンゴだ！

キャッチした情報を認識する働き

豆知識　ヴントは、実験室における厳密に統制された条件下において、自己の意識を観察すること（内観）により、感覚や単純感情などの個々の要素の結びつきを研究した。

うな形のものか」「以前食べたことはないか」「いくつあるのか」といった情報も同時に把握する必要があるだろう。このように、感覚から得た情報をより複雑なまとまりのある形としてとらえる働きを、心理学では**知覚**という。

感覚・知覚は、私たち人間が行うさまざまな情報処理のうち、最も初期の段階のものである。ここからさらに高度な情報処理を経て、学習や思考、記憶、推論といった心の働きに用いられることになる。

なお感覚・知覚の研究は**実験心理学**の領域だ。実験心理学とは、人間の精神現象や行動について厳密な条件の下で実験を行い、研究するものである。19世紀後半、自然科学の実験法を採用した**フェヒナー**の精神物理学や、自己の意識を観察して記述するヴントの内観法がその起源とされている。

さらに高度な心の機能

記憶・思考・学習 過去の経験や推論などをもとにした、より高度な情報処理方法

- どんなふうに食べようか？
- 全部で4個あるぞ
- この色とにおいはおいしいにちがいない

TOPICS 音に色がついている？不思議な共感覚

香りが形をともなったり、音に色がついて見えたり、単語に味を感じたり……、このように、ある刺激に対して、本来の感覚にともなってほかの感覚が生じる現象のことを、共感覚という。『ぼくには数字が風景に見える』（講談社）の著者、ダニエル・タメットは、書名の通り、どんなに長い数式であっても色や手触りをもった風景に感じられ、一瞬で答えを導くことができる、と書いている。最新の調査では、共感覚者は2万5000人に1人の割合で存在するという。

ミニ知識 知覚できないほどの小さな刺激をだんだん大きくしていくと、やがて知覚が可能になる。その知覚できるようになった時点の刺激量を閾値という。

心は脳から生まれる

脳や脊髄などの中枢神経系は、全身から集めた情報を統合して分析し、視覚や聴覚などの「五感」を生じさせる。そして体の各部位に信号を送り、さまざまな反応を起こす。

●感覚はどのように生じるか

目や耳などの感覚器官から得られた外界からの刺激は、電気的な信号に変換される。そして身体の各部位に張りめぐらされた**末梢神経**を通じて、脳や脊髄などによって構成される**中枢神経**に伝わり情報処理される。その結果として「まぶしい」「うるさい」「痛い」「甘い」といった感覚が得られるのだ。

私たちは普段、物は目で見るもの、音は耳で聞くものと単純に考えがちだが、実際はさまざまな処理を経なければ感覚は生じないのである。

感覚は、外界からの刺激を脳に伝える経路であり、**視覚**・**聴覚**・**嗅覚**・**味覚**・**触覚**の5つ（五感）によって構成される。脳は、これら五感によって外界や身体の状態を把握した上で、末梢神経を通じて身体の各部に信号を送る。その結果として、思考や感情、行動といったさまざまな心の働きを生じさせている。

五感の受容器

視覚
目の奥の網膜が光をキャッチする

　赤く熟しているな

聴覚
耳の中にある蝸牛の基底膜が音波をキャッチする

　シャクシャクいい音がする

嗅覚
鼻の奥の嗅細胞がにおい分子をキャッチする

　甘い香り！

味覚
舌にある味蕾が食べ物や飲み物などの物質をキャッチする

　酸味も効いてるな

触覚
皮膚の触覚や圧覚、痛覚など複数の受容器がそれぞれの刺激をキャッチする

　軽い歯ごたえだ

感覚刺激は、それぞれの感覚器官の受容器を通じて電気信号に変換され、中枢神経に伝わって感覚を生じさせる。

豆知識　感覚を最初に5つの様相（視覚・聴覚・嗅覚・味覚・触覚）に分類したのは、古代ギリシアの哲学者アリストテレス（ギリシア、BC.384-BC.322）である。

●脳の構造

中枢神経系は、**脳**（大脳、小脳、脳幹）と**脊髄**から構成される。大脳は右半球（右脳）と左半球（左脳）に分かれ、脳幹は中脳、間脳、橋、延髄に分かれる。このうち人間の精神活動において重要な役割を果たすのが大脳である。右脳は直感的・空間的な機能が、左脳は理性的・論理的な機能が優位だとされる。また大脳の表面は厚さ2〜3mmの**大脳皮質**に覆われており、およそ140億個の神経細胞を持つ。この大脳皮質が記憶や言語、思考能力など人の高度な精神活動を司っている。

CLOSE UP 人間らしさの源である大脳皮質

大脳皮質は、哺乳類のみに見られる新しい領域といわれており、特に人間は著しく発達している。中でも前頭連合野と呼ばれる部位は、情動や感情をコントロールするなど理性的な行動や道徳心を生み出すとされる。大脳皮質の入り組んだしわを広げると、新聞1ページ分（約2240平方センチメートル）にもなる。

中枢神経系と末梢神経系

末梢神経系
感覚刺激などをキャッチして中枢神経系に伝える。また、中枢神経系から送られてきた運動の信号を各所に伝える。

中枢神経系
脳…末梢神経系から送られてくる刺激を情報処理して感覚を生み出し、全身へ指令を出す神経細胞の集合体。
脊髄…感覚と運動の刺激を伝達し、反射機能を司る。

神経は大きく分けて2系統ある

脳の構造

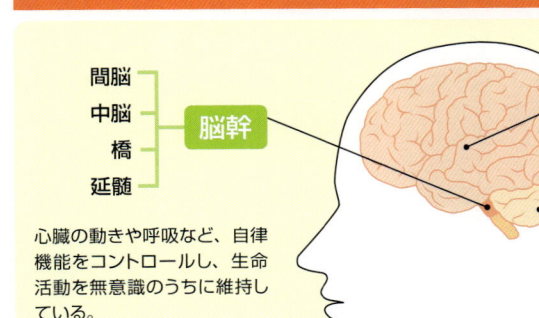

脳幹（間脳、中脳、橋、延髄）
心臓の動きや呼吸など、自律機能をコントロールし、生命活動を無意識のうちに維持している。

大脳
左右2つの半球に分かれ、右半球は左半身、左半球は右半身の感覚や運動をコントロールする。

小脳
大脳からの指令を受け、体のバランスを保ったり、運動をなめらかにする働きなどに関わる。

> ミニ知識　人間の大脳の内側にある大脳辺縁系は、食欲や性欲、怒りや不安など、ほかの動物にも共通の本能・情動を司る部分だ。

第2章　人は世界をどうとらえるか　心は脳から生まれる

▶視覚

ものが見えるという感覚は、物体に光が当たり、その反射光を眼がとらえて網膜上の細胞を刺激し、電気信号として脳に送られることで生じる。

●眼球が情報をキャッチする

　人間が得る感覚情報のうち8割以上を視覚情報が占めているといわれるほど、視覚は重要なものだ。そのため、視覚刺激の受容器を持つ眼球は、きわめて複雑な仕組みとなっている。

　たとえば目の前にリンゴがあったとしよう。リンゴの色や形といった視覚刺激を眼球の奥にある網膜の視細胞がキャッチし、そこで電気信号に変換される。その電気信号が視神経を経由して大脳の視覚野にたどりついたとき、はじめてそのリンゴの色や形を感知できる。

　視細胞には、**錐体**と**桿体**の2種類がある。桿体は、暗い場所でものを見るときに働くのもので色の識別はできない。一方の錐体は明るい場所で、網膜に届いた光の

高度なカメラの役割を果たす眼球の構造

瞳孔
周囲の明るさに応じて、瞳孔の大きさを変えて光の量を調節する。

角膜
光を通す透明な膜。

水晶体
光の屈折率を調整するレンズの役目をする。

毛様体
毛様体が動くことで、水晶体の厚さを調節して焦点を合わせる。

盲点
視細胞がなくもものが見えない部分。

ガラス体
眼球内部を満たすゼリー状の組織。

中心窩
網膜の中で最も視細胞が集中している部分。

網膜
光の受容体である視細胞が並んでいる。視細胞には錐体と桿体の2つがある。

桿体
色は識別できない。暗い場所でものを見るときに働く

錐体
特定の波長の光に反応する3つの錐体があり、色の違いを感じ取る

視神経

2種類の視細胞 ------ 桿体　―― 錐体
吸光度(%) 0〜100　波長(nm) 400 450 500 550 600 650

　人間の視覚がとらえることができる光の波長は、およそ380〜780nm（ナノメートル）といわれる。これを<u>可視光線</u>と呼ぶ。

波長の違いから色を感じとる。たとえば昼間にカーテンを閉め切った部屋に入ると最初は真っ暗だが、だんだん目が慣れて周囲が見えるようになる。これは明るいところで働いていた錐体に代わり、桿体が光をとらえるようになるまで時間がかかるためだ。

なお網膜から視神経が出ていく箇所には視細胞が存在しないため光を感じず、ものが見えない。これを**盲点**という。

●ものが立体に見える仕組み

網膜に映し出されるのはあくまで2次元の平面像であり、私たちが普段認識している奥行きのある3次元の世界とは異なる。奥行き感が発生するのは脳の情報処理を経てからだ。

たとえば**両眼視差**を利用する。左右の目に映る平面像はわずかに異なる。この2つの平面像を脳が補正して重ね合わせることで、奥行きが生じるのだ。見た目の運動の差（**運動視差**）によっても奥行きを感じ取ることができる。電車に乗っているとき、車窓から遠方の建物を見つめていると、それより遠くにあるものは電車の進行方向とは逆向きに動いているように見える。また見た目の密度の差（**きめの勾配**）があると、たとえ平面上でも奥行を感じることができる。下の図のように、きめの間隔が広い部分は近くに感じ、間隔が狭い部分は遠くにあるように見えるのだ。

奥行き感がもたらされる仕組み

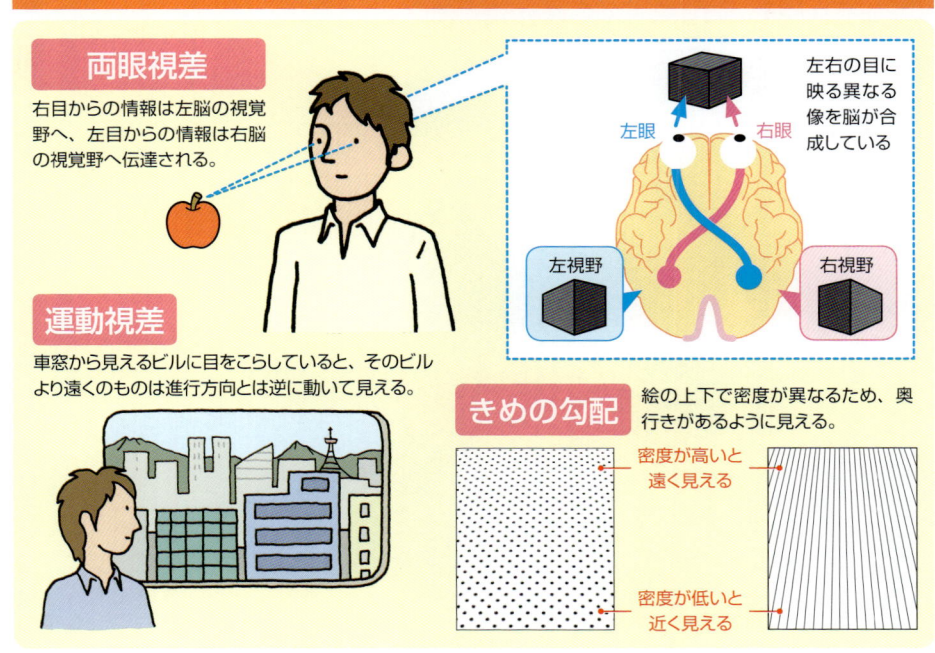

両眼視差
右目からの情報は左脳の視覚野へ、左目からの情報は右脳の視覚野へ伝達される。

左右の目に映る異なる像を脳が合成している

左眼　右眼
左視野　右視野

運動視差
車窓から見えるビルに目をこらしていると、そのビルより遠くのものは進行方向とは逆に動いて見える。

きめの勾配
絵の上下で密度が異なるため、奥行きがあるように見える。

密度が高いと遠く見える

密度が低いと近く見える

> モンシロチョウやトンボなどの昆虫の目は、人間には見ることのできない紫外線の色を感知できる。紫外線の波長はおよそ300〜380 nm（ナノメートル）。

▶聴覚

人が音として知覚するのは、空気の振動によって生じた音波である。音波は耳によって集められ、蝸牛（かぎゅう）という器官で電気振動に変換され、大脳に送られる。

●どこから聞こえてくるのか、なぜわかる？

　ある物体が振動すると、それにともない空気中の分子も振動して、音波が生じる。その音波が耳によって集められ、**蝸牛**（かぎゅう）という受容器を経て、大脳の**聴覚野**に達する。その結果、私たちは空気の振動を音として知覚することができるのだ。

　蝸牛の役目は音波を電気信号に変えることである。蝸牛の内側に張られた**基底膜**は音の**周波数**（空気などが1秒間に振動する数）に応じて振動する場所が変わる。これにより周波数の成分が分析され、大脳に伝えられる。また大脳の聴覚野は、両耳で微妙に違う音の大きさや時間差などを細かく解析し、音源がある方角や距離を特定している。

CLOSE UP 直接音と反射音

正面にある物体の振動は、直接私たちの耳に届く（直接音）。また、物体が正面になくても、振動は周囲の壁や建物、床などの障害物に反射して、たとえ目には見えなくとも感じ取ることができる（反射音）。このため聴覚は360度、あらゆる方向から音をキャッチすることが可能だ。

耳の構造

- 耳たぶ（耳介）によって音波が集められる
- 音波は外耳道を通って鼓膜に到達する
- 耳小骨は3つの小骨からなり、鼓膜の振動を内耳に伝える
- 蝸牛内で音波は電気振動に変換され、大脳に伝えられる

耳小骨／聴神経／断面図／基底膜／蝸牛／耳介／外耳道／鼓膜

外耳　中耳　内耳

ミニ知識 人間の聴覚は、生後数週間から急速に発達し、生後半年経つと、成人とほぼ同程度の聴覚が備わるといわれている。

●「うるさい音」ってどんな音？

周波数の単位はHz＝ヘルツといい、10Hzは1秒間に10回振動することを意味している。

周波数が低いほど低音になり、高くなると高音になる。人間が聞き取ることができる周波数（**可聴域**）は20Hzから20000Hzで、日常的な話し声はおよそ500から5000Hzだ。

また音の大きさ（**音圧**）は音波の振幅によって表される。振動の幅が大きいほど大きく、小さいほど小さい音になり、単位は**デシベル**（dB）で表記される。しかし物理的には同じ大きさ（同じデシベル数）の音でも、周波数が高い音ほど主観的には大きく感じる。たとえば同じ50デシベルでも、500Hzと2000Hzでははるかに2000Hzのほうが大きい音に感じられるのだ。この主観的な音の大きさを表すために、**ホン**（phon）という単位が用いられている。

さまざまな音の発生周波数と可聴周波数

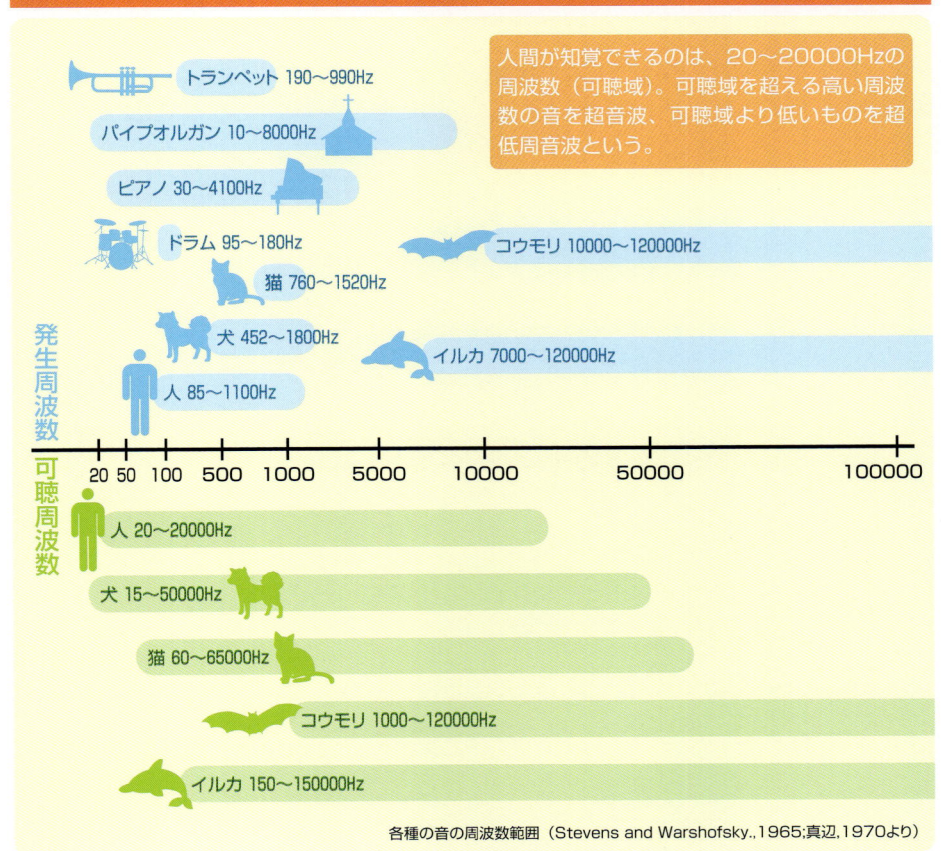

人間が知覚できるのは、20〜20000Hzの周波数（可聴域）。可聴域を超える高い周波数の音を超音波、可聴域より低いものを超低周音波という。

発生周波数
- トランペット 190〜990Hz
- パイプオルガン 10〜8000Hz
- ピアノ 30〜4100Hz
- ドラム 95〜180Hz
- 猫 760〜1520Hz
- 犬 452〜1800Hz
- 人 85〜1100Hz
- コウモリ 10000〜120000Hz
- イルカ 7000〜120000Hz

可聴周波数
- 人 20〜20000Hz
- 犬 15〜50000Hz
- 猫 60〜65000Hz
- コウモリ 1000〜120000Hz
- イルカ 150〜150000Hz

各種の音の周波数範囲（Stevens and Warshofsky., 1965；真辺,1970より）

豆知識　周波数の単位であるHz（ヘルツ）は、電磁波の存在を初めて実証した19世紀のドイツの物理学者ハインリヒ・ヘルツに由来している。

触覚、味覚、嗅覚

物体を触ったり（触覚）、味わったり（味覚）、においをかいだり（嗅覚）するには、物質が直接、皮膚や舌、鼻にある受容器に触れる必要がある。

●皮膚で感じ取るさまざまな情報

一言で**触覚**といっても、**痛覚**（痛みを感じる）のほか、**温覚**（温かさを感じる）、**冷覚**（冷たさを感じる）、**触覚**（接触を感じる）、**圧覚**（圧迫を感じる）などバラエティに富んでいる。特定の刺激に反応する受容器が皮膚全体に分布しており、身体の内外で起こっていることを情報として脳に伝えているのだ。

その情報を受け取るのは、大脳の**体性感覚野**と呼ばれる部位だ。脳外科医のペンフィールド（カナダ、1891-1976）は体性感覚野が体の部位にどう対応するのかマッピングした（**ペンフィールドマップ**）。それによると体性感覚野は、胴体や足に比べて、顔や手からの情報をより多く感知するよう発達している。つまり触覚は顔や手において特に敏感だということだ。実際、コンパスの針を押し当てると、指先のほうが胴体よりも圧迫や痛みに敏感であることが実感できる。

触覚の受容器

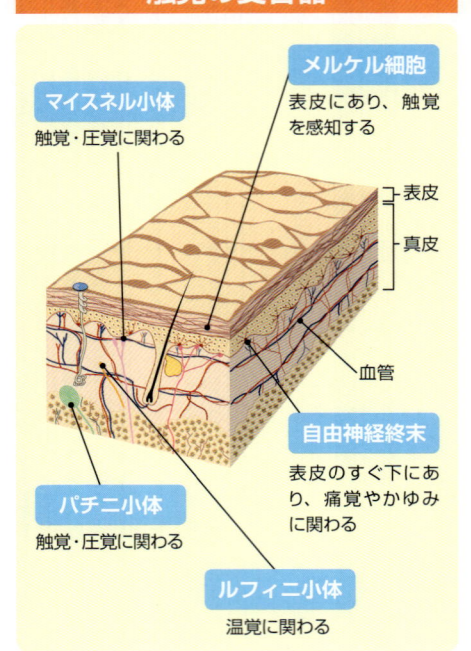

マイスネル小体
触覚・圧覚に関わる

メルケル細胞
表皮にあり、触覚を感知する

表皮
真皮
血管

自由神経終末
表皮のすぐ下にあり、痛覚やかゆみに関わる

パチニ小体
触覚・圧覚に関わる

ルフィニ小体
温覚に関わる

ペンフィールドマップ

肩 頭 首 胴 足
腕　　　　足指
手　　　　性器
指
眼
鼻
唇
歯・歯根・あご
舌
咽頭
腹腔内

体性感覚野

大脳の体性感覚野の断面図に、対応する体の部位とその面積を表したマップ。顔や手からの情報を受け取る部位の割合が大きい。

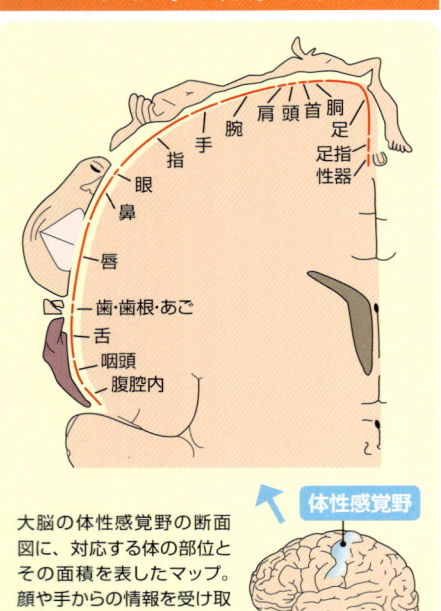

豆知識 乳児は生後数日の段階で、自分の母親の母乳や体臭などのにおいを、他人のにおいと嗅ぎ分けることができる。

●触覚、味覚、嗅覚の共通点

物体がどんな姿をしているのか（視覚）、どんな音がするのか（聴覚）は、ある程度距離が離れていても感知することはできる。しかし、触覚、味覚、嗅覚は、それぞれの感覚器官で直接刺激を受け取らなければ感知できないという特徴がある。

たとえば目の前にあるリンゴは、直接手にとって触って、味わってみないと実際の手触りや味はわからない。においも、リンゴの香りの粒子が鼻の奥の嗅毛と呼ばれる部分に直接付着することで、はじめて感じ取ることができるのだ。

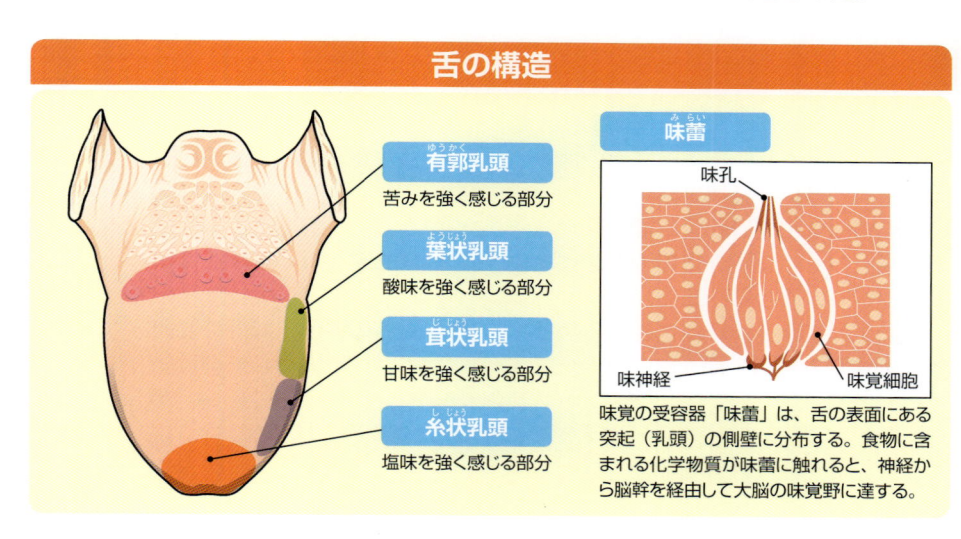

第2章　人は世界をどうとらえるか

触覚、味覚、嗅覚

舌の構造

有郭乳頭　苦みを強く感じる部分

葉状乳頭　酸味を強く感じる部分

茸状乳頭　甘味を強く感じる部分

糸状乳頭　塩味を強く感じる部分

味蕾
味孔
味神経
味覚細胞

味覚の受容器「味蕾」は、舌の表面にある突起（乳頭）の側壁に分布する。食物に含まれる化学物質が味蕾に触れると、神経から脳幹を経由して大脳の味覚野に達する。

嗅覚の伝わり方

においの情報は記憶や情動を担う海馬・視床下部・扁桃核などにも送られる。

腹側線条体　情報の受け渡しをする

扁桃核・海馬　記憶に関わる部分

嗅球　大脳底部にある嗅球は、鼻の奥にある嗅細胞から、においを電気信号として受け取る

嗅覚野　嗅球から送られてきた電気信号を整理し、においとして感じ取る

におい

視床下部　感情や情緒に関わる部分

> **ミニ知識**　特定のにおいから過去の懐かしい記憶を思い出したり、うれしい、せつないなどの感情を抱くのは、においの信号が記憶や情動を担う海馬、視床下部、扁桃核を経由するためだ。

知覚のはたらき

目の前にある膨大な視覚情報を、私たちはただやみくもに受け取っているわけではない。
無意識に大脳で取捨選択して、効率的に物事を認識している。

●情報を取捨選択して知覚する

　これまで見てきたように、私たちは、感覚と知覚の働きによって周りの世界を認識することができる。

　しかし、感覚が刺激情報を忠実に大脳に伝えたとしても、私たちはその情報をそのまま認識するわけではない。というのも、大脳はそれら膨大な情報を適度に取捨選択して、必要な情報のみをピックアップしているからである。

　たとえば夜空を眺めたとき、私たちは無数にまたたく星をそのまま認識せず、その中から、北斗七星やふたご座など、簡潔なまとまりとしてとらえる傾向がある。このように、まとまりを持って物事を見たり感じたりする心の働きを**体制化**という。体制化によって、私たちはこの世の中を、より効率的かつスピーディに認識することができるのだ。

　ゲシュタルト心理学を提唱したヴェルトハイマーは、この体制化の働きについて、**近接の要因**、**類同の要因**など、いくつかの法則を発見している。

体制化の法則

ゲシュタルト心理学では、体制化について次のように定義している。

①空間的・時間的に近接するものはまとまって見える。（近接の要因）

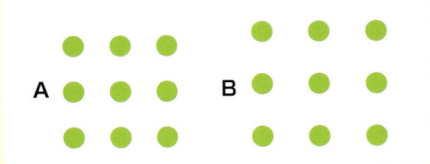

②性質の類似しているものはまとまって見える。（類同の要因）

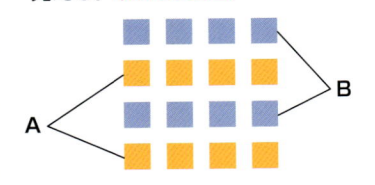

③互いに閉じ合うものはまとまって見える。（閉合の要因）

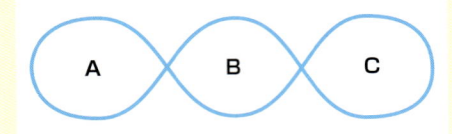

④なめらかにつながるものはまとまって見える。（よい連続の要因）

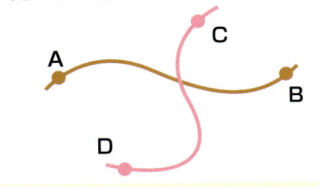

豆知識　ゲシュタルトとは、「全体的な構造」という意味のドイツ語。ゲシュタルト心理学は、人間の心は個々の要素ではなく、全体としての特徴を重要視するべきだという学派である。

●観察の仕方で見え方が変わる

下に示した絵も、体制化の働きを示すものだ。「**ルビンの杯**」「**老婆と娘**」ともに、2通りの見方ができる。

たとえば「ルビンの杯」で描かれているものは、杯（壺）だろうか、向かい合った2人の顔だろうか。杯にしか見えなければ、杯は背景から浮かび上がって見えるが、「向かい合った2人の顔」は完全に背景に沈み込んでしまう。また「老婆と娘」についても同様だ。はじめに老婆として認識してしまうと、娘として見るのは難しいのである。

このように、一度1つの見方をすると、それが固定化されて、もう1つの見方はなかなかできなくなる。この現象は、私たちがこの三次元世界の中で、物体を体制化し、意図的に順序づけて見ていることを表している。

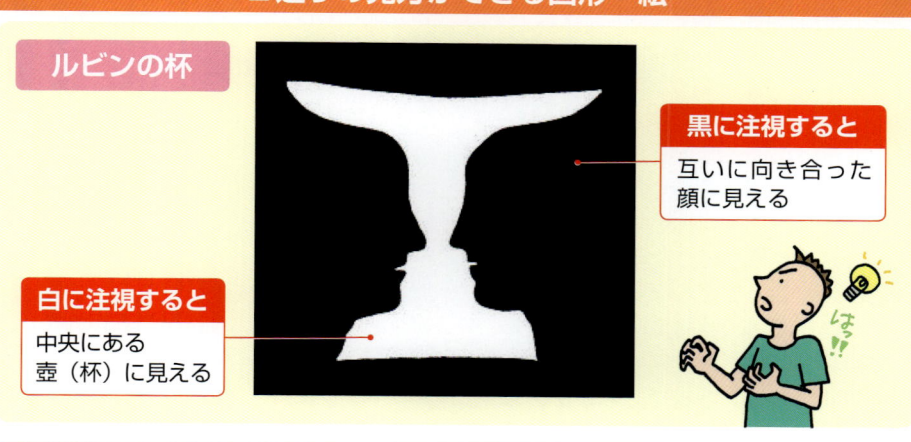

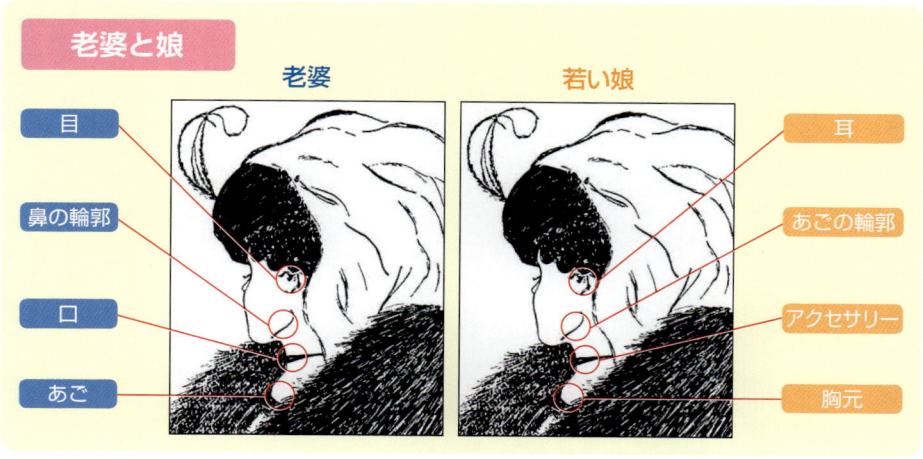

2通りの見方ができる図形・絵

ルビンの杯

黒に注視すると
互いに向き合った顔に見える

白に注視すると
中央にある壺（杯）に見える

老婆と娘

老婆
- 目
- 鼻の輪郭
- 口
- あご

若い娘
- 耳
- あごの輪郭
- アクセサリー
- 胸元

豆知識 見慣れたはずの文字が、眺めるうちに全体性が失われ、パーツごとにバラバラに見えて文字として認識できなくなることがある。これを**ゲシュタルト崩壊**という。

第2章 人は世界をどうとらえるか　知覚のはたらき

感覚の不思議

ある状況下では、感覚が刺激に慣れてしまったり、周りの影響を受けたり、他の感覚にさえぎられたりして、正しく知覚できないことがある。

●感覚はいつも同じではない

　感覚は、私たちにいつも正しく刺激情報を伝えているとは限らない。ある特定の状況下では、刺激に対する感受性が低下したり、ほかの感覚に影響されたりして、間違って知覚することがあるのだ。

　たとえば触覚、味覚、嗅覚は、その感覚が続くとだんだん慣れていき、やがて気にならなくなる傾向がある。これを**順応**という。最初は気になった他人の家独特のにおいが、時間が経つにつれて平気になったり、ごわごわしたシーツの違和感がうすれたり、料理の塩分の濃さが気にならなくなるといった現象は、順応の例だと言える。ただし痛覚だけは、生物の生命維持に関わる感覚のため、順応しにくい。病気やケガでズキズキする痛みが長時間続き、いつまでも苦しいのはそのためである。

　また右図のように、周囲の極端な変化によって同じものが変化したように感じてしまう**対比**も、私たちは日常的に体験している。ほかにも、ある刺激が別の刺激によってかき消されてしまう**マスキング**という現象や、それと対照的な**カクテルパーティ効果**なども、実感することがあるはずである。

CLOSE UP　順応性の高い嗅覚

嗅覚は、ほんのわずかなにおいにも反応するほど敏感な一方、非常に順応しやすい感覚でもある。周りの人が気分を悪くするほどきつい香水をしていても、当の本人はそのにおいに慣れきっていて平気なのは、この性質による。

順応の例

刺激は感覚器官から脳へと伝わるが、そのまま同程度の刺激を受け続けると、感受性は次第に低下する。これは、刺激に慣れて体を環境に適応させ、負担をできるだけ軽くするための仕組みだ。

嗅覚の順応
キツイ香水も本人は気にならない。

触覚の順応
熱いお湯もしばらく浸かっていると慣れてくる。

> 嗅覚は、順応によって1つのにおいへの感度が低下しても、ほかのにおいへの感度は低下しないのが特徴だ。

第 ❷ 章 人は世界をどうとらえるか

感覚の不思議

対比の例

エビングハウスの図形

2つの図とも、中央にある円の大きさは同じ。しかし左側の円のほうを大きく感じてしまう。周りに影響を受けて同一のものが変化したように見える一例だ。

2つの図とも、中央の四角形の色は同じだ。しかし周囲の色の影響を受けて、違う色のように見える。

聴覚に起こる現象

マスキング

交通量の多い道沿いではうるさくて会話する声が聞こえない。

← 対照的な現象 →

カクテルパーティ効果

雑音がある中でも、特定の人の会話や興味のある話題についてはうまく聞き取れる。

ミニ知識　明るいところから急に真っ暗な部屋に入ると、はじめは何も見えないが、しばらくすると目が慣れてくる。これも順応の一つで、わずかな光の刺激に対して感受性が高くなったためだ。

身近にある錯覚

刺激または対象について、その客観的事実を違ったものとして知覚してしまうことを錯覚という。視覚における錯覚を「錯視」といい、その原因についてはさまざまな説がある。

●ユニークな錯覚現象

私たちが直接「見ている」「聞いている」と思っているのは、実際には目や耳などの感覚器官がとらえた外界からの刺激を、大脳で知覚したものである。

しかし、このメカニズムで外界を正確にコピーできるわけではない。ある条件下では、事実を歪めて認識してしまう（**錯覚**）のだ。

特に視覚における錯覚を**錯視**という。これまで長さや面積、角度、色、明るさに関するものなど、さまざまな錯視が発見されてきた。今のところすべての錯視について説明できる有力な理論は存在しない。しかしゲシュタルト心理学における「体制化の法則」（→p50）で錯視のいくつかは説明がつく。

私たちには物体をまとまりのある対象としてとらえる傾向があり、そのために世の中を効率的に認識できる。しかし、たとえば**ミューラー・リヤーの錯視**のように、中心の長さが同じで異なる2つの図形を対比するとき、2つを「同じ長さ」として見るよりも「違う長さ」として見るほうがスムーズに知覚できるとして、脳が都合のよいように認識してしまうのだ。また**カニッツアの三角形**のように、輪郭が描かれていないのにぼうっと輪郭が浮かび上がってくる錯視もある。これは大脳の二次視覚野という部位の反応であることがわかっている。

錯視のメカニズム

ミューラー・リヤーの錯視

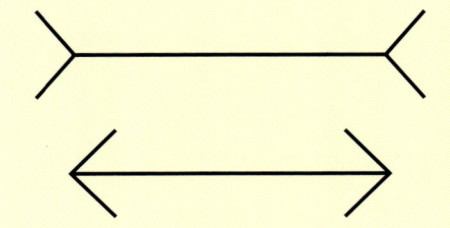

体制化の法則により、脳が中心線を「同じ長さ」ではなく「違う長さ」として都合よく認識してしまう。

カニッツアの三角形

大脳の二次視覚野の働きにより、輪郭のない白い三角形が浮かび上がってくる。

ミニ知識　甘味を増すために、スイカに塩を一振りしたり、おしるこに塩を隠し味としてひとつまみ入れたりするのは、味覚の錯覚の一種である。

さまざまな錯視

ジャストローの錯視

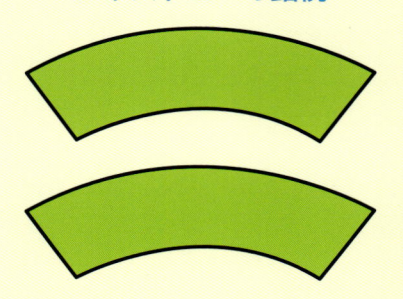

上下で同じ大きさだが、下のほうが幅が広く見える。

ペンローズの三角形

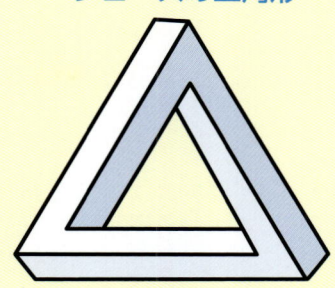

この世には存在しない、ありえない形の三角形。

ヘルマン格子

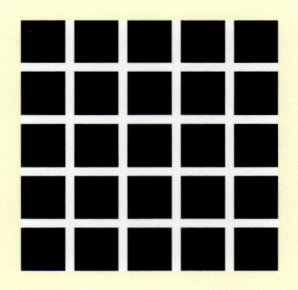

白いラインが交わる部分に、存在しないはずの灰色の点が見える。

ツェルナー錯視

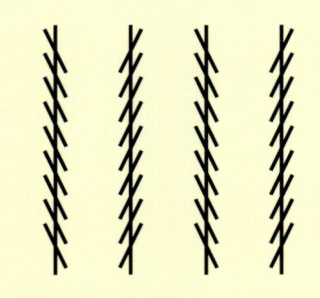

4本の縦線は垂直だが、傾いて見える。

ポッゲンドルフ錯視

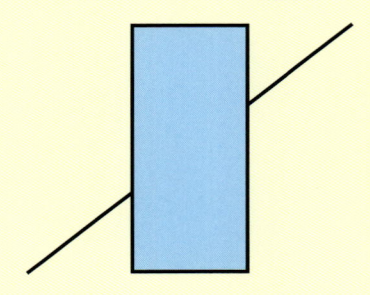

長方形の背後にあるまっすぐな直線が、ずれて見える。

ポンゾ錯視

2つの円の大きさは同じだが、上のほうが大きく見える。

第②章 人は世界をどうとらえるか

身近にある錯覚

ミニ知識 錯覚の仕組みを生かした絵画は「だまし絵」「トリックアート」と呼ばれる。シュールリアリズム（超現実主義）を代表する画家・ダリやエッシャー、マグリットが好んで用いた手法である。

アフォーダンス理論

心理学者ギブソンが提唱する「アフォーダンス理論」によれば、私たちは物体が私たちに「何を与えてくれる（=afford）のか」を日常的に知覚しているという。

●椅子にはどんな使い道がある？

これまで見てきたように、人間は物の形や色、味など、対象が持つ要素を大脳で分析することで、さまざまな感覚を生じさせている。

この考え方に対してまったく異なる切り口を提示したのが、**ギブソン**（アメリカ、1904-1979）による**アフォーダンス理論**である。アフォード（afford）とは、「与える、提供する」という意味である。ギブソンはこれを「（周りの環境が）その人に与えるもの」だと定義した。

たとえば、椅子を目の前にしたとき、従来の考え方であれば「四角いな」「茶色だな」「高さは○cmだな」などと知覚することになる。しかしアフォーダンス理論によれば私たちは、そのような各要素を知覚するのではなく、日常生活の中でその物が何を与えてくれるのかを知覚するのである。つまり椅子は私たちに「座る」「上に乗る」「インテリアにする」といった用途をアフォードしており、私たちはそれを直接知覚しているのだという。この現象は、感覚器や大脳の働きではうまく説明することができない。

アフォーダンス理論とは？

従来の知覚理論
目の前の物体を、そのまま事実として知覚する。

- プラスチック素材
- 茶色
- 四角い形
- 固い

椅子

アフォーダンス理論
対象となるものがどのような価値情報を自分にアフォードしている（=与える）のかを知る。

- 上に乗る
- 座る
- 下をくぐる
- インテリアになる

> ギブソンのアフォーダンス理論は、ゲシュタルト心理学とアメリカ発祥の哲学である**プラグマティズム**（実用主義）から多大な影響を受けている。

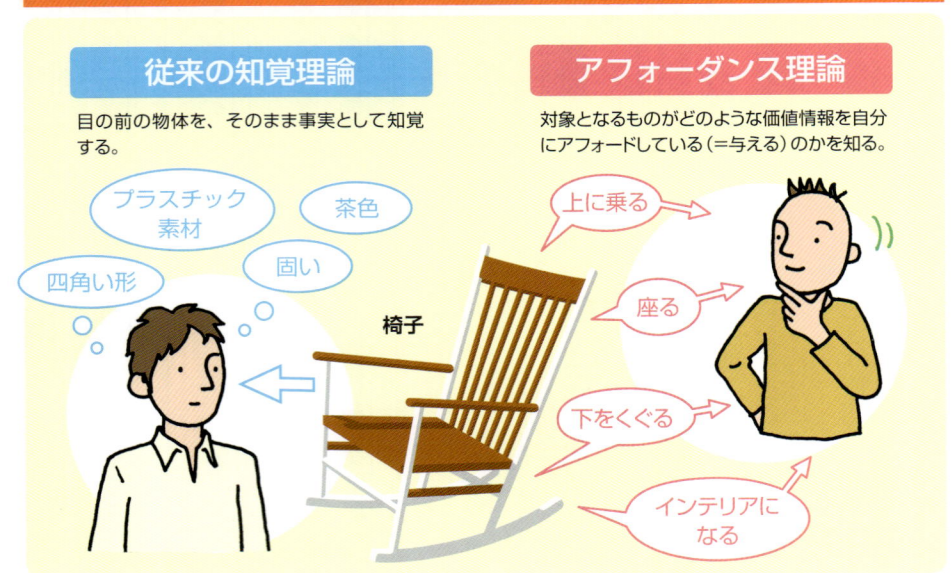

●アフォーダンス理論とデザイン

ある物体がアフォードするものは、知覚する人の日ごろの行動や対人関係、過去の経験などに応じて大きく変わるというのがギブソンの考えである。

たとえば、のどがカラカラに乾いている人は、水から「飲む」というアフォーダンスを知覚するだろう。しかしこれから料理をする人は「沸かす」というアフォーダンスを知覚するかもしれない。ほかにも「撒く」「凍らせる」といったアフォーダンスも考えられる。また猫を見ても、「かわいいもの」「家族の一員」「ひっかく怖いもの」「アレルギーの原因」など、人それぞれのとらえ方がある。環境や状況の変化、または時間の経過によってそれらの知覚も変化する。

このアフォーダンス理論は、たとえばデザインの分野に生かされている。認知科学者**ノーマン**（アメリカ、1935-）は、アフォーダンス理論から「より使いやすいもの」を探るユーザビリティの概念を確立した。たとえば椅子といってもその形はさまざまだ。しかし私たちにとっては一目で「座る」というアフォーダンスを与えるものが椅子なのである。あまりにも奇抜なデザインでは椅子だと知覚できず、購入する者もいないだろう。つまりアフォードするものがわかりにくいのである。ノーマンは、こうしたアフォーダンスの視点をデザインに生かすことで、人間にとって使いやすい、快適なものづくりが可能だとした。

人や状況に応じて異なるアフォーダンス

- 喉が渇いている人には：**飲むもの**
- これから料理をする人には：**沸かすもの**
- 花を育てている人には：**撒くもの**
- 暑がっている人には：**凍らせるもの**
- 猫嫌いには：
  - ひっかく
  - アレルギーの原因
  - うるさい
- 猫好きには：
  - かわいい
  - 家族の一員
  - 遊び相手

> ミニ知識　ノーマンは著書『誰のためのデザイン？』において、アフォーダンスをデザインに生かす方法を考察している。

感情はどこから来るのか

私たち人間や動物が喜怒哀楽などのさまざまな感情を持っているのは、この世界で生き延びるために必要な行動を促すためだと考えられている。

●動物が生き延びるために必要なもの

　喜んだり、悲しんだり、怒ったり、笑ったりと、人間はさまざまな**感情**に突き動かされながら生きている。その中でも快・不快の感情や恐怖・不安など、より原始的で本能的な感情を**情動**といい、感情と区別される。

　情動は人間をはじめ動物が生き延びるために必要な行動を促すためにある。たとえば大きなハチが飛んできたとき、恐怖を感じるからこそ私たちは逃げようとするのだ。逆においしそうな料理や一緒にいて心地よい人に対しては快さを感じ近寄っていく。いわば情動は、動物の本能的な欲求にもとづいた、環境適応のメカニズムの一つなのである。

　なお情動を司るのは、大脳の奥にある**大脳辺縁系**(だいのうへんえんけい)だ。一方、情動よりも高度な「せつない」「憧れる」「同情する」といった複雑な感情は、大脳を覆う大脳皮質という領域が司っている。大脳皮質は哺乳類のみに見られるもので、人間は特に発達している。

情動と感情の違い

情動
・原始的な感情で、動物にも備わっている
・急激に生じ短時間で終わる

- おいしそう
- 怖い、不安
- そばにいたい
- 不快

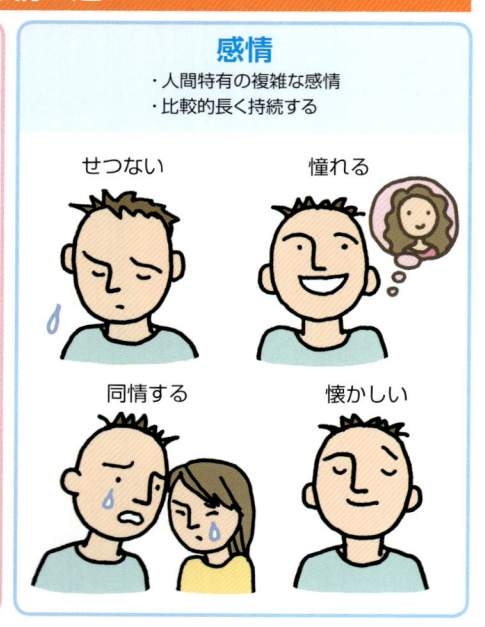

感情
・人間特有の複雑な感情
・比較的長く持続する

- せつない
- 憧れる
- 同情する
- 懐かしい

扁桃核の「扁桃」とは、アーモンドのことをいう。その形がアーモンドに似ていることが語源。のどにある扁桃腺も同様の理由で命名された。

●闘争・逃走反応

強い感情を経験すると、身体にはさまざまな変化が生じる。ここでは恐怖に遭遇したときの人間の反応を見てみよう。

たとえばハチに遭遇すると、そのハチについて大脳辺縁系の**扁桃核（へんとうかく）**という部分が「恐怖」「不快」などと判断を下し、どれくらい危険なのかを瞬時に判断する。ハチが自分から離れていった場合はそのまま落ち着いていてかまわないが、もし近づいてくるようなら戦う、もしくは逃げるのに適した体の状態を作り上げなくてはならない。

具体的には、交感神経が高ぶり、全身に血液や酸素を送り込むために心臓がバクバクと高鳴って息が荒くなり、瞳孔が散大し、胃腸の消化吸収の機能が止まるなどの生理的反応が起こる。こうした恐怖時の反応を**闘争・逃走反応**といい、生理学者のキャノン（アメリカ、1871-1945）によって提唱された。

闘争・逃走反応（生理学者キャノンの説）

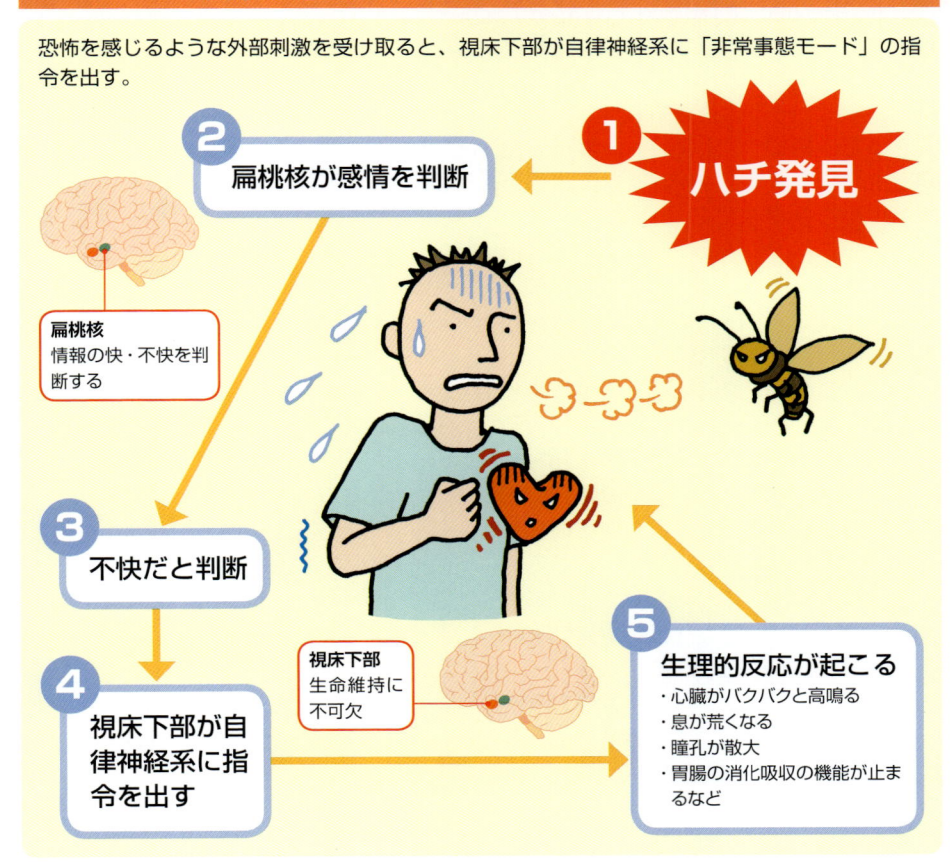

恐怖を感じるような外部刺激を受け取ると、視床下部が自律神経系に「非常事態モード」の指令を出す。

1 ハチ発見

2 扁桃核が感情を判断
- 扁桃核：情報の快・不快を判断する

3 不快だと判断

4 視床下部が自律神経系に指令を出す
- 視床下部：生命維持に不可欠

5 生理的反応が起こる
- 心臓がバクバクと高鳴る
- 息が荒くなる
- 瞳孔が散大
- 胃腸の消化吸収の機能が止まるなど

> **ミニ知識** バイオレンス映画など、情動をかきたてる映画を見た後で、その内容を思い出すと扁桃核の活動が活発化したという実験結果が報告されている。

感情が生じるプロセス

感情の発生プロセスの理論には、主に「キャノン=バード説」と「ジェームズ=ランゲ説」がある。近年では新たに「顔面フィードバック仮説」も注目されている。

●キャノン=バード説

　情動・感情がどのようなメカニズムで起こるのか、これまでさまざまな議論がなされてきた。そのうち代表的なものが、**キャノン=バード説**と**ジェームズ=ランゲ説**である。たとえば、足元に嫌いなヘビが出現したときの状況を考えてみよう。

　キャノン=バード説では、ヘビの存在を知覚した後、その視覚情報は脳の**視床**と呼ばれる部位を経由して、二手に分かれるとした。一方の視覚情報は大脳皮質に入って「怖い！」「嫌い！」などの情動を生み、もう一方は視床下部に入ってさまざまな生理的反応（心臓が高鳴る、息が荒くなる、瞳孔が開くなど）を引き起こすというのだ。

　つまり、このキャノン=バード説によれば「怖い！」という情動と、心臓が高鳴るなどの生理的反応は同時に起こり、お互いにまったく連動していないということになる。しかし身体的変化が緩慢なため、結果的に感情が先に生じる。

　この説によれば私たちは「怖いから震える」のである。生理的反応と情動は中枢神経系（脳と脊髄）の働きによって起こるという考えであることから、別名「**中枢起源説**」ともいわれている。

●ジェームズ=ランゲ説

　もう一つのジェームズ=ランゲ説を見てみよう。この説では、恐怖の対象（ヘビ）に出会うと、最初に心臓の動悸や瞳孔の散大などの生理的変化が起こり、それから情動が生じると考える。つまり、怖いから震えるのではなく、震えている自分を感じるから「怖い」という情動が起きるのである。体の反応を知覚することで心の状態を感じ取るというこの考え方は、**末梢起源説**と呼ばれ、現代の脳神経科学でも支持されている。

　近年ではジェームズ=ランゲ説を踏まえ、心理学者トムキンスの**顔面フィードバック仮説**が注目を集めている。これは、たとえば気分が沈んでいるときにあえて表情筋を動かして笑顔になることで、大脳が「楽しい」と認識（誤解）し、心がそれにつられて明るくなるという考えだ。つまり楽しいから笑うのではなく、笑うから楽しくなるのである。

CLOSE UP 「気のもちよう」の実験

心理学者シャクター（アメリカ、1922-1997）は、被験者にアドレナリン（興奮剤）を注射し、その後どんな感情を経験したかを調査した。怒りっぽい人と同室だった被験者は怒りを感じたと答え、楽しそうな人と同室の被験者は楽しかったと答えた。一方、注射の作用を知らされていた人は「単に動悸や震えを感じただけ」と答えた。このことから、同じ生理的反応でも、大脳がその状況をどう解釈するかで心の状態が変化すると考えられる。

ミニ知識　キャノン=バード説とジェームズ=ランゲ説は共に、類似する理論を提唱した2人の研究者の名前をくっつけた呼び名だ。

第❷章 人は世界をどうとらえるか

感情が生じるプロセス

感情が生じるメカニズム

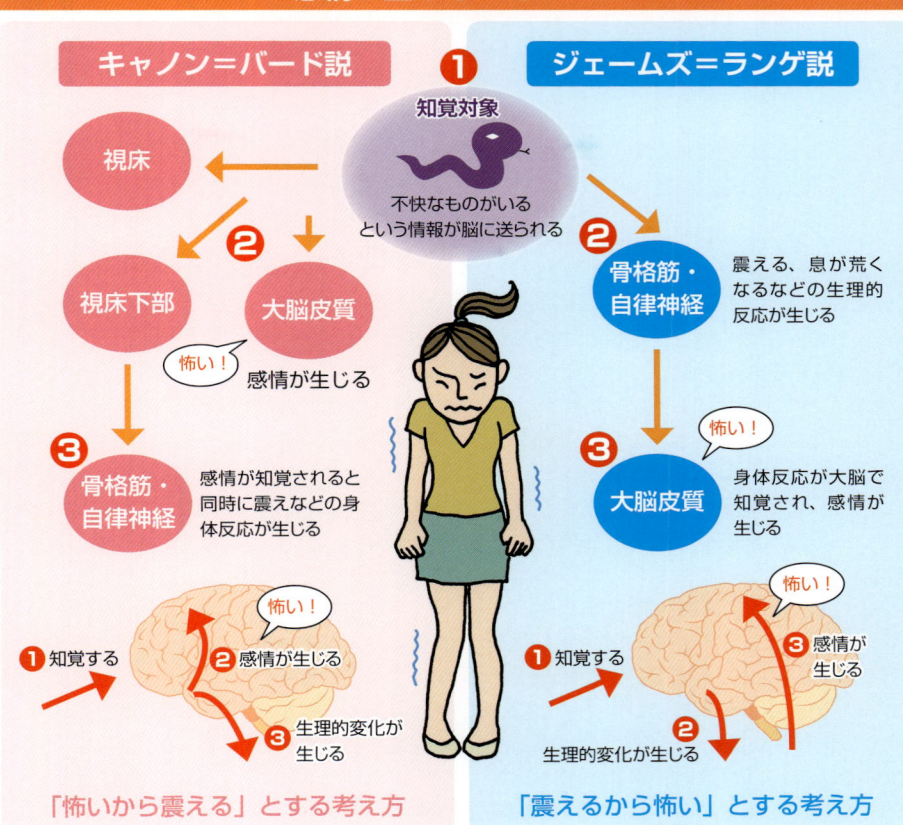

キャノン＝バード説

❶ 知覚対象
不快なものがいるという情報が脳に送られる

❷ 視床 → 視床下部 / 大脳皮質
怖い！
感情が生じる

❸ 骨格筋・自律神経
感情が知覚されると同時に震えなどの身体反応が生じる

❶知覚する ❷感情が生じる（怖い！） ❸生理的変化が生じる

「怖いから震える」とする考え方

ジェームズ＝ランゲ説

❷ 骨格筋・自律神経
震える、息が荒くなるなどの生理的反応が生じる

❸ 大脳皮質
怖い！
身体反応が大脳で知覚され、感情が生じる

❶知覚する ❷生理的変化が生じる ❸感情が生じる（怖い！）

「震えるから怖い」とする考え方

顔面フィードバック仮説

「身体の反応を感知することで、自分の感情の状態がわかる」というジェームズ＝ランゲ説を応用した仮説。悲しい気分のときに、あえて笑顔を作ることで、気持ちが明るくなってくるという考え。

従来の考え方
悲しい…
悲しい＝泣く

顔面フィードバック仮説
悲しい → 笑顔を作る → 楽しい気持ちに

> ミニ知識　顔面フィードバック仮説は、接客サービス研修や美容セミナーなどで、笑顔の重要性を説くための教材として利用されることも多い。

Column ❷ 日常の疑問を心理学で解説!
「金縛り」は心霊現象?

金縛りは、生理学的に説明できる現象

なんだか胸の上に誰かが乗っているような圧迫感を感じて目を開けると、意識があるのに体は動かない……このような「金縛り」は、昔から多くの人が体験しているもので、よく心霊現象と結びつけて考えられてきました。

これは日本に限った話ではありません。18世紀イギリスで活躍した画家ヘンリー・フューゼリの「悪夢」は、金縛りなど夜に起きる不思議な出来事を悪魔の仕業として描いたものです。しかし現代において、金縛りは生理学で100％説明可能な事象であり、心霊現象などではありません。

睡眠は、深い眠りである ==ノンレム睡眠== と、浅い眠りであるレム睡眠という性質の異なる2つの眠りを交互に行うことで成り立っています。==レム睡眠== は、閉じた瞼の下で眼球が覚醒時のように早く動く急速眼球運動（Rapid Eye Movements）が見られる眠りで、この英語の頭文字をとってレム睡眠といわれています。

人が夢を見るのは、レム睡眠の最中です。このとき、体は骨格筋が弛緩してまったく動かない状態にあります。これが金縛りの正体なのです。ちなみに息苦しさなどは、レム睡眠にともなって起こるもので、決して霊が体の上に乗っているからではありません。

入眠時レム睡眠を誘発すれば金縛りを意図的に起こせる

心霊現象ではない証拠に、金縛りは誘発することが可能です。

体が疲れていたり、不規則な生活が続いていたりすると ==入眠時レム睡眠== が起こることがあります。このとき、普段から金縛りにあいやすいという人に対して、人工的に入眠時レム睡眠状態に導いてやれば、金縛りになるのです。なお、金縛り中の人を観察すると、手や足はまったく動いておらず、静かなもの。金縛り中は夢を見ている状態と一緒ですから、たとえば本人は目を開けて天井などを見つめているつもりだったとしても、観察者からは眠っているようにしか見えません。

ノンレム睡眠 ●
ノンレム睡眠中も夢を見ていないわけではない。しかし、レム睡眠中に見るストーリー性のある夢とは異なり「思考」に近い「静的」なものが多いとされる。また、ここでは簡単に説明するために「深い」としたが、実際は浅い睡眠「段階1」から深い睡眠「段階4」までを含む様々な段階の総称である。

レム睡眠 ●
レム睡眠中は、脳波も、覚醒状態と同じとまでは言えないが、浅い睡眠状態である事を示している。脳の中に蓄えられた記憶情報がランダムに想起され、脳がつじつまを合わせるように荒唐無稽なストーリーを作り上げたものが夢であると考えられている。

入眠時レム睡眠 ●
本来、就寝から約90分後に現れるレム睡眠が、なんらかの原因によって、眠ってすぐに訪れることをいう。身体が非常に疲れていたり、深い眠りから不意に起こされて、もう一度眠りに落ちるときなどに生じるとされる。

教えてくれたのは
福田一彦先生
▶p14

第3章
心のはたらきを知る

この章では、学習、記憶、思考など、
より高度で複雑な心のはたらきを見ていくことにする。

学習とは何か･･････ 64	知能･･････ 86
言語と思考･･････ 66	知能の発達･･････ 88
動機づけ･･････ 68	知能検査･･････ 90
学習性無力感･･････ 70	さまざまな動機･･････ 92
記憶のメカニズム･･････ 72	
短期記憶･･････ 74	
長期記憶･･････ 76	
記憶力を伸ばすには･･････ 78	
問題解決･･････ 80	
推論･･････ 82	
創造的思考･･････ 84	

学習とは何か

学者たちの研究や実験から「学習」とは何なのかを紐解いていこう。どのような行動を通して結果を得るかが、学習を知るポイントになる。

●2つの条件づけの研究

心理学でいう**学習**とは、いろいろな経験によって比較的永続的な変化が起こることと定義されている。一般的に学習といえば、学校における勉強をイメージするが、心理学においてはもっと幅広い概念だといえる。たとえば「電車の中でお年寄りに席を譲ったら、非常に喜んでもらえた。以来、お年寄りを見かけたら親切にするようになった」とする。この場合「お年寄りに親切にするようになった」という行動の変化は、「席を譲ったら喜んでもらえた」という経験によるものだ。ほかにも、言葉や運動、社会のマナーなどについて、経験を積み重ねていくことで行動が変化していく、これらはすべて「学習」に含まれている。

学習に関する研究のうち有名なのは、**パブロフ**（ロシア、1849-1936）と**スキナー**（アメリカ、1904-1990）による条件づけの研究である。パブロフは、犬にエサを与えるときにメトロノームの音を聞かせるという実験を行った。エサをあげれば犬は自然に唾液を分泌する。この実験を繰り返していると、メトロノームの音を聞くだけで唾液が分泌されるようになった。生理的反射を使って、音で唾液を出すという条件反射を作り出したのである。これは**古典的条件づけ**と呼ばれる。

一方スキナーは、箱に空腹のネズミを入れ、レバーを押すとエサが出る装置を作った。はじめは箱の中を動き回ってい

学習の定義

学習といえば
学校の「勉強」のイメージが強いが……

態度
やる気を出す

運動
自転車に乗れるようになる

言葉
言葉を獲得する

学習
心理学では、これら「経験による比較的永続的な行動の変容」すべてを「学習」ととらえる

> ミニ知識　スキナーの実験箱は「スキナー箱」と呼ばれる。スキナーが説いた道具的条件づけは、イルカなどの動物の調教で使われている。

たネズミは、たまたまレバーに触れたときにエサが与えられることを知ると、その後はレバーを押すことに集中する。このように、自らの行動の結果によって適した行動を身につけることを、**道具的（オペラント）条件づけ**という。

古典的条件づけ

パブロフの実験

学習中
① メトロノーム音
↓
② 餌
↓
③ 唾液を出す

学習後
① メトロノーム音
↓
② 唾液を出す

犬にエサを与えると同時にメトロノームを聞かせていると、やがてメトロノームの音だけで唾を出すようになる。

道具的条件づけ

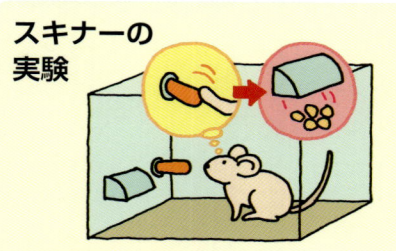

スキナーの実験

学習中
① レバー
↓
② 箱の中を動き回る
↓
③ 偶然レバーを押す
↓
④ 餌

学習後
① レバー
↓
② レバーを押す
↓
③ 餌

ネズミがレバーを押すとエサが出るようにした。偶然レバーを押してエサを得られたネズミは、以降レバーを押し続ける。

●試行錯誤や洞察の研究も学習心理学の領域

トールマン（アメリカ、1886-1959）は、ある刺激が現れると、次に何が起こるかを期待するところに学習が生じると考えた。たとえば白い窓と黒い窓のある箱にネズミを入れ、白い窓を開けたときだけエサが与えられるという実験を行った。するとネズミは2つの窓を識別するようになった。つまりネズミは白い窓に対してエサを期待したのだ。これは期待説や認知説とも呼ばれる。そのほかにも、**ソーンダイク**（アメリカ、1874-1949）は試行を繰り返すことで適切な行動を身につけていく「試行錯誤」に注目した（→p80）。また**ケーラー**（ドイツ、1887-1967）は、チンパンジーが問題を解決する様子を観察し、試行錯誤を経なくても問題を把握できるという「洞察」の研究を行った（→p80）。

CLOSE UP：正の強化、負の強化

オペラント条件づけには、行動によって快を得ることで、その行動が強化（行動が現れる頻度が高くなる）される「正の強化」と、行動によって不快を取り去ることで、その行動が強化される「負の強化」がある。「テスト100点とったらご褒美」は正の強化の例、「叱りつけてテスト勉強させる」は負の強化の例である。

第3章 心のはたらきを知る　学習とは何か

ミニ知識　トールマンは、エサにたどりつく前のネズミが自由に箱を走っているとき、全体の空間配置を潜在的に学習していると考え、これを**潜在学習**と呼んだ。

▶言語と思考

言語はコミュニケーションのための道具である。しかし心理学においては、思考や認識など高次の精神活動における言語の役割にも目を向ける。

●内言と外言

ヴィゴツキー（ロシア、1896-1934）は言語を、コミュニケーションに用いられる言語（**外言**）、自分の頭の中で考えを整理するために用いられる言語（**内言**）の2つに分けた。

ヴィゴツキーによれば、内言は外言から派生したものである。言語はまずコミュニケーションのための道具として発生し、その後に思考の道具としても用いられるようになったというのである。

実際、幼児を対象に問題解決を行わせる実験を行ったところ、簡単な問題に比べ難しい問題のほうが幼児のつぶやきが多いことを発見した。幼児は、問題解決のために自分自身に語りかけていたのであり、内言が思考のための言語であることが推察される。

一方**ピアジェ**（スイス、1896-1980）は、幼児が発する伝達を目的としない言語を**自己中心的言語**と呼んだ。ピアジェはこれをやがては消滅していくものと考えたが、ヴィゴツキーは外言から内言に進化していく途上にあるのが自己中心的言語であると反論した。つまり一見すると外言のようだが、機能的には内言であると考えたのである。ピアジェは後に、そのヴィゴツキーの考えを受け入れた。

CLOSE UP 子どもの知能

スイスの心理学者ピアジェは、発達心理学の分野における最重要人物の一人。子どもの知能の発達について、生得的に規定されるのでも、経験によって獲得されるのでもない、2つが影響し合いながら進んでいくものとした。また、人の思考は5つの段階を経て発達するという、思考の発達段階説を唱えた（→p89）。

ヴィゴツキーの考え

内言 思考のための言語
- お昼は中華にしようか
- いや、それともパスタかな？

頭の中で飛び交っている言葉
音声をともなわない

外言 会話のための言語
- 一緒にランチでもどう？
- あの新しいお店に行ってみようよ

他人に向けて使われる言語
音声をともなう

目言 知国 言語学者の**チョムスキー**（アメリカ、1928-）は、どんな人でも生後短期間で言語を習得できることから、人間は生得的に言語にまつわる基本的な原理（生成文法）を持っていると主張した。

●言語化すると頭が整理される

言語はまた、人間の思考や行動を調整する働きを持っている。

ルリアは、赤いランプがついた場合にはボタンを押し、青いランプがついたらボタンを押さないという課題を幼児に与えた。はじめ、幼児はこの課題をうまくこなすことができなかった。しかし赤いランプがついたときに「押す」と言わせるようにすると、正しく反応できるのようになったのである。言語が幼児の行動を調整した例だ。

ガニエとスミスも問題解決における言語化の効用を研究した。彼らはハノイの塔と呼ばれる問題を用いた。2つのルールのもとで円盤を棒Aから棒Cに移すというものだ。

このとき被験者を、黙って解かせるグループと、円盤を移す際にその理由を言語化させるグループに分けた。するとやはり言語化したほうが解決までスピーディに進んだ。

ハノイの塔の実験

課題：円盤を棒Aから棒Cに移す
- **ルール1** 一度に動かせる円盤は一枚だけ
- **ルール2** 円盤は下から大きいものを重ねていく

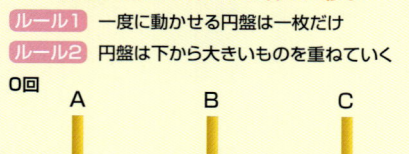

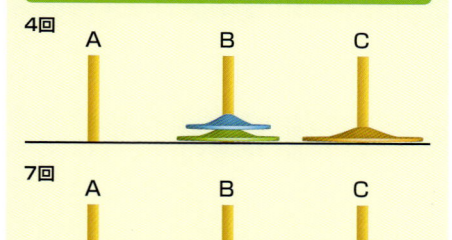

0回　A　B　C

円盤が3枚だと最低7回動かす必要がある

4回　A　B　C

7回　A　B　C

円盤を動かした理由を言語化させると解決が速かった

TOPICS 言語相対性仮説

サピア＝ウォーフは、その人が用いる言語によって思考や認知そのものが影響を受けるとする言語相対性仮説を提唱した。仮に同じものを見たり聞いたりしても、使用する言語によって、それに対する思考や認知が大きく異なるというのである。たとえば「虹色」であるが、日本人なら赤、橙、黄、緑、青、藍、紫の7色であると考えている。しかしアメリカでは6色なのである。英語には藍を指す単語がないからだ。サピア＝ウォーフはこうした知見をもとに、使用する言語によって世界のとらえ方がまるで違うというところまで踏み込んで主張した。

6 colors / 7色

言語が違うと、把握できる世界が異なるというのがサピア＝ウォーフの主張。

ミニ知識 子どもの独り言は、歌、会話、思考、感想、擬声（電車や車の音を真似する）など7つに分類できるとする研究がある。

動機づけ

人のやる気や意欲を引き出す2種類の動機づけについて学ぼう。長続きする動機と、しない動機があり、心の働きが異なる。

●学習の「やる気」はどこから生まれる？

　一般的に言われる"やる気"や"意欲"を、心理学では「**動機づけ**」と呼ぶ。これは人が行動を起こすための理由にあたるものだ。

　動機づけには、外発的動機づけと内発的動機づけの2つがある。

　外発的動機づけは、外部から与えられる報酬やほめ言葉などによる動機づけだ。つまり目標とは直接関係のないごほうびが欲しくて行動を起こすというものである。たとえば「テストで100点とったらお小遣いがもらえる」「仕事を頑張ったら部長にほめてもらえる」などは外発的動機づけにあたる。

外発的動機づけ

- この仕事が終わったらビールを飲もう
- ノルマを達成しないと上司にしかられる
- 成績が上がったら、△△さんにほめられるかな

やる気の源は外部からもたらされる賞罰 ＝ 金銭的な報酬、ほめられる、しかられる
▼
報酬が目当
▼
やる気は長続きしない

内発的動機づけ

- もっと自分の世界を広げたいな
- このアイデアを形にしたい！
- この仕事をしていると自分らしくいられる

やる気の源は自分の内側からわいてくるもの ＝ 好奇心、達成感など
▼
行動自体に喜びがある
▼
やる気が長続きする

豆知識 親や教師から期待をかけられるだけで子どもの成績が向上する現象をピグマリオン効果という。その期待に応えようと子どもはやる気を出し、勉強するからである。

一方、**内発的動機づけ**は、自分の内側からわき上がってくるやる気を指す。**知的好奇心**や**満足感**、**達成感**などがあり、行動そのものに面白みを感じている状態だ。のどが渇いたなどの生理的側面もここに含まれる。また自分の行動により満足できる結果を得られたときに感じる**有能感**（コンピテンス）も内発的動機づけの一つだ。

これまで、仕事や勉強のやる気を持続させるために、外発的動機づけと内発的動機づけのどちらが有効か、議論がされてきた。

幼稚園児を対象にして次のような実験が行われたことがある。絵を描いたらごほうびをあげるグループとごほうびなしのグループに分け、子どもたちのやる気の持続を見たのである。するとごほうびなしの子どもたちのほうが自発的に長く絵を描いていたという結果が出た。ごほうびは一時的には効果があったが、やがてごほうびなしには絵を描かなくなってしまったのである。

ここからわかるのは、好奇心や達成感など、内発的動機づけから生まれるやる気は長続きするということだ。したがって仕事にしろ勉強にしろ、ある目標に向けて努力しようと思ったら、いかにして内発的動機づけをつくるかが、やる気を持続させるコツだと言える。もっとも、一時的にでもいいからやる気を出したいときは、「この仕事が終わったら旅行にでも行こう」などと、自ら外発的動機づけを設定するのも効果的だ。

第3章　心のはたらきを知る　動機づけ

「ごほうび」は諸刃の剣

ごほうびあり
→ ごほうびのために一時的にはやる気が出る
→ ごほうびを続ける → しだいに効き目が薄くなる → ごほうびなしでは頑張れなくなる
→ ごほうびをやめる → 努力しなくなる

ごほうびなし
→ 自分の中にある好奇心や達成感を動機にする → ごほうびなしでも楽しく続けられる（やる気がずっと持続する）

> ミニ知識　子どもは、よい成績をとることばかりが目標となる環境よりも、成績にかかわらず努力や進歩を認めてもらえる環境のほうが、勉強に面白さを感じ、自ら学びたいと思う傾向がある。

学習性無力感

やる気は、どんな場合に失われ、どんな状況で養われるのか。心理学者たちは、無力感を回避するには自尊感情が重要で、無力感は学習の結果身につくと説いている。

●やる気が失われるのはどんなとき？

「勉強する気力が起きない」「どうしてもやる気が出ない」など、自分ではどうすることもできない感覚や状況に陥ることがある。やる気は**自尊感情**との関係が深い。自尊感情とは弱さや欠点を否定せずに自分を好ましいと思う気持ちのことだ。「自分は価値のある存在だ」と思うことで自信が生まれ、勉強などにも積極的に取り組むようになるのである。

逆にいえば、自尊感情が失われると物事に対して後ろ向きになり、やる気が出なくなってしまう。**ジェームズ**（アメリカ、1842-1910）は、自尊感情の変化を「**成功÷願望**」という公式で表した。たとえば試験でよい成績をおさめることを成功とすると、それを求める願望が強いほど失敗したとき自尊感情が低くなる。また失敗続きの場合でも願望が弱ければ自尊感情は傷つかない。成功の基準は人それぞれであり、たとえ失敗しても「これを次につなげていこう」などと考えることができれば、それもある種の「成功」とも言えるため、自尊感情は高くなるのだ。人によって前向きな人と後ろ向きな人がいるのには、こうしたことも一因と考えられる。

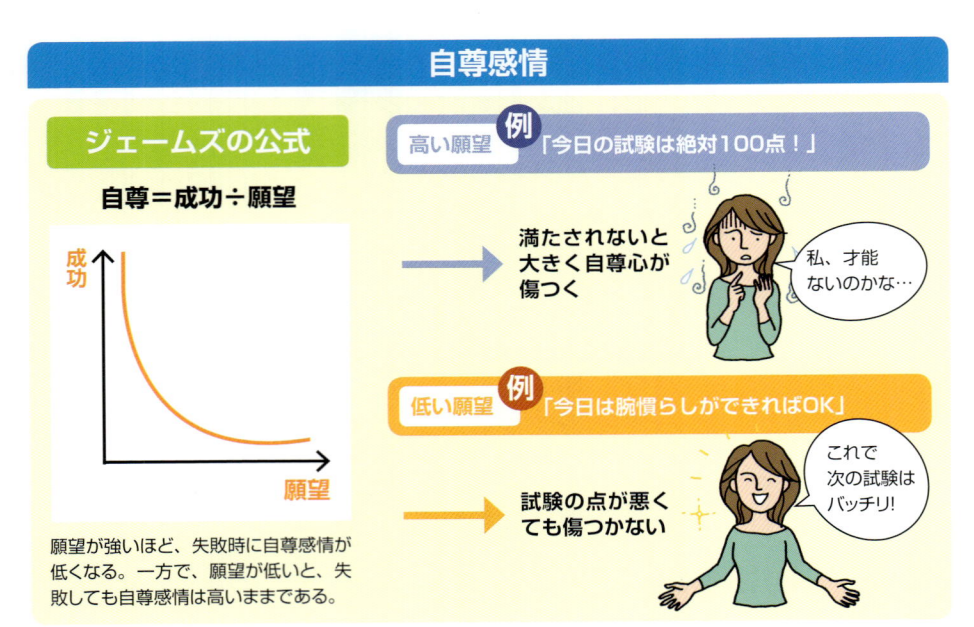

自尊感情

ジェームズの公式

自尊＝成功÷願望

（成功を縦軸、願望を横軸としたグラフ）

願望が強いほど、失敗時に自尊感情が低くなる。一方で、願望が低いと、失敗しても自尊感情は高いままである。

高い願望 例「今日の試験は絶対100点！」
→ 満たされないと大きく自尊心が傷つく
「私、才能ないのかな…」

低い願望 例「今日は腕慣らしができればOK」
→ 試験の点が悪くても傷つかない
「これで次の試験はバッチリ！」

自己知識 やる気を起こすには、パブリックな場で目標などを宣言することも有効だ。宣言した目標のために努力しようとするため、行動力が増すのである。

●「やる気なし」は学習の結果

セリグマン（アメリカ、1942-）は、自分の頑張りが報われない状況に長期間置かれるとやる気が失われていく現象を**学習性無力感**と呼んだ。

セリグマンによれば、無力感は学習の結果、身につくものなのである。たとえばいくら勉強をしてもよい結果が出ないという現実を学んでしまうと「自分ではどうすることもできない」「努力してもムダなんだ」といった無力感にさいなまれるのだ。

セリグマンは、動物実験によって学習性無力感を再現している。彼が行った実験は2匹の犬に異なる方法で電気ショックを与えるというものだ。1匹には、ボタンを押すと電気ショックが止まる装置をつけて、ショックを避けることを学習させた。もう1匹にはその装置をつけずに、ショックから逃げられないことを学習させた。

学習を終えた後、2匹の犬をシャトルボックスという2つの続き部屋がある箱に移した。一方の部屋では電気ショックが流れるが、もう一方の部屋に逃げることが可能である。

そこで改めて2匹の犬に電気ショックを与えたところ、ショックを避けることを学んでいた犬は安全な部屋へ移動したのに対して、ショックから逃げられないことを学んでいた犬は、部屋を移動せずショックを受け続けた。実際には逃げられるのにもかかわらず、行動に移せなくなっていたのである。

同様の現象が人間にも起きる。「何をやってもムダだ」という状況が続くとやる気を失い、自ら行動を起こせなくなってしまうのだ。やる気を出して前向きに物事に取り組むには、こうした学習性無力感を回避しなければならない。

無力感は学習で身につく

やる気いっぱい
「やればできる!」
成績アップ目指して猛勉強

なのに結果が出ない

やる気ゼロ
「どうせ僕なんて…」
「努力してもムダ」だと感じて無気力に

> ミニ知識　自尊感情は、人格形成の基盤ともいわれる。特に子どもに対する親の温かい態度が、子どもに自信をつけさせ、自尊感情を育む。

記憶のメカニズム

情報が記憶されるまでには3段階がある。また、情報が記憶として定着していくまでには、3つの記憶の貯蔵庫を経由する必要がある。

●情報が記憶に変わるまで

　記憶は記銘、保持、想起という3つのプロセスに分けることができる。

　第一段階は体験したことを「覚える」ことである。これを**記銘**（または符号化）という。第二段階として、その情報を一定期間「覚えておく」ことを**保持**（または貯蔵）という。その間に覚えたことを忘れてしまったり（忘却）、保管されていてもその記憶内容が変わったり（変容）することもある。

　そして第三段階として、保持されていた情報を「思い出す」ことを**想起**（または検索）という。たとえば「登山は気持ちがいいな」と体験し強く印象づけられるのは記銘、のちに「あの登山は楽しかった」などとかつての体験を思い出すのが想起である。

　本当に記憶することができたかどうかは実際に想起してみない限りわからない。そのため心理学の研究においては再生法や再認法といったテストが用いられる。たとえば「下記の選択肢の中から適切な言葉を抜き出し、文中のカッコの中に記入しなさい」などと思い出す手がかりを与えられるのが再認法で、手がかりを与えられないのが再生法である。一般的には、再生法よりも再認法のほうが思い出しやすいといわれている。

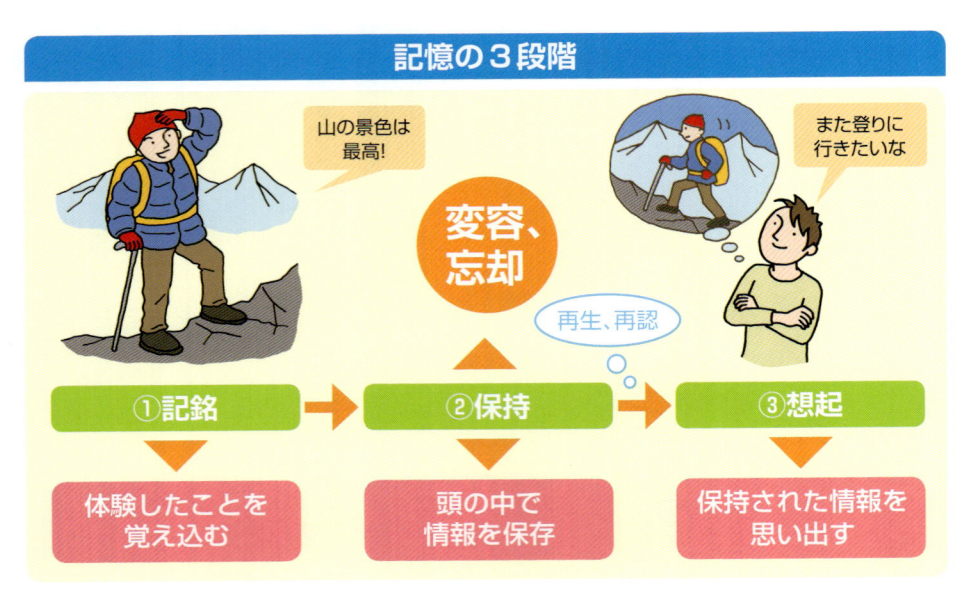

記憶の3段階

山の景色は最高！

また登りに行きたいな

変容、忘却

再生、再認

①記銘 → ②保持 → ③想起

体験したことを覚え込む／頭の中で情報を保存／保持された情報を思い出す

ミニ知識　覚えたはずのことが想起できなくなる「ど忘れ」は、想起の段階で生じた問題が原因だと考えられる。手がかりを与えられれば思い出せることが少なくないのだ。

●記憶の貯蔵庫は3つ

　記憶のシステムは複雑で、さまざまな考え方がある。19世紀にはジェームズによって、一次記憶は経験した内容をごく短時間留めておくもの、二次記憶は古い経験の内容を保持しているもので、意識して呼び起こす記憶だとする考え方が提唱された。現在は、記憶を複数の段階からなるシステムとする説が一般的である。中でも主流となっている、記憶は感覚記憶、短期記憶、長期記憶の3つからなるとする説を紹介しよう。

　まず目や耳といった感覚器官から取り込んだ情報は、**感覚記憶**（感覚レジスター）という貯蔵庫にごく短い時間だけ保存される。この段階ではきわめて大量の情報が保存されているが、視覚情報は約0.5秒、聴覚情報は約5秒で消失するなど、大部分は消失してしまう。

　感覚記憶のうち、大切なもの、興味をひくものは**短期記憶**という次の貯蔵庫に移される。ここでも貯蔵期間は約15〜30秒間と短く、貯蔵量も7つぐらい（→p74）と少ないが、リハーサル（→p74）によって貯蔵時間を延ばすことができる。

　リハーサルが繰り返された情報は、やがて**長期記憶**という貯蔵庫に送られる。長期記憶は大量の情報を半永久的に保持できる貯蔵庫で、この中でさらにエピソード記憶や意味記憶などの種類に分類されることになる。

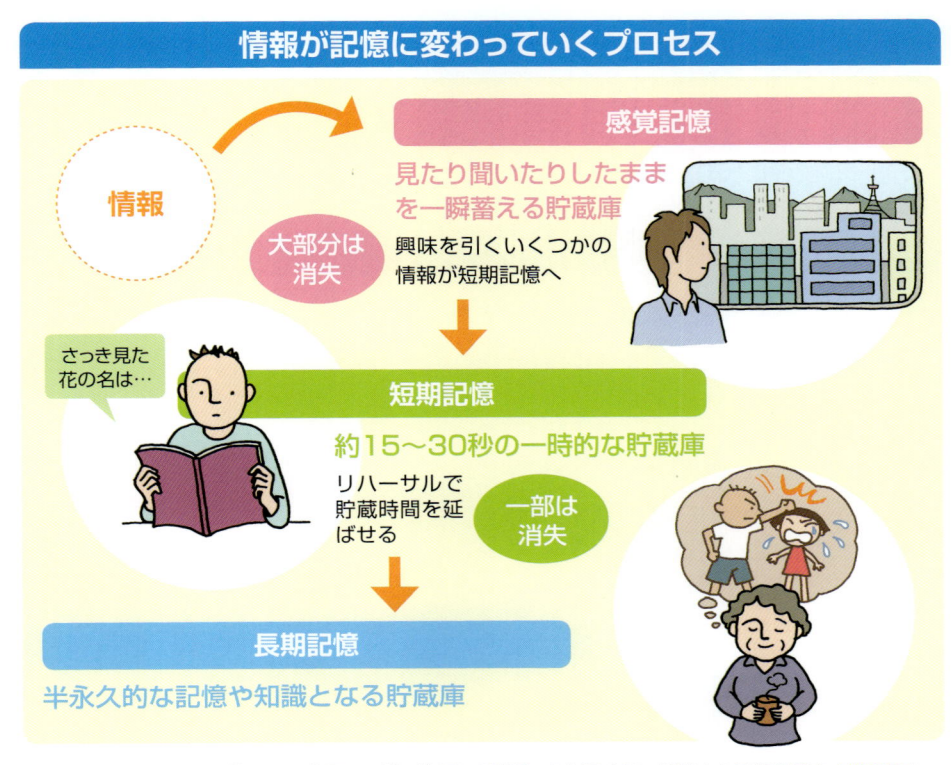

情報が記憶に変わっていくプロセス

情報 → **感覚記憶**：見たり聞いたりしたままを一瞬蓄える貯蔵庫
　大部分は消失
　興味を引くいくつかの情報が短期記憶へ

↓

短期記憶：約15〜30秒の一時的な貯蔵庫
（さっき見た花の名は…）
　リハーサルで貯蔵時間を延ばせる
　一部は消失

↓

長期記憶：半永久的な記憶や知識となる貯蔵庫

豆知識　短期記憶と長期記憶の間に位置し、脳の海馬に1時間〜1カ月くらい記憶される貯蔵庫を中期記憶と呼ぶ。

短期記憶

短期記憶の保持可能な情報量には限界がある。しかし、チャンキングによって記憶する情報量を増やすことが可能だ。

●短期記憶のマジカルナンバー7

短期記憶の保持期間は約15～30秒とされている。たとえば街中であるお店の電話番号を目にして電話をかけようというとき、番号を押す間だけ覚えておくような記憶を指す。保持できる時間はごく短く、電話をかけたらすぐに忘れてしまうのが常だ。覚えていようと思ったら何度も口に出して復唱する「**リハーサル**」をする必要がある。

長期記憶の容量は無限だとされているが、多くの実験から短期記憶の容量は7±2個であることがわかっている。つまり7ケタ程度の電話番号であれば一目で覚えられるのである。

ミラーはこの数字のことを**マジカルナンバー7**と名づけた。しかしもっと多くの文字や数字を覚えるコツがある。それは文字を**チャンク**（まとまり）にすることだ。

「味噌汁」のことを「み・そ・し・る」と平仮名4文字で知覚すると4チャンク、「味噌・汁」と理解すれば2チャンク、「味噌汁」として理解すれば1チャンクとなる。これを応用してみよう。たとえば「TBSFBIIMFNTTWHO」と並んだアルファベット15文字を一度に覚えるのは難しい。しかしこれを「TBS・FBI・IMF…」と見覚えのある文字のチャンク5つにしてしまえば、ぐっと簡単に覚えることができるのだ。

マジックナンバー7

仮に11ケタの数字を覚えようとすると…

09012345678

0 9 0 1 2 3 4 5 6 7 8

数字を1つずつ覚えようとすると11チャンクもあるので覚えにくい

「090の次が思い出せない…」

090　1234　5678

3チャンクで済むので覚えやすい

「090の次は「1234」「5678」だから簡単！」

人間が直接的に、一度に覚えられるのは7±2チャンクである

ミニ知識 バッドリーによれば作業記憶は、景色などの視覚情報を保持する視空間メモ帳、話したことなど聴覚情報を保持する音韻ループ、それらを統括する中央実行系によって成り立っている。

短期記憶と長期記憶の違い

	過程	保持期間	記憶容量
短期記憶	一次記憶に近い	約15〜30秒まで	7±2チャンク
長期記憶	二次記憶に近い	数分〜数十年以上	実質的に無限

短期記憶はリハーサルを経て長期記憶へ

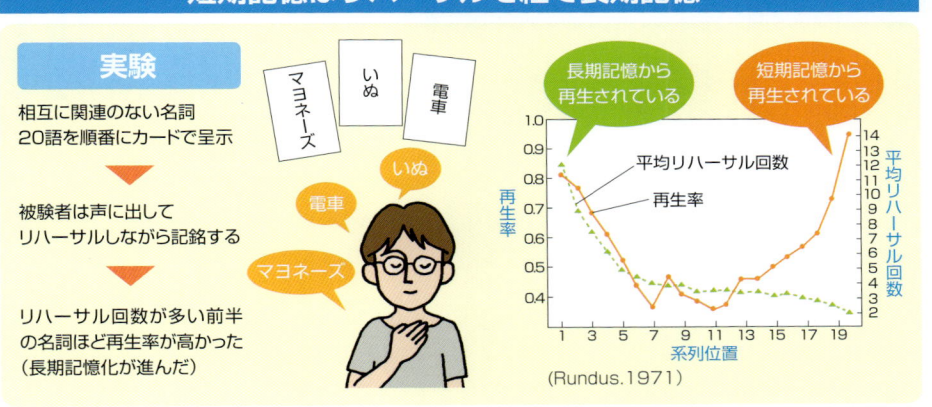

実験

相互に関連のない名詞20語を順番にカードで呈示

↓

被験者は声に出してリハーサルしながら記銘する

↓

リハーサル回数が多い前半の名詞ほど再生率が高かった（長期記憶化が進んだ）

（グラフ）長期記憶から再生されている／短期記憶から再生されている／平均リハーサル回数／再生率／系列位置

(Rundus,1971)

TOPICS 能動的に働くワーキングメモリ

　短期記憶のうち「ある作業に必要な間だけ必要な記憶を意識の上に展開させておく」といった機能を指してワーキングメモリ（作業記憶）という。たとえば電話をかけるわずかな時間だけ電話番号を覚えていたり、長い文章を話すとき筋を間違えずしかも相手の反応を見ながら話したり、計算をするとき途中で出てきた細かい計算の答えを覚えておきながら次の計算に進むといった、日常の行為がスムーズにできるのはワーキングメモリのおかげである。単なる記憶の貯蔵庫というよりは、理解や思考、行動のさなかに必要な記憶を一時的に思い出し、活用するという能動的な機能がワーキングメモリだともいえる。

ミニ知識　読書しながら音楽を聴くことは難しくないが、読書しながらテレビを見ることは難しい。これは、作業記憶に入る情報が多すぎ、競合するためだ。

長期記憶

長期記憶は、言葉によって記憶される宣言的記憶と、身体で覚える記憶である手続き記憶の2つに分けることができる。

●長期記憶の種類

長期記憶は、短期記憶と比べるかに多くの情報を長期間にわたり保持できる記憶の貯蔵庫のことである。長期記憶は言葉で説明できる**宣言的記憶**と、動作により記憶していく**手続き記憶**に分けられる。宣言的記憶はさらに**エピソード記憶**と**意味記憶**に分けることができる。エピソード記憶とは、たとえば「小さい頃は田舎で川遊びをしたな」「水が冷たくて気持ちがよかったな」などといった、その体験をしたときの時間や場所、感じたことまでを特別なエピソードとして記憶するものだ。一方、意味記憶は身の回りのことや一般知識としての記憶を指す。「トマトは赤い」「アメリカの首都はワシントンだ」など学習によって獲得されたものだ。

宣言的記憶が言葉で説明できるのに対し、手続き的記憶は言葉ではうまく説明できない動作や技能の記憶のことだ。たとえば自転車の乗り方を言葉にするのは非常に難しいが、一度身につければまず忘れることはない。文字通り「身体で覚えている」のである。

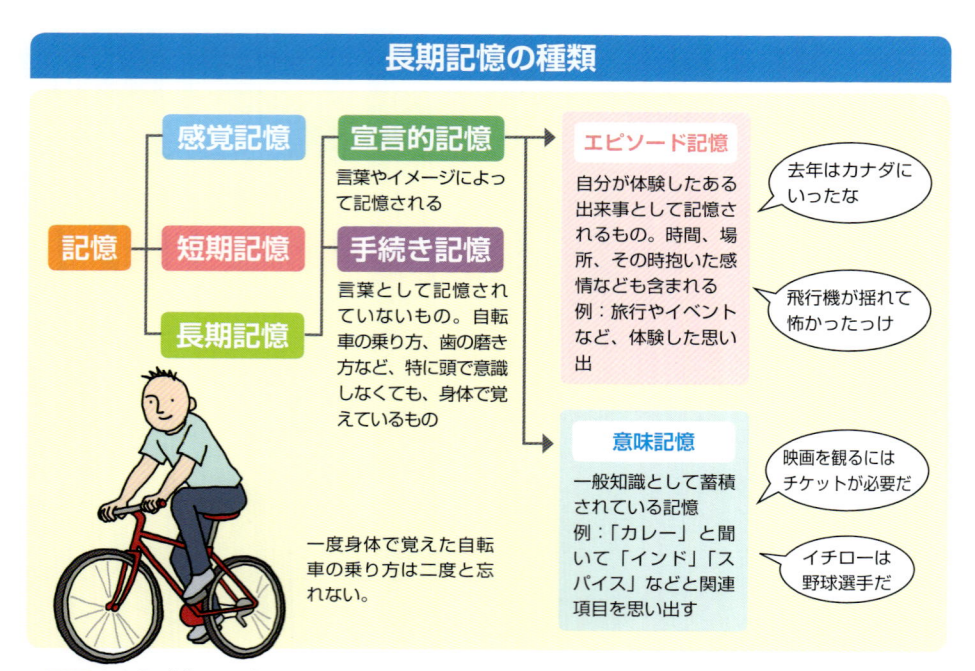

長期記憶の種類

- 記憶
  - 感覚記憶
  - 短期記憶
  - 長期記憶
    - **宣言的記憶** — 言葉やイメージによって記憶される
      - **エピソード記憶**：自分が体験したある出来事として記憶されるもの。時間、場所、その時抱いた感情なども含まれる。例：旅行やイベントなど、体験した思い出
        - 「去年はカナダにいったな」
        - 「飛行機が揺れて怖かったっけ」
      - **意味記憶**：一般知識として蓄積されている記憶。例：「カレー」と聞いて「インド」「スパイス」などと関連項目を思い出す
        - 「映画を観るにはチケットが必要だ」
        - 「イチローは野球選手だ」
    - **手続き記憶** — 言葉として記憶されていないもの。自転車の乗り方、歯の磨き方など、特に頭で意識しなくても、身体で覚えているもの

一度身体で覚えた自転車の乗り方は二度と忘れない。

> **ミニ知識** たとえば「マイル」という単語を聞いたとき、「マイレージ」→「飛行機」「旅」、「マイル」→「参る」「詣る」などの項目を類推することは、意味記憶のはたらきによるものだ。

●変容する記憶

　一度長期記憶として貯蔵された情報はなかなか失われず、生涯にわたって保持されることもある。しかし、その間に記憶が変容してしまうことが珍しくない。つまり実際に体験したこととは違った内容で覚えていたり、体験しなかったことをあたかも体験したかのように記憶してしまうのである。

　このように記憶が後から変容することを**事後情報効果**という。たとえば犯罪事件の目撃者の記憶が捜査官の質問方法によって変わることがあるように、不適切な手がかりを使って記憶を検索しようとすることで起こるものと考えられている。

　ロフタスはその手がかりに関する実験を行った。学生たちに車の衝突事故の映像を見せた後で、学生たちに事故の様子をたずねるというものだ。しかしある学生には「車がぶつかったとき、どのくらいのスピードが出ていましたか」と聞き、別の学生には「車が激突したとき、どのくらいのスピードが出ていましたか」というように少しずつ言葉を変えて聞いた。学生たちが記憶を呼び覚ますときの手がかりを変えたのである。

　すると「車が激突したとき〜」と質問された学生は「車がぶつかったとき〜」と質問された学生よりも車のスピードを速く見積もる傾向が出た。単語が学生に与えたイメージの違いによるものだと考えられる。このように何かを思い出そうとするとき、手がかりが不適切であるとそれに合わせるかたちで記憶が再構成されてしまうのである。

第❸章　心のはたらきを知る

長期記憶

記憶は変化する

ロフタスの実験

❶学生たちに車の衝突事故の映像を見せる

❷学生たちに、それぞれ言葉を変えて質問する

Aには「車がぶつかったとき、どのくらいのスピードが出ていましたか？」と聞いた。

Bには「車が激突したとき、どのくらいのスピードが出ていましたか？」と聞いた。

❸学生たちの答えは違っていた
A：「時速60kmくらい」
B：「時速80kmくらい」

❹1週間後、同じ学生たちに「映像の中でガラスが割れたのを見ましたか？」と質問する。実際にはガラスは割れていない。
A：「見た」と答えた学生　14％
B：「見た」と答えた学生　32％　→「激突」のイメージが残っている

ミニ知識　過去には、幼児期に虐待を受けたという偽記憶がカウンセリングの過程で生じてしまい、問題になったケースもある。

77

記憶力を伸ばすには

記憶は、脳の海馬に定着し、関連するもの同士が結びつき整理される。また、記憶力を高めるには、イメージ化をポイントとしたさまざまな方法がある。

●記憶の貯蔵の仕組みから考える

　記憶するときに、ある感動的な体験がともなっていると、強く記憶に残るという考え方がある。実際、興味のある分野をわくわく楽しみながら勉強すると、苦もなく頭に入ってくる、といった経験をしたことがある人は少なくないだろう。

　これは脳の中で起こる記憶のプロセスと関係している。私たちが感覚器を通じて受け取った情報は、2通りの経路によって脳に貯蔵される。一つは大脳皮質を経由して大脳辺縁系にある海馬へと運ばれ、記憶として定着するルートだ。視覚や聴覚によって受け取った外界からの情報は、このルートが用いられる。

　もう一つは、大脳皮質を経由せずに直接海馬に運ばれるルートだ。このルートが使われるのは喜怒哀楽などの感情や本能にまつわる情報が記憶されるときである。第一のルートと違い大脳皮質を経由せず直接海馬に送られるため、より強く記憶に残るとされる。

　海馬に定着した記憶がどのような構造になっているかも覚えておきたい。記憶の構造を図式化したものを**意味ネットワーク**という。記憶は「犬」「干支」「ペット」といった関連するもの同士で結びつき、ネットワークを作っているのだ。ここで、特に関連の大きいもの同士が近くで結びつき、記憶として強固に定着することを**プライミング効果**という。

記憶はネットワークを作る

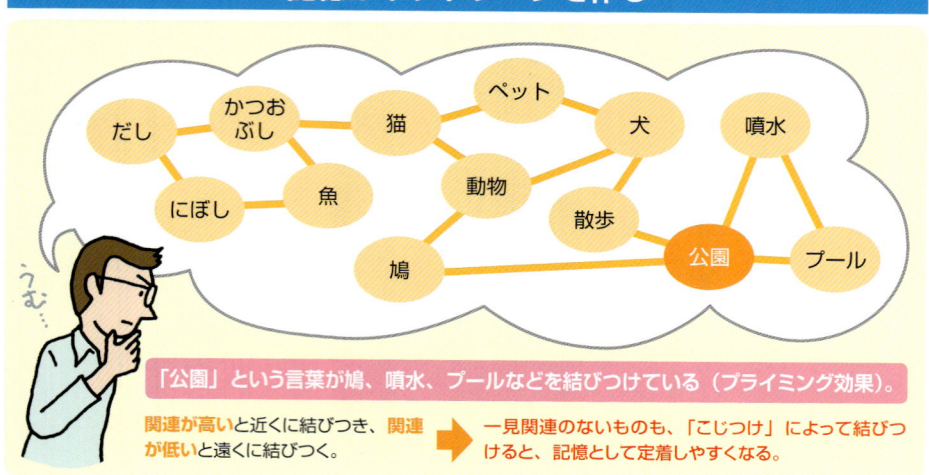

「公園」という言葉が鳩、噴水、プールなどを結びつけている（プライミング効果）。

関連が高いと近くに結びつき、関連が低いと遠くに結びつく。

→ 一見関連のないものも、「こじつけ」によって結びつけると、記憶として定着しやすくなる。

豆知識　覚えにくい漢字や英単語を覚えるには、反復練習が効果的である。5単語を3回ずつ繰り返すよりも、5単語を1回読み、それを3セット繰り返すほうが効果は高いといわれている。

●感動するほど記憶に残る

以上の知見をふまえると、効果的な記憶というものが推測できる。

たとえば、まずは自分が興味を持って楽しみながら学ぶ工夫をすることである。試験勉強をするのであれば、そもそも興味のある分野を選ぶことも工夫の一つであるし、友人たちと切磋琢磨しながら学ぶ、無味乾燥なテキストではなくテレビ番組から学ぶなども有効だろう。そうして喜怒哀楽などの感情や本能に関わるような感動を体験しながらだと、記憶は強く定着するのである。

また意味ネットワークをふまえると、ある情報をただ覚えようとするのではなく、意味のあるものに結びつけたり、わかりやすいものに変換したりすることがポイントとなる。歴史の授業において「人の世むな（1467）し応仁の乱」などと一見関係のない「人の世むな」と「1467」をこじつけて覚えた経験があるだろうが、記憶術のよい例である。

ちなみに「覚えているはずなのに出てこない」といった状況をメモリーブロックと呼ぶ。こうした場合は、意味ネットワーク上の近しい情報を思い出すことでそれが手がかりとなり、記憶がよみがえることが多い。たとえば「かつおぶし」という言葉をど忘れしても、「猫」「だし」「にぼし」といった言葉がヒントになり思い出せるのである。

さまざまな記憶術

納豆（710）食べて平城京

人の世むな（1467）し応仁の乱

意欲に（1492）燃えるコロンブス…

視覚情報は、文字よりも記憶しやすいため、意味づけてイメージするといい。自分に合った、記憶力を高めるテクニックを見つけよう。

場所法
よく知っている場所やイメージできる場所を思い浮かべ、その場所と覚えるもののイメージを組み合わせて、視覚情報として覚えていく方法。

語呂合わせ法
「1192（イイクニ）つくろう」などと、歴史の年号を言いやすくイメージできる言葉に変換する方法。

物語法
覚えたいものを組み込んだストーリーを考え、言葉とイメージの両方で印象づける方法。

頭文字法
覚えたいものの頭文字だけを取り出す方法。たとえば、谷中・根津・千駄木を「谷根千」とするなど。

ペグワード法
数字と関連するものを決め、イメージの手がかりにして覚える方法。たとえば、「2＝虹」、「8＝はちみつ」など、自分なりにルール化する。

1カ月に数百冊を読破する「速読」の達人の中には、本1ページを一瞬で、まるで写し取ったかのようにイメージとして記憶してしまう力を持った人もいる。

> **ミニ知識** 設定したスケジュールを忘れないためには、行く予定のお店の看板や会う予定になっている人の顔など、視覚的イメージと結びつけて覚えるといい。

▶問題解決

私たちがものを考えるのは、おもに解決するべき問題に直面したときである。その問題解決の過程から、思考の仕組みを研究することができる。

●試行錯誤と洞察

ソーンダイク（アメリカ、1874-1949）は、問題箱と呼ばれる箱の中に猫を入れる実験を行った。外にあるエサを食べようと猫は箱の中で飛び跳ねたり戸をひっかいたりする。そのうち偶然にも猫は扉を開けることができた。これを繰り返すうちに猫は箱に入れられるとすぐ扉を開けるために正しい行動をとるようになった。このように、試行を繰り返すことで適切な行動を絞りこむ問題解決を**試行錯誤**という。

これに対し**ケーラー**（ドイツ、1887-1967）は**洞察**による問題解決に注目した。ケーラーが行った実験は次の通りである。チンパンジーが檻に入れられており、檻の中には短い棒、檻の外には長い棒がある。また檻からは手の届かないところにバナナが置かれている。

この状況で、チンパンジーはまず手を伸ばしてバナナをとろうとし、次に短い棒でとろうとした。その後チンパンジーは周囲を見回し、短い棒を使って長い棒をたぐりよせ、その長い棒でバナナをとることができた。チンパンジーは2本の棒とバナナを見て「こうすればうまくいく」という見通しを立てたのである。目の前に十分な情報が与えられている場合には、試行錯誤なしにこうして問題解決できるのである。

CLOSE UP ドゥンカーの箱問題

ドゥンカーは被験者にマッチと箱に入った画びょうを見せて「テーブルにろうがたれないよう壁にろうそくを取りつけてください」と課題を与えた。被験者はうまく答えられない。次に箱から画びょうを取り出した状態で同じ質問をした。すると被験者は「箱を土台にする」という正解にたどり着いた。ドゥンカーはこれを「帰納的固着」と呼び、経験が災いして物の機能についての考えが制限されるとした。

ケーラーの実験

短い棒、長い棒、バナナという条件を見たときに、実際に手を動かして試行錯誤する前に、2本の棒を使えば（手段）バナナが食べられる（目的）というふうに見通しを立てることができた。

ミニ知識 アルゴリズムという言葉は、コンピュータに関連する分野においては、コンピュータに作業をさせるために必要な手順を定式化したもの、という意味で使われる。

●アルゴリズムとヒューリスティック

　問題解決のためには、アルゴリズムとヒューリスティックという2つの方略が考えられる。

　アルゴリズムとは、問題解決に至るまでのすべての操作のことであり、段階的手法とも呼ばれる。これらをすべて実行すれば、確実に正答にたどり着けるというものだ。しかしわれわれは、一般的にこの手法を用いない。考え得るすべての操作を試行するのはあまりに時間がかかり過ぎるからである。

　そこで解決までの時間を短縮するために**ヒューリスティック**という方略が用いられる。これは経験値をもとに問題の範囲を限定して、適切な解決法を探す方略である。アルゴリズムのように確実に解決にたどり着くものではないが、問題をきちんと把握しさえすれば、十分に問題解決にたどり着くことができる。

　私たちは、特殊な問題でない限りおもにヒューリスティックによって問題解決を行う。

　一例を挙げよう。大きな図書館で、夏目漱石の小説『坊ちゃん』を探すという課題がはっきりしているとき、どのように本棚を見て回るだろうか。おそらくアルゴリズム的に、闇雲に本棚を見て回る人はいない。確かにそれでもいつかは確実に見つかるだろうが時間がかかり過ぎてしまう。そのように本棚を見て回るのは、読みたい本がまるで決まっていないときだけである。

　一方、どの本棚に「坊ちゃん」があるかアタリをつけてから行動するのがヒューリスティック的なアプローチである。「夏目漱石」の棚にいけばすぐに見つかるだろうし、「日本文学」の棚から探すこともそう難しくはないはずだ。

問題解決の2つの方略

お題：図書館で「坊ちゃん」を探す

アルゴリズム的アプローチ	ヒューリスティック的アプローチ
本棚を片っ端から探していく。いつかは確実にたどり着く	「夏目漱石」「日本文学」「ハ行」などを手がかりに、探すべき場所を絞り込む
➡ 時間がかかり過ぎ、実用的でない	➡ 効率的に、早く正答することを重視する

豆知識　ヒューリスティックには、代表性ヒューリスティックや利用可能性ヒューリスティックなど、何を基準に判断するかによっていくつかの種類がある。

▶推論

「推理」とはすでに知っている情報から新しい知識や結論を導き出そうとすること。大きく分けて「帰納的推理」と「演繹的推理」の2つがある。

●帰納的推理

帰納的推理とは、いくつか集めた事例をもとに、一般的な法則を導き出す方法のことである。

たとえば「Aさんの家の犬は吠える」「Bさんの家の犬は吠える」「Cさんの家の犬は吠える」という3つの事例から「すべての犬は吠える」という一般的な法則を導き出すことができる。

人は日常的に帰納的推理を使うことが多い。だが欠点もある。それは帰納法によって導かれた結論は確実な真理とは言えないということが挙げられる。

仮に「Aさんの家の犬は吠える」「Bさんの家の犬は吠える」「Cさんの家の犬は吠える」という3つの事例があったとしても、Dさんの家の犬、Eさんの家の犬、Fさんの家の犬…とすべての家の犬を調べるか、もしくはそれが不要になるほどの論理的証明をしない限り「吠えない犬もいる」という新しい情報が出てくる可能性が捨てきれない。したがって帰納法によって導き出された結論は事実ではなく「高い確率をもった推論」に過ぎないのである。

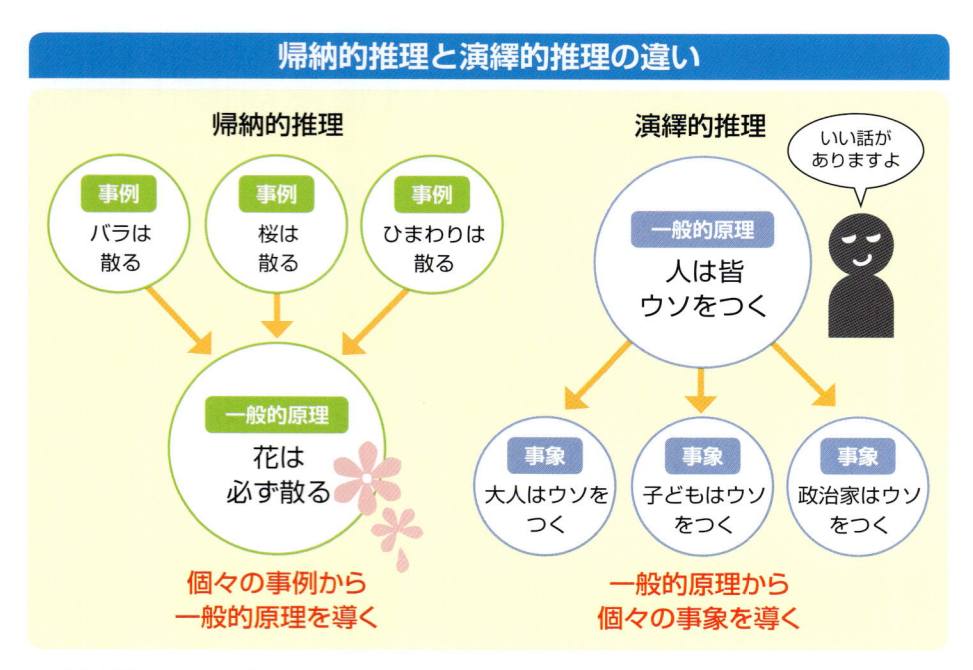

帰納的推理と演繹的推理の違い

帰納的推理

- 事例：バラは散る
- 事例：桜は散る
- 事例：ひまわりは散る

↓

一般的原理：花は必ず散る

個々の事例から一般的原理を導く

演繹的推理

一般的原理：人は皆ウソをつく（いい話がありますよ）

↓

- 事象：大人はウソをつく
- 事象：子どもはウソをつく
- 事象：政治家はウソをつく

一般的原理から個々の事象を導く

> ミニ知識：哲学者ベーコン（イギリス、1561-1626）は、一般的原理から個別の結論を導く際、その一般的原理を見誤る先入観や偏見を**イドラ**と呼んだ。

●演繹的推理

帰納的推理とは逆に、一般的な原理から、論理的に妥当な個別の結論を導くことを**演繹的推理**という。

三段論法がその好例である。「人間は皆いつかは死ぬ」「Aは人間である」「だからAはいつかは必ず死ぬ」といった三段論法においては、「人間は皆いつかは死ぬ」という一般的な原理から「Aは人間であるからいつかは必ず死ぬ」という個別の結論が導かれている。

演繹的推論の欠点は先入観や偏見などによって誤った前提（一般的原理）を掲げてしまう危険があることだ。たとえば「日本経済はこれから5年は成長しつづける」を一般的原理に掲げたとしたらどうなるか。「A社の株価が上がる」「給料は増えつづける」などといった演繹的推理が成り立つかもしれない。しかしそもそも「日本経済が成長する」という前提が誤っていたら、そこから導かれる事象もやはり誤ったものになってしまう。

CLOSE UP／ガリレオは帰納主義

16世紀までは、天体は地球の周りを回っているとする天動説が常識として信じられていた。それを打ち破ったのが天文学者のガリレオ・ガリレイである。実験や観察から得られた知見をもとに、地球が太陽の周りを回っているとする地動説を唱えたのである。今では誰も地動説を疑わない。ガリレオは当時の常識にとらわれず、自分の手で集めた事例から真実を導きだそうとする帰納主義者だったのである。

ガリレオ・ガリレイ
（イタリア、1564-1642）

演繹的推理で解く問題

Q.「カードの片面にローマ字の母音があれば、裏側の数字は偶数」。この規則が正しいことを証明するにはどうすればよいか？

K　A　4　5

A. Aと5の裏面を調べる。

解説
ウエイソンが大学生を対象に行った実験。ルールは、母音と奇数が同じカードになることを禁止。「A（母音）の裏が偶数か？」「5（奇数）の裏が母音か？」を調べるのが正解。実験では、正解率10％だった。

ミニ知識
白が続くと次は赤が出るとつい考えてしまうのが人の性。何度白が出ていようと次に赤が出る確率は変わらないのにもかかわらず、このように誤認識してしまうことを**ギャンブラーの錯誤**という。

第3章 心のはたらきを知る／推論

創造的思考

問題解決をする場面では、まったく新しい解決法が必要なときがある。その際求められるのが創造的な思考である。特に歴史的発見には創造的思考が欠かせない。

●創造的思考の4つのプロセス

ワラスは創造的思考のプロセスを研究し、次の4段階に分類した。

準備期：自分が抱えている問題の資料や情報をできる限り集めて、解決策を探す努力をするが、何度も失敗を繰り返すこともある。

孵卵期：適切な解決策を探す。考えていないと思えるとき（散歩の最中や眠っているとき、入浴中など）も無意識に問題には関わっている。

啓示期：突然、解決のアイデアがひらめく。「あっ、わかった！」と声を上げてしまうこともある。いわゆるインスピレーションがわいたような感じ。これをアハー体験という。

検証期：降ってきたようなアイデアをあらゆる方向から検証し確認する。

歴史的な発見や発明には、この思考の4段階の過程が示されていることがしばしばある。浮力を発見したアルキメデス、ベンゼンの構造式を発見したケクレをはじめ数多くの例がある。

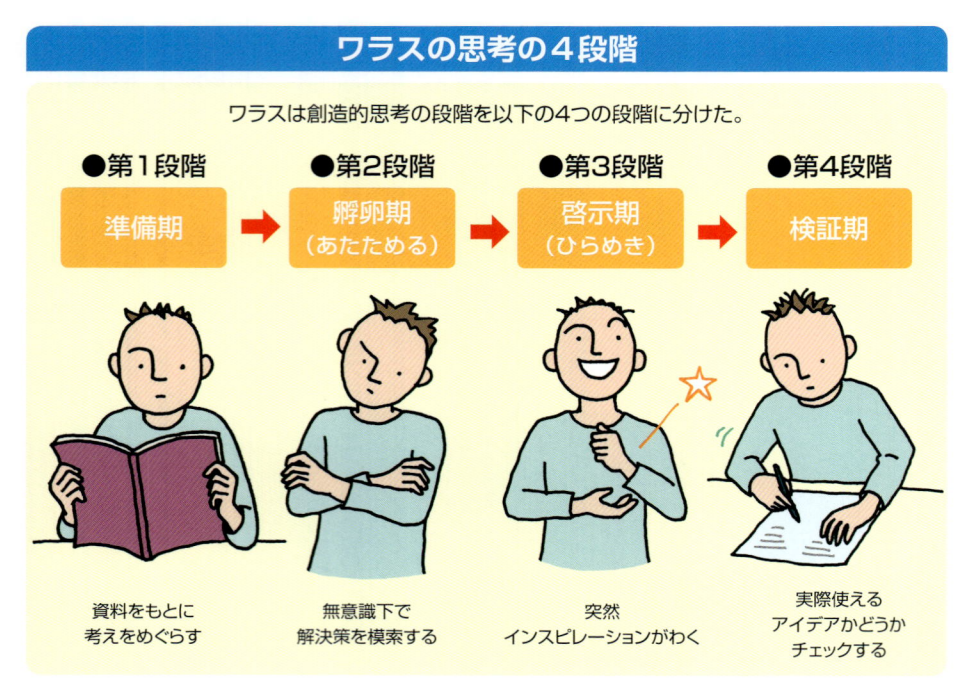

ワラスの思考の4段階

ワラスは創造的思考の段階を以下の4つの段階に分けた。

- ●第1段階：準備期 — 資料をもとに考えをめぐらす
- ●第2段階：孵卵期（あたためる） — 無意識下で解決策を模索する
- ●第3段階：啓示期（ひらめき） — 突然インスピレーションがわく
- ●第4段階：検証期 — 実際使えるアイデアかどうかチェックする

ギルフォードは創造性を測定する検査を作ったが、創造性検査の成績と知能テストの成績とは相関が低いことがわかった。

世紀の発見に生かされる「思考の４段階」

■アルキメデスの発見

浮力の発見をしたアルキメデス（ギリシア、BC287-BC212）も思考の４段階を踏んでいる。

準備期
アルキメデスは、王様に「純金を渡して作らせた王冠が、どうも偽物の疑いがある。王冠を壊すことなく純金か、銀の混ぜ物があるか、識別せよ」と難題を出された。

孵卵期
アルキメデスはあれこれ策を練っていた。解決策が見つからないまま、気晴らしに浴場に入ったとき、人が入るとその分水位が上がることに気づいた。

啓示期
この瞬間に「ユーレカ（わかったぞ）」と風呂を飛び出し家に帰った。

検証期
アルキメデスは、目方の同じ王冠と金塊と銀塊を水の中に入れた。純金であれば、王冠と金塊を入れたときの水位の上昇は同じはずだが、王冠のほうが水位が低くなった。つまり混ぜ物が入っていたのだ。

■ケクレの体験

科学者ケクレ（ドイツ、1824-1890）が、化学工業になくてはならない基礎物質ベンゼン（C_6H_6）の構造式を見いだした際もひらめきがあった。考え続けても、なかなか見いだせないでいたが、ひと眠りした瞬間に原子が踊る夢を見て、その構造を解き明かすことができた。

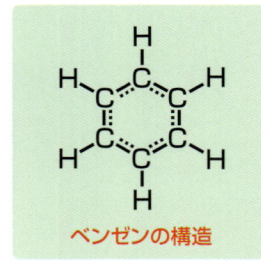

ベンゼンの構造

ミニ知識 ヤングは、知的発想法のロングセラー『アイデアのつくり方』の中で、アイデアが作られる過程を、材料収集→材料の咀嚼→孵化→誕生→検証としている。

▶知能

「あの人は頭がよい」と表現することがあるが、いったい「頭がよい」とはどういうことなのか。「知能」とは何を指すのだろう。

●知能の定義

知能という言葉が今日のような意味に使われるようになったのは、哲学者**スペンサー**（イギリス、1820-1903）以降といわれる。もともとは人とそのほかの動物を区別する進化論の立場から使われていた。スペンサーは、動物は本能で外界に適応し、人は知能によって適応すると考えた。

現在は、「知能とは学習する能力、学習によって獲得された知能および技能を新しい場面で利用する能力であり、また、獲得された知識によって選択的適応をすることである」という、アメリカの心理学会の定義が一般的である。

知能研究は心的能力の個人差の研究の1つとして始まった。当初、知能は細かく分けることはできず、全体的な能力であるとされた。しかしその後は、知能にはさまざまな因子や構造があるという考えが主流になり、知能の因子に関する研究が進んだ。

代表的なものに**スピアマンの2因子説**、**サーストンの多因子説**、**ギルフォードの多層構造説**などがある。

スピアマンの2因子説

イギリスのスピアマンは小学生を対象に言葉や数字を記憶する能力や、計算する能力などの検査を実施した。その結果から、知能の個人差は2つの因子が関係して決めていると発表した（1904年）。

g：一般知能因子
遺伝的に決定されるものであり、かつすべての知的活動に共通に働く因子。

s：特殊因子
環境によって左右されるもので、個々の知的活動のみに特有に働く因子。

s1 国語、s2 フランス語、s3 音楽の才能、s4 音程の弁別、s5 数学、s6 古典

> **ミニ知識** ヴァーノンは1956年に、スピアマンの2因子説を発展させて、知能因子間の階層化を考えた。これを<u>階層群因子説</u>という。

サーストンの多因子説

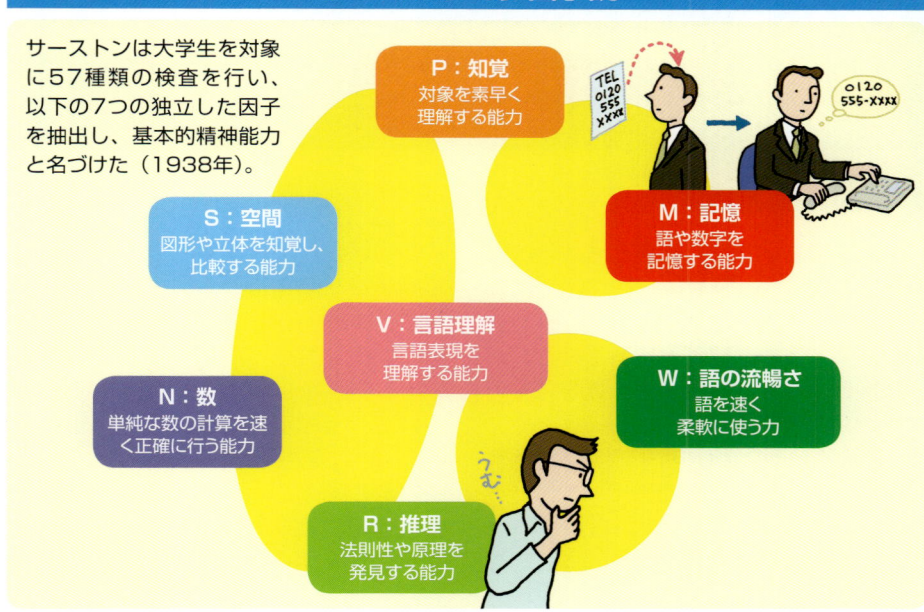

サーストンは大学生を対象に57種類の検査を行い、以下の7つの独立した因子を抽出し、基本的精神能力と名づけた（1938年）。

P：知覚
対象を素早く理解する能力

M：記憶
語や数字を記憶する能力

S：空間
図形や立体を知覚し、比較する能力

V：言語理解
言語表現を理解する能力

W：語の流暢さ
語を速く柔軟に使う力

N：数
単純な数の計算を速く正確に行う能力

R：推理
法則性や原理を発見する能力

ギルフォードの多面構造説

ギルフォードは、知能は「入力⇒処理⇒出力」の情報処理的機能であるという観点から、知能を3次元の立方体にモデル化し、それぞれ「内容」「操作」「所産」の軸とした。結果、4×5×6の120個のブロックとなり、それぞれが知能因子に対応している。

軸：
- 所産：単位、クラス、関係、体系、変換、合意
- 内容：図形的、記号的、意味的、行動的
- 操作：認知、記憶、発散的思考、収束的思考、評価

所産
情報の形式のこと。単位、クラス、関係、体系、変換、合意の6つの形式がある。

内容
情報の種類のこと。図形的、記号的、意味的、行動的の4種がある。

操作
知的な処理形式のこと。記憶、認知、収束的思考（多くの可能性の中から唯一の答えに向けて進める思考）、発散的思考（与えられた条件のもとできるだけ多くの可能性を出す）、評価の5つがある。

ミニ知識 スピアマン（イギリス、1863-1945）は、統計学の分野で因子分析の先駆けとなった。スピアマンの順位相関係数を提唱したことでも名高い。

知能の発達

知能の発達は、知能テストの結果を指標とした量的発達と、これまでできなかったことができるようになるといった質的発達に分けられる。

●量的発達と質的発達

心理学においては、**知能**とは「新たに知識を学ぶ能力」「学んだことを記憶し、後に再現する能力」「再現が適切かどうか判断する能力」などと定義される。

知能の発達は、**量的発達**、**質的発達**の2つの側面から観察することができる。知能を量的に見ると、誕生から15歳前後までは直線的に上昇するがやがて横ばいになり、25歳前後から下降し始める。ただし個人差もあり、一般的に、知能の優れた子どもほど急激に、また高い年齢まで知能が発達する傾向がある。

知能を質的に見ると、**流動性知能**と**結晶性知能**の2つに分けられるとしたのが、**キャッテル**（イギリス、1905-1998）らである。

流動性知能とは、未知の状況に対して適切に対処するなどスピードや柔軟性が求められる知能であり、20歳～24歳をピークに下降する。一方、結晶性知能は一般知識や語彙など、過去の経験を生かした知能を指す。こちらは年齢を経ても衰えず、60歳前後まで上昇が見られるのが特徴だ。また児童心理学者の**ピアジェ**は子どもに注目し、知能の質的な発達は4段階に分けられると提唱した。

知能発達曲線

知能全体を見ると20歳前後がピーク

- 知能全体
- 結晶性知能
- 流動性知能

（縦軸：予測されるテストの成績／横軸：乳児期・児童期・青年期・成人期・老人期）

加齢と知能の関係（Horn, 1970）

流動性知能 ＝ 新しい場面で適応したり記憶したりする際に働く能力。生まれながらの能力。

年をとると衰える知能：情報処理力／その場の判断力／計算力 など

結晶性知能 ＝ 過去から蓄積された経験を生かした知能。経験によって向上していく。

年をとるほど伸びる知能：語彙力／問題解決力／統率力 など

CLOSE UP　ピアジェ

児童心理学者ピアジェ（スイス、1896年-1980年）は、子どもの遊びや夢、模倣などの研究を通じて知能の発達の概念を明らかにした。ジュネーブに発生的認識論研究センターを設立。20世紀における影響力の大きな心理学者の一人である。『子どもの言語と思考』『子どもの知能の発生』など著書多数。

> **ミニ知識** 知能は、乳児と環境の相互作用のみならず、乳児と親や養育者との相互作用によっても発達が促される。

ピアジェによる知能の質的発達

0歳 感覚運動的知能の段階（0～2歳）
- 触る、吸う、たたくなど外界への働きかけを行う。振ると音が出るガラガラを手にすれば、自分で振って音を出す。
- 新生児も、手のひらに何かが触れると握り締めたり、乳房を吸ったりといった反射的な行動をする。

▼

自分の感覚と運動のみで世界をとらえる

2歳 前操作的段階（2～7歳）
- 言葉やイメージが急激に発達し、ままごと遊びや象徴遊び（飛行機をまねて腕を広げるなど）をするようになる。
- 論理的にものを考えることができず、直感に左右される。

▼

イメージ主体で世界をとらえる

7歳 具体的操作段階（7歳～11歳）
- 保存の概念が確立される。
- たとえば、量の同じビーズを底面積の違う容器に入れてどちらが多いか尋ねた場合、見かけに左右されることなく「量は同じ」と答えることができるようになる。

▼

目の前の物事を見て、論理的な思考ができる

11歳 形式的操作段階（11歳～成人）
- 論理的な思考力が確立される。
- 目の前の物事に頼ることなく、「もし～だったらどうなるだろうか？」などと、仮説を立ててものを考えられるようになる。

▼

抽象的な事物についても、論理的な思考ができる

豆知識　保存の概念とは、「数や量、重さについて、見かけの状態が変わっても同じものである」と理解できることをいう。

知能検査

知能を測定する検査として代表的なものに、ビネー式知能検査とウェクスラー式知能検査がある。

●ビネー式知能検査

ビネー（フランス、1857-1911）は知的障害の子どもを発見するために、弟子で医師のシモンの協力を得て30の問題からなる知能検査法を考案した。歴史上、知能を測定する初の試みである。その後年齢の適応範囲を広げるなど内容が改訂された。また1916年にスタンフォード大学のターマンらがビネーの案を改訂した**スタンフォード・ビネー式検査**を発表。現在のように知能検査の結果を指数で表すようになった。

彼らの知能検査とは、生活年齢（実際の年齢）と精神年齢（知能の年齢）の比を基準に**IQ**（**知能指数**）を割り出すものである。IQが高いほど知能が高いと判断する。具体的には、特定の年齢の子どもたちが5～7割程度答えられる難易度のテストであり、年代ごとにやさしいものから難しいものへ移行していく構成だ。たとえば4歳の子どもが5歳用の問題まで正答できたとすると、精神年齢は5歳である。知能指数は生活年齢と精神年齢の比であるから、IQ125だと計算できる。

ビネー式知能検査とは

問題例

- 絵の中のモノの名前を言う（3歳）
- 2つの三角形を合わせて長方形にする（5歳）
- 50円玉で5円のものを買ったらおつりはいくらか（9歳）

ビネー式は1歳レベルの問題からある。

以下の式で**知能指数（IQ）**を求めるもの

$$IQ = \frac{精神年齢（MA）}{生活年齢（CA）} \times 100$$

当初は、年齢ごとに問題が作成され、正答した数で精神年齢（MA）を測定。実際の年齢、生活年齢（CA）との差、MA－CAによって知能を判定。

⬇

その後改訂されたスタンフォード・ビネー式知能検査で**指数によって**知能の程度を測るようになった。

ミニ知識　ビネーは、1905年に知能テストを、1908年に改訂版を発表。さらに知能検査を改訂したいと意欲を燃やしていたが、1911年に亡くなった。

●ウェクスラー式知能検査

ビネー式知能検査法のほかに、現在よく用いられているのが、1939年に**ウェクスラー**（アメリカ、1896-1981）らによって発表された、**ウェクスラー式知能検査**である。

ビネー式知能検査が児童の発達障害の判別を目的として作られ、検査の結果が1つのIQで表示されるのに対して、ウェクスラー式知能検査は成人の知能の質の差を調べるために作られた。また結果は複数の領域別のIQ表示で示される（現在、日本で使われている最新のビネー式検査『田中ビネー知能検査V』では結果は領域別に表示可能）。

言語性検査と、図形を使ったり手を使ったりする動作性検査の2領域があり、各検査は右図のように下位の検査に分かれている。なおウェクスラー式はその後、WIPPSI（幼児用）とWISC（児童生徒用）も考案されている。

●心の知能指数EQ

一般的には、IQの高低でその人の知性が判断される傾向がある。しかし検査で測定できるのは知能のごく一部だ。またIQが高いからといって社会的に成功できるとも限らない。そこで近年では、アメリカの心理学者**ゴールマン**などが情動に関する知能指数**EQ**（Emotional Intelligence Quotient）を提唱している。これはいわゆる「人間性の豊かさ」の指標となるものだ。自己認識力、自己統制力、動機づけ、共感能力、社会的スキルの5つの能力によってEQは成り立ち、EQが高ければ社会的にも評価されるとゴールマンは考えた。

ウェクスラー式知能検査とは

言語性検査
知識・数唱・単語・算数・理解・類似

動作性検査
絵画完成・絵画配列・積木模様・組み合わせ・符号・迷路

二つの側面からIQを測定

問題例

◆言語性検査
・サイコロの形は？（知識）
・5つのリンゴ、3つ食べたら残りはいくつ？（算数）
・バラと桜の共通点は？（類似）

◆動作性検査
・カードに示された模様を積み木で作る（積み木模様）

カード　積木

ウェクスラー式はもともと成人が対象。

ミニ知識 現在、日本におけるビネー式知能検査法では、鈴木・ビネー式知能検査法と田中・ビネー式知能検査法が広く用いられている。

さまざまな動機

すでに内発的動機づけと外発的動機づけについて学んだ。ここではさらに細かく、人間をある行動に向かわせる動機について見ていこう。

●動機の種類

動機を**欠乏動機**と**満足動機**に分けたのはマズローである。

欠乏動機は「何かが足りない」という不快感や緊張を何かで満たすことで解消しようという動機である。また満足動機は、目標を達成するために困難に挑戦し、それを克服することで満足を得ようとする動機だとした。

そのほか個体に生得的に備わった動機や、社会の中で暮らすうちに後天的に獲得した動機などさまざまあるが、ここではすでに学んだ内発的動機づけ（→p68）、外発的動機づけ（→p68）と関連の深いものを取り上げる。

欠乏の動機と満足の動機

	欠乏動機	満足動機
身体関連	飢え、渇き、酸素欠乏、冷熱、苦痛、そのほか身体的不快を避ける	味、かおり、音などの感覚的な喜び、性的満足、身体の安楽、運動などを求める
環境関連	危険なもの、いやなものを避ける。将来の生存や安全のためにたくわえる。環境を清潔で、安定的にしておく	楽しむためのものを所有する。ものをつくったり発明したりする。環境を理解する。問題を解く。ゲームをする。新しいものや変化を求める
他人関連	対人的ないざこざや敵意を避ける。集団所属や地位の確保。集団の行動基準を守る	愛。人や集団との積極的同一化。独立性。人を助ける。人を理解する
自我関連	劣等感を避ける。恥、罪の意識、恐れ、不安を避ける。自己同一性を保つ	自信と自尊心。自己表現。成し遂げたいという気持ち。頑張ってやってみようという気持ち。自分がこの世で意味のある存在だと感じること

(Krech & Crutchfield, 1958)

●生理的動機

飢えや渇きといった生理的側面でも内発的動機は存在する。人は苦痛にさらされると、そこから逃れて身体を快適な状態に保とうと行動を起こすのである。また環境から受ける感覚的な刺激も人間にはなくてはならないものだ。かつてマギル大学において、被験者の目や腕などの感覚を遮断して、静かな部屋で寝て過ごさせるという実験が行われた。すると被験者は2日も経たないうちに思考力が低下して単純な計算ができなくなったり、幻覚を見たりして、実験の中断を申し出た。人間は一定の刺激がない状態では平静に生きていけないのである。

> **ミニ知識** 生存上必要な栄養が不足していると、血液中のその成分の濃度が変化して、それを脳幹の下の視床下部の空腹中枢などがキャッチし、食事に向かう動機が生まれる。

感覚遮断の実験

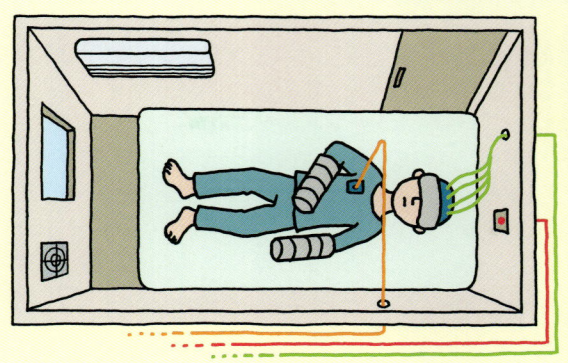

被験者の視覚や触覚などを遮断し、密室でひたすら寝て過ごさせた。思考力が低下し、幻覚を見たりしたほか、自分の身体が複数あるような感覚すら生じたという。

さまざまな動機

●サルが見せる好奇心

バーラインは、生後3〜9カ月の乳児が単純な図形よりも複雑な図形のほうを好んで見つめることを発見した。この**好奇動機**は動物も持ち合わせている。バトラーは2つの小窓がついた部屋にサルを閉じ込めた。すると30秒間外を眺めるだけのために窓を開けることを学習したのである。窓の外に別のサルがいたりおもちゃがあったりするとさらに動機づけは強かった。

操作動機は、身体や道具を自分の思いのままにコントロールしようという動機である。人間はこれといった理由もなく身体を動かすことがあるが、そのこと自体に満足を感じているのである。ハーロウは、サルにパズルを与えて解かせたところ12日間も飽きずに続けたと報告した。このときパズルを解くとエサを与えるようにしたところ、やがてエサなしではパズルに興味を示さなくなってしまった。サルに本来備わっていた操作動機が「ごほうび」によって損なわれたのである。

認知的動機は、既知の知識と矛盾するような情報に接したときに生じる認知的不協和を解消しようという動機である。自分の考えを正当化するために新たな知識や情報を仕入れるなど、旺盛な学習意欲の源になる。

好奇動機

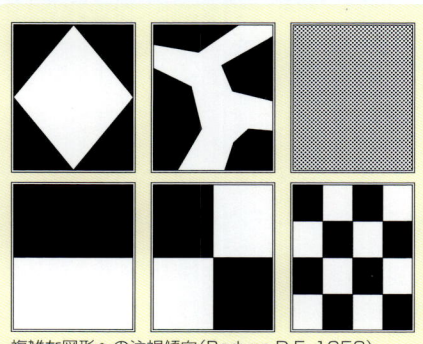

複雑な図形への注視傾向（Berlyne,D.E.,1958）

生後3〜9カ月の乳児に上の図柄を見せたところ、簡単な図柄よりも複雑な図柄に強く興味を示すことがわかった。

ミニ知識 ネズミによる実験では、激しい活動をした後はカロリーの高い栄養素を選ぶようになるなど、欠乏した栄養素を補おうとすることが明らかになっている。

●社会生活を営むための動機

人は他者と共存する中で、競争したい、共に楽しみたい、認められたいといった他者なしでは生じないさまざまな動機を持つ。これらを**社会的動機**という。たとえば乳児が母親と接触したがるのは母乳で空腹を満たしたいからとは限らない。ボウルビイ（→p182）によれば、アタッチメント（愛着）の要求が満たされないままで育った孤児院の乳児は、栄養状態は十分であるのにもかかわらず罹患率が高く、発達・情緒障害をも引き起こすという。

親密な人間関係を求め、気の合う友人や家族との仲を支えているのは**親和動機**である。親和動機は自らが不安にさらされると強まる傾向にある。シャクターは次のような実験を行った。女子学生の被験者に、電気ショックを与えるかもしれないという不安の中で、実験までの10分間を一人で待つか他人と一緒に待つかを選ばせたのである。すると60％の被験者は他人と一緒に待つことを選んだのである。なおこの実験から、長子と一人っ子の親和動機が強いことも示唆された。

親和動機

女子学生における親和傾向と不安の関係

実験条件	一緒	気にしない	ひとり	計
高い不安	20	9	3	32
低い不安	10	18	2	30

(Schachter, 1959)

強い電気ショックを流すと脅された女子学生は、約60％が他の人と一緒に待つことを選んだ。電気ショックは痛くないと告げられた「低い不安」群で、他の人と一緒に待つのを選んだのは30％に過ぎなかった。

➡ **不安な状況に置かれると人と仲良くしたくなる**

●マクレーランドの研究

高い目標にチャレンジしたり、人との競争に打ち勝とうとする動機を**達成動機**という。マクレーランドは達成動機を「成功への欲望」と定義し次のような調査を行った。TATと呼ばれる象徴的な絵を見せ自由に物語を作ってもらうというものである。マクレーランドは、その物語の中に現れた成功、失敗、障害、援助などのエピソードから、達成動機の強さを見ようとしたのである。また、その達成動機が強い人ほど課題遂行能力が高いことも見いだした。マクレーランドはさらにこの方法で過去2000年分以上の世界の文芸作品を分析し、そこに描かれた達成動機の強さを測定した。そして作品内の達成動機が強いほど、その作品が描か

ミニ知識 マズローはアメリカの産業心理学者（→p34）。人間としての主体性や可能性を重視する「人間性心理学」の代表的研究者である。

れた国の繁栄度が高いという結論を下した。

課題を達成することばかりではなく、作業の内容や、責任を負わされることも動機になり得る。ハーツバーグは9つの会社の技師と会計係200人に対して面接調査を行い、彼らのモチベーションに影響する2つの要因を見いだした。

（1）**衛生要因**…充足されなかったときに不満足をもたらし勤労意欲を低下させるが、充足されてもさほど効果が持続しない。会社の経営方針、上司や同僚との人間関係、給与、作業条件、監督方法など職務環境に関連したもの。

（2）**動機づけ要因**…それが充足されることで満足感をもたらし、勤労意欲が高まる。課題の達成、承認、仕事自体の魅力、責任など。これらは達成動機の2つの側面だと考えられる。たとえば、給与が安くても仕事内容に満足がいけば動機づけになるし、逆に職場環境がよくても仕事上の裁量がなければ満足できないのである。なお職場のモラールの高さも勤労意欲を高める要因となる。

職場環境は働く人のやる気を大きく左右する。

職場のモラール

モラールとは組織の士気、規律といった意味を持つ。

	カテゴリ	質問例
モラール調査の諸項目	職務の要求	仕事で疲れきってしまうことがたびたびありませんか
	環境条件	自分の仕事をするにはいまの設備で十分だと思いますか
	給与	給料は同僚と比べて公平だと思いますか
	福利厚生	他の会社に比べて、この会社の福利厚生はよいほうだと思いますか
	同僚との協力	同僚との間柄は、みな気持ちがしっくりしていると思えますか
	上役との関係	あなたの上役は、部下を公平に扱いますか
	経営に対する信頼	幹部の誠意を信じることができますか
	上役の監督能力	あなたの上役は、仕事に必要なものを整備してくれますか
	管理の有効性	幹部は、仕事の組織をうまく作ることに本気になっていますか
	コミュニケーション	幹部は従業員が知っておくほうがよいことでも隠しておくとは思いませんか
	職務の安定	従業員の都合などお構いなしに、いろいろなことが変更されることはありませんか
	認められていることに対する満足感	あなたの職場は、幹部から軽く見られているとは思いませんか
	会社との一体感	長年働いていれば、だんだん会社に親しみがわいてくると思えますか
	昇進・進歩の機会	会社には、あなたが昇進できる地位がたくさんあると思いますか

ミニ知識 行動主義心理学者ハル（アメリカ、1884-1952）は、刺激と反応は動因（欲求）が満たされ低減することで成立するという動因低減説を唱えた。

Column ❸ 日常の疑問を心理学で解説!
つまらない仕事、面白くするには?

仕事へのこだわりは誰もが根強くもっている

みなさんは、今の自分の仕事に、やりがいを感じているでしょうか。

統計局の調査によれば、失業している人が仕事につけない理由で最も多いのは「希望する内容・種類の仕事がない」ということです。たとえ失業状態でも、人は仕事内容に対するこだわりを捨てないのです。その理由は、仕事とは人間のアイデンティティそのものであるからだと私は思います。

仕事で得られる充足感というものは、心理面においても大きなプラスになります。その反面、いつも「自分に合っていない」「つまらないけど生活のため」などと考えながら仕事をしていると、メンタルヘルスは悪化しがちであり、最悪の場合メンタルヘルスが不調に陥ってしまうことも考えられます。

さらに細かく考えれば、誰しも仕事内容の好き嫌いがあるはずです。つまらないと感じてしまうような仕事を振られた場合、どのようにこなしていけばその仕事に対し前向きになれるのでしょう。前提として知っておかなければいけないのは、すべての仕事に上下関係はない、ということです。自分にとってあこがれの職種でも、嫌いな職種でも、そのすべてが社会に必要であり、他人が仕事をすることで、私たちは生かされています。つまり、どんな仕事にも役割と責任があるのです。

仕事も人生も偶然の連続
それをどう活用するかがカギ

その上で、「計画された偶発性理論」についてお話ししたいと思います。スタンフォード大学の **クロンボルツ教授** らによって提唱されたもので、「個人のキャリアの8割は意図しない偶然によって形成される」というキャリア論です。彼はまた、好奇心や楽観性など5つの特性をもった人は偶然をチャンスに変えることができ、結果的にキャリアが形成されると述べました。

人は偶然の連続の中で生きています。面白い仕事も嫌な仕事も、偶然自分のもとにやってきたもの。それをどう意味のある必然に変えていくかはその人次第です。嫌な仕事でも意味あるものととらえ、手を抜かずにしっかりとこなしましょう。チャンスはそうやって準備している人にしかやってこないのです。なぜなら準備のない人には何がチャンスなのかわからないからです。どんな仕事もチャンスをつかむための必然である。そう考えられたら、つまらない仕事などあり得ないと思いませんか?

● **クロンボルツ教授**

スタンフォード大学のクロンボルツ教授は、ビジネスパーソン数百人のキャリアを分析した結果、彼らの多くはもともと「なりたい」と思ってその仕事についたのではなく、人との出会いや不本意な出来事など、偶然の出来事が決め手となったと語った。つまり、一見不本意に思えるような出来事も、人のキャリアにとって望ましいことなのである。

教えてくれたのは
宮城まり子先生
▶p6

第4章
「私らしさ」はどう決まるのか

この章では、「その人らしさ」を特徴づけている「性格」に注目する。性格はどうやって決まるのか。また、性格の違いはどこに由来するものなのだろうか。

心理学における性格とは‥‥‥‥ 98
クレッチマーの類型論‥‥‥‥ 100
ユングの類型論‥‥‥‥‥‥‥ 102
血液型による性格判断‥‥‥‥ 104
特性論による性格分析‥‥‥‥ 106
出生順位と性格‥‥‥‥‥‥‥ 108
生得説と経験説‥‥‥‥‥‥‥ 110
男らしさと女らしさ‥‥‥‥‥ 112
交流分析とエゴグラム‥‥‥‥ 114
さまざまな性格テスト‥‥‥‥ 116

心理学における性格とは

私たちは、自分を含め、日々接する人々の性格を無意識のうちに見極めようとしている。ここでは、心理学的な性格の定義と、性格を知るためのアプローチについて考えよう。

●性格とは「その人を特徴づけるもの」

「**性格（キャラクター）**」とは、その人を特徴づける独自の要素のうち、特に行動や考え方の傾向を指すものである。そのため「手先が器用」「足が速い」といった特徴は性格には含まれない。また性格は、生涯を通じて比較的同じであるという「**一貫性**」を備えている。たとえば「社交的」な人はどんな場面においても人なつこく、相手を選ぶことがないのである。

一般的に、性格とよく似た使われ方をする言葉に「**人格**」「**気質**」がある。心理学における人格とはパーソナリティの略語で、ラテン語の「仮面（ペルソナ）」を語源に持つ。そのことから人格とは、状況や役割に応じて演じ分けることが可能なものとされる。一方、気質は、人が生まれながらに持っている性質を表す用語である。

このように、性格、人格、気質はそれぞれ異なる意味を含んでいるが、実際には区別することは難しいため、本書においてはすべてを「性格」と表記する。

性格（キャラクター）とは

個人を特徴づけるものの中でも、生涯を通じて一貫している、行動や考え方の傾向を指す。

性格
- 社交的
- 短気
- けち
- 横柄
- 疑り深い

性格ではない
- 手先が器用
- 運動が苦手
- 甘党
- 論理的思考が得意

人格・気質との違い

人格（パーソナリティ）とは
社会的に獲得された、状況に応じて変化する性質

気質（テンペラメント）とは
生得的なもので、性格や人格の土台になる性質

豆知識 初期の心理学は実験によって一般的な心理法則を導く「実験心理学」が主流であり、個人差が激しい性格は研究対象になりにくかった。

●性格をとらえる2つのアプローチ

血液型や星座で人の性格を分類するというのも一種の性格研究だが、心理学的には性格を知るためのアプローチは2つに大別される。

ひとつは「**類型論**」だ。権力型、理論型など典型的なタイプをいくつか設定し、個々の人間をあてはめていくというものである。

もうひとつは「**特性論**」である。攻撃性5、依存性5、感情性3といったように、人の性格はいくつかの特性が組み合わさったものだと考え、それぞれの強弱をみるという方法だ。

次ページよりくわしく取り上げていくが、どちらのアプローチ法にも長所と短所がある。それだけ人間の性格は複雑なものであり、多面的に考える必要があるといえるだろう。

CLOSE UP 「性格」に触れた最古の書物

古代ギリシアのアリストテレスの弟子、テオプラストスにより書かれた『人さまざま』は、性格について触れた最古の書物のひとつとされる。古代ギリシアの民衆を観察することでとらえた、空とぼけ、お愛想、へそまがり、へつらい、けち、しみったれ、ほら吹きなど30の性格について、簡単な定義と描写を加えたものだ。たとえば「けち」については「客たちと食事をとるときは、それぞれの客が何杯飲んだかと、グラスの数を読んでいる」などと書いている。

類型論と特性論

類型論　タイプ分けで性格をとらえる

ユングの分類
- 内向型
- 外向型

クレッチマーの分類
- 内閉気質
- 躁うつ気質
- 粘着気質

血液型や星座による性格診断も「類型論」に入る

特性論　性格をいくつかの特性の強弱によってとらえる

私一人じゃとてもできません……
……（依存性が高いのかな？）

	-3	-2	-1	0	1	2	3
攻撃性							
依存性						●	
親和性			●				
感情性				●			
利己的		●					

第4章　「私らしさ」はどう決まるのか　心理学における性格とは

> **ミニ知識**　歴史上、最初に性格に注目したのは、医学、中でも精神医学の世界である。精神科医たちは、同じ病気を持つ患者が共通の性格を持っていることに気づき、研究を進めてきた。

▶クレッチマーの類型論

p99で紹介した代表的な性格論、「類型論」についてさらにくわしく見ていこう。精神科医のクレッチマーは、体格と性格の関係に注目し、3つのタイプに分類した。

●体格と性格を結びつけたクレッチマー

人の性格を、あらかじめ決められたいくつかのカテゴリーに分類するのが**類型論**である。類型論を用いた性格論はいくつかあるが、中でも**クレッチマー**（ドイツ、1888-1964）の理論がよく知られている。

クレッチマーは、数多くの精神病患者を診察する中で、「躁うつ病の患者は太った人が多い」「精神分裂病（統合失調症）の患者はやせている人が多い」などといった傾向に気づいた。そこで、さらにくわしく患者の性格や、親族の性格、そして彼らの体格を調べた結果をもとに、「健康な人であっても性格と体格には一定の相関関係がある」という説を導いたのだ。

●躁うつ、内閉、粘着の3タイプ

クレッチマーは、体格の特徴により、**躁うつ気質**、**内閉気質**、**粘着気質**という3つのタイプがあると考えた。肥満型は躁うつ気質であり、社交的で明るいが気分にムラがある。やせ型は内閉気質でまじめだが非社交的で控えめ、また一方では他人の感情に鈍感な面がある。筋肉質型は粘着気質で、几帳面で礼儀正しく、時折頑固で自分の意見を押し通そうとするところがある。

TOPICS 芥川龍之介はどのタイプ？

著名人を例に、クレッチマーの類型論を考えてみよう。日本を代表する作家、芥川龍之介はやせ型であり、典型的内閉気質といえる。彼は幼いころから、神経質であり、人づきあいに気を使い過ぎるタイプだったという。

しかしそんな彼の作品は、緻密な構成、高い美意識の感じられる文体で知られ、彼の繊細な性格をうかがい知ることができる。「内閉気質」「粘着気質」など言葉のイメージにとらわれず、人間の性格は長所も短所も表裏一体であることを知っておこう。

躁うつ気質と考えられる文学者には、『銀河鉄道の夜』で知られる宮沢賢治がいる。細部へのこだわりよりも、人物や風景に対する生き生きとした感性が冴えていた。

> **ミニ知識** 体型と性格が相関する背景には、生まれ持った体質がある。たとえば健康的で食事をなんでもたくさん食べられる人は、細かいことを気にせず陽気でいられるし、体格にも恵まれる。

クレッチマーの類型論

「私らしさ」はどう決まるのか（第4章）

　下の図を参考にしながら、あなたの周りの人を思い浮かべてほしい。「確かにそうだ」とぴったりあてはまる人を思い浮かべることができるだろうか。

　「いや、まったくあてはまらないな」という例も出てくるにちがいない。それではクレッチマーの理論は否定されるべきものなのだろうか。

　直接には観察できない人間の性格を、体格を手がかりに類推するのは、ひとつの手段として有効だと考えられる。大切なのは完璧な類型論はないと理解しておくこと、そして、それを踏まえた上で、「全部正しい」「全部ウソだ」と決めつけるのではなく、冷静に観察する視点を持つことといえよう。

クレッチマーの気質類型

肥満型の人に多い躁うつ気質
- 社交的
- おおらか
- 親切
- 善良

現実社会に適合しやすいタイプだが、陽気な躁の状態と、小さなことにくよくよするうつ状態が混在している。

やせ型の人に多い内閉気質
- もの静か
- 内気
- 非社交的
- 繊細

傷つきやすい過敏さと同時に、自分の世界にのみ関心を向け、周囲を気にしない鈍感さを併せ持っている。

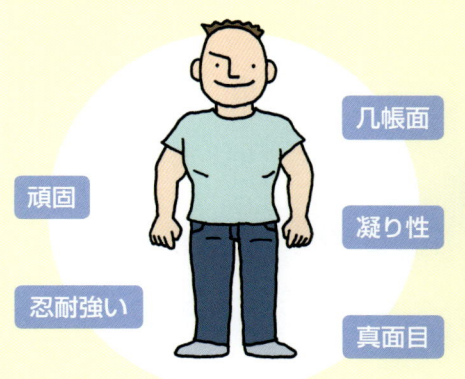

筋肉質の人に多い粘着気質
- 几帳面
- 頑固
- 凝り性
- 忍耐強い
- 真面目

几帳面かつ真面目さゆえの礼儀正しさがあり、周囲から信頼を集めるタイプ。反面、柔軟性がなく自分の考えを変えない。ときとして爆発的に怒るといった一面も見られる。

> **ミニ知識**　類型論の元祖は古代ギリシアのヒポクラテスによるもの。彼は「四大体液説」を唱え、人間の身体を流れる血液、粘液、黄胆汁、黒胆汁の4つの体液のバランスが取れていると健康だとした。

ユングの類型論

ユングは内向型と外向型という性格分類を提唱した。さらに、思考型、感情型、感覚型、直感型という「機能類型」を加えた分類を試みた。

●「内向型」と「外向型」

ユングは、人間の性格を「**内向型**」「**外向型**」という2つのタイプに分類した。私たちも日常生活の中で「あの人は外交的で友だちが多い」「私は内向的だから、一人でいるのが好きだ」などと使うが、このような性格のとらえ方を最初に提唱したのがユングなのである。

外向型は心のエネルギーが自分の外側へ向かう。楽天的で活発、リーダーシップを発揮するという特徴がある。反面「他人にどう思われるか」が判断の基準となるため、周囲に流されやすい。さらに内的世界には心を閉ざし、自分の欲求に気づきにくい面がある。

一方内向型は、心のエネルギーが内面へ向かう。「自分はどう思うか」が判断基準となり、他人の意向を気にしないマイペース型だ。そのため新しい環境になじむまでに時間がかかったり、他人の意見を素直に受け入れない面がある。

こうした2つの心の態度は、人間の中に混在するものであり、どちらかが習慣的にあらわれるに過ぎないと考えられている。

●心の4つの機能に注目

ユングはより細かく性格を分類するため心の機能にも注目した。その機能とは思考、感情、感覚、直感の4つである。ユングは誰でも4つの機能を備えてはいるが、中でも特に発達している「**優越機能**」があるとした。それによって性格を

心のエネルギーのベクトル

内向型
- ●心のエネルギー
  自分の内面に向かう
- ●行動の基準
  自分はどう思うかが基準
- ●対人関係
  他人の意見に批判的

外向型
- ●心のエネルギー
  周囲や現実に向かう
- ●行動の基準
  他人がどう思うかが基準
- ●対人関係
  他人の意見に迎合的

> 豆知識　ユングは外向型・内向型と機能類型によって性格を8つに分けたが、この分類は固定的なものではなく、周囲の環境との関わりによって機能の配置転換が行われるとした。これを個性化の過程という。

思考型、感情型、感覚型、直感型の4つに分類、これを**機能類型**と呼んだ。下図のように同じリンゴを見ても機能類型によって反応が異なるのである。なお優越機能ばかり使っているとほかの機能が使われず劣等機能になることがある。たとえば感情面を重視してばかりだと思考力は衰えてしまうという。

さらにユングは機能類型に内向型・外向型の分類を組み合わせ、「外向直感型」「内向感覚型」といった8つの性格タイプを提唱した。

第4章　「私らしさ」はどう決まるのか

ユングの類型論

同じものを見てもとらえ方はさまざま

思考型 分析的・論理的にとらえる
「食物繊維、ビタミンC、ミネラルが豊富なんだ」

感情型 好き・嫌いでとらえる
「わ〜い。私りんご大好きなの」

感覚型 五感を通してとらえる
「なんてよい香りでしょう」

直感型 ものごとの隠れた可能性に気づく
「ひらめいたぞ、新メニュー！」

内向型・外向型×機能類型

内向・外向	機能類型			
	外向思考型	外向感情型	外向感覚型	外向直感型
	内向思考型	内向感情型	内向感覚型	内向直感型

> **ミニ知識** ユングは4つの機能のうち、思考と感情を「合理機能」、感覚と直感を「非合理機能」として、どちらかが高ければどちらかが劣るという対比関係にあると考えた。

▶血液型による性格判断

もっとも身近な類型論といえば血液型性格類型だが、じつは科学的根拠はない。ではなぜ「当たった!」と思ってしまうのか。ステレオタイプをキーワードに考えてみよう。

●血液型では性格はわからない

「A型は几帳面」「B型は飽きっぽい」「O型はおおらかだ」などといった血液型にもとづく性格分類は、日本で最も親しまれている類型論といえる。他人の血液型を聞いて自分との相性を占ったり、自分はB型だから飽きっぽいんだと自己分析の手がかりに使ったりと、日常的に血液型を意識して暮らしている。

しかし現実には、血液型と性格の関連を実証するデータは存在しない。つまり血液型から性格を判断するのは不可能なのである。

不思議なのは、それなのに私たちは血液型性格判断に対して「当たっている」という印象を持つことだ。ここには**ステレオタイプ**の働きが関わっている。

●なぜ「当たっている」と思うのか

私たちは、ある特定の集団に属している人に対して、その集団特有の性質を持っているものと信じる傾向がある。これを**ステレオタイプ**という。

たとえば「大阪の人は開放的で明るい」「東京の人は冷たい」「魚座はロマンチストだ」などはいずれもステレオタイプなものの見方であり、科学的な裏づけはない。しかしそのようなステレオタイプを信じる人は少なくないのである。同じことが血液型にもいえる。仮にAさんがO型だと聞くと、つい「おおらかだ」というステレオタイプを持ってAさんを眺めてしまうのだ。

そして一度あるものに対してステレオタイプを持ってしまうと、以降はそのステレオタイプに合うところばかりが目につくようになる。

ある日、O型のAさんが他人の小さなミスを事細かに指摘しているのを見ても、「そんなこともあるんだな」と例外だと見なしてしまう。逆に、Aさんが他人の失敗を笑って許しているのを見ると「やっぱりO型はおおらかなんだ」と納得し、「血液型性格判断は正しい」と確信を深めるのである。

こうして、何ら裏づけのないステレオタイプがどんどん強化されていく。これが、血液型性格判断が、当たっているように思える理由だ。

CLOSE UP／血液型性格判断は日本で生まれた

そもそも血液型による性格判断は日本で考案されたもの。1920年代、日本の教育学者・古川竹二は血液型と気質の関連に注目し、調査を行った。その成果は大きな話題となり、一時期は軍隊でも採用が検討されたという。しかしその後、古川の説を否定するデータが次々と報告され、次第に過去のものとなっていった。再び注目を集めたのは1970年代のこと。血液型と性格を関連づける本が出版されたことをきっかけに一躍ブームとなり、現在に至っている。

ミニ知識 中には、本当に血液型占いの結果の通りの人もいる。たとえば「やさしい」と診断されると、本人もそう思い込むようになり、「やさしい」側面が強化されていくからだ。

第4章 「私らしさ」はどう決まるのか

血液型による性格判断

ステレオタイプの形成

ステレオタイプとは
ある特定の集団に属していること
＝特定の性質を持っていると信じる傾向

たとえば
大阪人はお笑い好き、都会の人間は冷たい、魚座はロマンチスト、日本人は真面目だ、下町育ちは人情に厚い、音楽家は感性に優れている、●●社の社員は独創性に富んでいる…

- この人A型なんだ…
- ステレオタイプ通りの情報にのみ注目
- A型です
- 片づけ好きです
- お酒で失敗しちゃって…
- ステレオタイプから外れたことは例外あつかい
- やっぱりA型はマジメ！

ステレオタイプはますます強化される

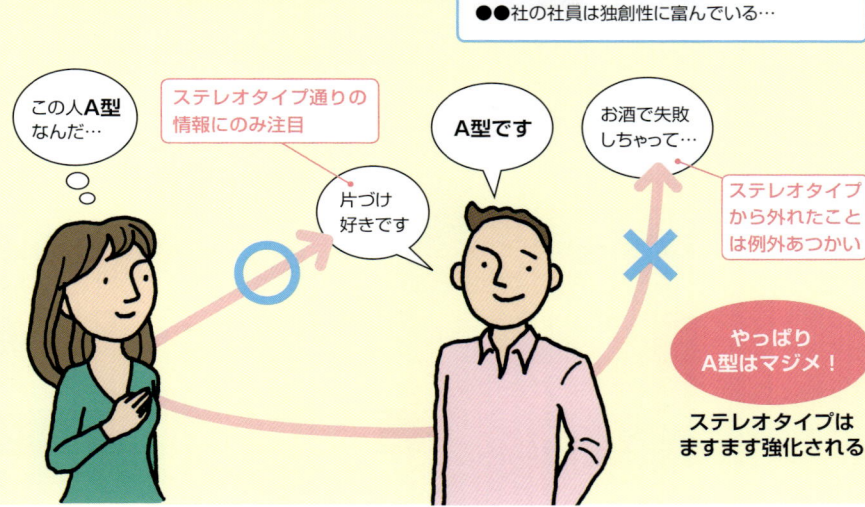

TOPICS 誰でも占い師になれる!?

　血液型による性格判断だけでなく、私たちは簡単な心理テストや占いなどによっても性格を知ろうとする。これらはやはり科学的根拠に乏しいといえるものの、「なるほど、当たっているな」と感じることがある。

　当たると評判の占い師が「あなたは、いつも他人に気を使い過ぎて損をするタイプですね」「本当の自分を知ってもらいたいという欲求がありますね」と言ったとしよう。多かれ少なかれ誰にでもあてはまることだが、有名な占い師が自分に向けて言ったことだと思うと、「その通りだ」と思い込んでしまうのだ。ごく当たり前のことでも、権威のある者に言われると信じてしまう。これをバーナム効果という。

- 自分の意見を我慢して、他人にやさしくする傾向がありますね
- あなたはせっかくの才能を発揮できないでいます

ミニ知識 バーナム効果を命名したのはアメリカの心理学者ミール。サーカス興行師バーナムが行った宣伝に由来するという。

特性論による性格分析

特性論は、一人の人間が持っているいくつかの性格特性の量を比べることによって、その人の特徴をとらえるもの。類型論よりきめ細かく性格を把握できるメリットがある。

●類型論の欠点を補う特性論

これまで紹介してきた類型論は19世紀末からドイツ語圏を中心に盛んになった理論である。典型的なタイプをいくつか設定し、個々の人間をあてはめていく類型論は、性格の大まかな傾向をつかむには適していたが、細かい部分を浮かび上がらせるには限界があった。また、性格は多様なものであり、十人十色の人間を少数のタイプに分類する類型論では無理が生じる。そこで20世紀前半、アメリカを中心とする国々で注目を集めたのが、**特性論**である。

特性論とは、性格は「攻撃性、依存性、社交性」など、いくつかの「特性」の集合体であると考え、それぞれの強弱を知ることで、性格をとらえようとするものだ。特性論のメリットは人間の性格を数量的にとらえられるところにある。これは特性の強弱を調べたり、他者と性格を比較する上で非常に役に立つ。その一方、一人の人間の性格の全体像をつかみづらいという欠点もある。

類型論と特性論はどちらにも長所と短所がある。あとから考えられた特性論のほうが優れているというわけではなく、違うレベルにあって、互いに補い合うものであると考えられる。

類型論との違い

	メリット	デメリット
類型論	性格の全体像がわかりやすい	類型にあてはまらない性格が無視される
特性論	性格を分析的・数量的にとらえることができる	性格の全体像がわかりにくい

人間の性格を数量化する特性論

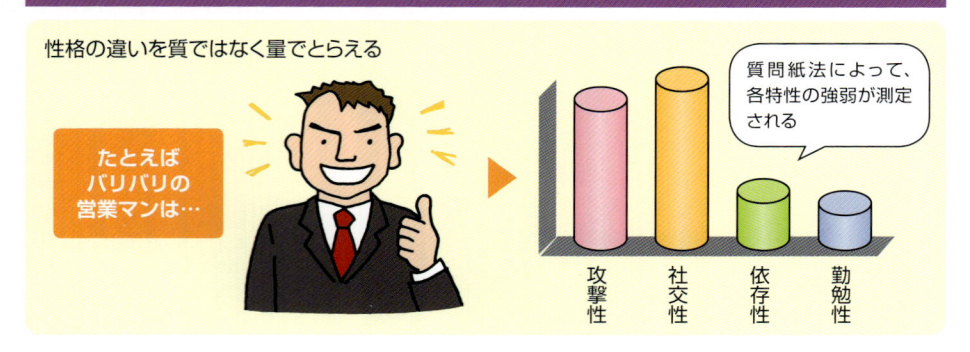

性格の違いを質ではなく量でとらえる

たとえばバリバリの営業マンは…

攻撃性　社交性　依存性　勤勉性

質問紙法によって、各特性の強弱が測定される

ミニ知識　特性論を最初に提唱したアメリカの心理学者オールポートは、人の性格に関する言葉を約1万8000語も辞書から抜き出し、そこから特性を導き出した。

●5つの因子で性格をとらえる

特性論には、どの特性をピックアップすべきかという問題がある。

多くの特性を見るほど細かく性格をとらえられるが、多すぎても分析が煩雑になってしまうのが現実だ。そこで、類似する特性をグループ化した因子による分析が行われている。これまで多くの心理学者が、自らが最適と考える因子の数を主張してきた。たとえばイギリスの心理学者アイゼンクは3つの因子を、キャテルは少なくとも16の因子を用いるべきだと考えた。しかし最近では、5つの因子で性格をとらえる**ビッグ・ファイブ理論**が定着している。

その5つの因子とは、外向性、勤勉性、情緒不安定性、知性（開放性と呼ばれることもある）、協調性である。たとえば外向性とは「明るい、活発である」といった特性のまとまりであり、逆に外向性が弱い場合は「内気、引っ込み思案だ」といった特性があると見なされる。また知性という因子は「独創的な、新しいことに興味がある」などの傾向を意味しており、逆に知性が弱いと「鈍感だ、無関心だ」といった特性を持っていると見なされる。これら5つの特性について質問紙法（→p116）の性格検査によって強弱を調べ、その人らしさを調べるのである。

第4章 「私らしさ」はどう決まるのか

特性論による性格分析

ビッグ・ファイブ理論

因子の種類は研究者によりさまざまだが、ここでは村上らによるものを取り上げる。

① **外向性**……明るい、活発である。対人関係や周囲の環境にたいする積極的な働きかけがある
② **勤勉性**……まじめ、向上心がある、努力をおこたらない
③ **情緒安定性**……楽天的、いつも気持ちが落ち着いている
④ **知性**……独創性、臨機応変さ、新しいことへの好奇心など
⑤ **協調性**……優しい、穏和。他人を思いやれる、ともに活動できる

▼
5つの因子の強弱で性格の違いをとらえる

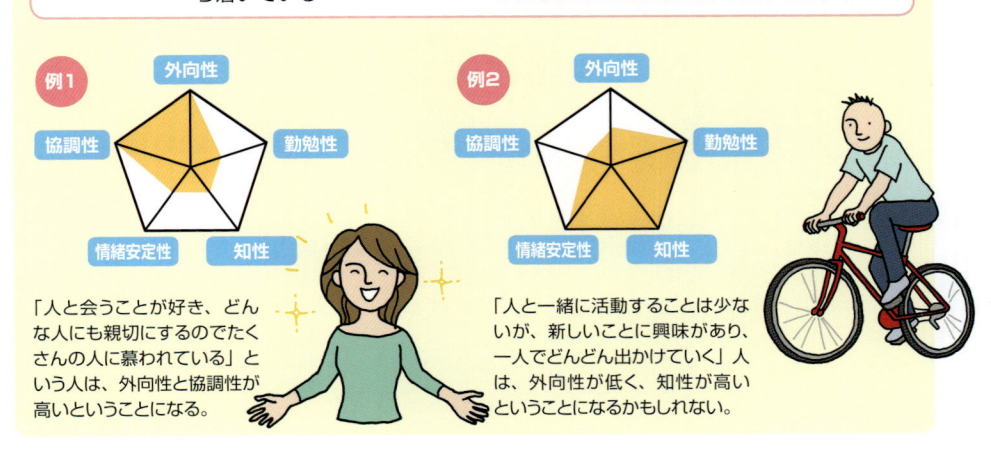

例1
「人と会うことが好き、どんな人にも親切にするのでたくさんの人に慕われている」という人は、外向性と協調性が高いということになる。

例2
「人と一緒に活動することは少ないが、新しいことに興味があり、一人でどんどん出かけていく」人は、外向性が低く、知性が高いということになるかもしれない。

> ミニ知識　5つの因子で性格をとらえようとするビッグ・ファイブ理論だが、どの因子を使うかという点で、研究者ごとに考え方の違いがある。

出生順位と性格

「あの人は長男だから面倒見がいい」「末っ子はやっぱり甘えん坊」などという言葉がよく聞かれるが、本当に出生順位はその人の性格に影響するのだろうか。

●手堅い長子に自由な次子

　出生順位による性格の違い、たとえば長男らしい性格や次男らしい性格といった傾向が確かにあることを明らかにしたのは、心理学者の依田明である。

　彼は、2人のきょうだいがいる子どもとその母親に、子どもの性格的な特徴について質問した。その結果、長子は自制心の強い、言い換えれば社会が求める行動をとろうとする堅実な性格、次子は自由奔放で親に甘える性格、といった違いが浮かび上がってきた。

　同様の調査を3人きょうだいに実施すると、長子、末子については同様の特徴が表れた。つまり、きょうだいが何人いようと、長子と次子（末子）の性格の傾向は変わらないということである。しかし、中間子については、長子と次子ほどの目立った特徴がなかった。どちらかといえば、長子の性格に近いという結果が得られたという。

きょうだいの性格

3人きょうだいの子どもとその母親に対し、ある性格的特徴について、3人のうちもっともよく当てはまるものと、もっとも当てはまらないものを選ばせた。

堅実な長子
- 面倒なことはできるだけしないようにする
- もっと遊んでいたいときにも、やめなければならないときはすぐやめる
- よそへいくと、おすましやさんになる　など

長子似の中間子
- 気に入らないとすぐに黙り込む
- よく考えないうちに仕事を始めて、失敗することが多い
- 面倒がらないで仕事を一生懸命する　など

自由奔放な末子
- お母さんやお父さんにいつも甘えている
- お母さんやお父さんに告げ口する
- 人に褒められたりするとすぐに調子に乗る
- とてもやきもちやき
- おしゃべり　など

> ミニ知識　親が、子どもがどう成長してほしいかについて抱く期待のことを発達期待という。

●親の接し方が決め手になる

きょうだいの性格の違いには、子どもに対する親の接し方が影響していると考えられている。長子とは親にとって最初の子どもだ。まだ子育てに慣れていない親は、ちょっと子どもが泣いただけで心配するなど、どうしても慎重にならざるを得ない。一方で、末子を育てるときの親はもう十分に子育ての経験を積んでいる。そのため少しぐらいのことには動じず、余裕を持って子どもに向き合えるのだ。

このように、神経質に育てられた子どもと、落ち着いて育てられた子どもとではやはり性格が違ってくるのである。また多くの親は、長子に対しては「お兄ちゃんらしくしなさい」などと年長者としての役割を期待し、末子はいつまでも甘やかす傾向がある。これも、親の期待に応えようとしっかりする長子と、のびのびと成長していく末子という違いが生じる一因と考えられる。

親の育児態度も変わる

長子
・はじめての子育て
・神経質に手をかける
・「お兄ちゃんだから」と期待をかける

末子
・余裕を持った子育て
・長子ほど期待せず、甘やかしがち

●きょうだい関係の機能

きょうだいという関係の中で、子どもは人とのつきあい方を学んでいく。

たとえば、歳が離れたきょうだいだとお互い干渉しないまま育つ（**分離関係**）ことが多いが、年齢差が小さくなるとけんかが増えていく（**対立関係**）傾向がある。また男女の組み合わせでも関係性は変わり、兄妹、姉弟だと上が優位な（**専従関係**）ことが多く、姉妹は仲良しになりやすい（**調和関係**）という。こうした人間関係は、親子の間にはなく、きょうだい特有のものだ。そこで学んだものは、家の外で友人を作るため、またさらに多くの他人の中で生きていくために必要な社会性の基礎となると考えられている。

そうなると、懸念されるのは近年の一人っ子の増加である。人と協調できない、我慢がきかない、自分勝手といった性質は、彼らの多くが一人っ子であることからきているという見方もあるのだ。

きょうだい関係の種類

調和 仲がよい。姉妹に多い

対立 年齢差が小さいとケンカが増える

専従 一方が優位に立つ。兄妹、姉妹に多い

分離 お互い関わろうとしない

第4章 「私らしさ」はどう決まるのか　出生順位と性格

豆知識 発達期待のあり方は国によって異なる。たとえばアメリカでは自己主張しリーダーシップをとれる子どもが褒められ、日本では従順で慎ましい子どもが褒められる。

生得説と経験説

「性格は遺伝によって決まるのか、生後の環境によって決まるのか」という問題が長年議論されてきた。近年は、遺伝と環境の相互作用で決まるとする説が有力だ。

●才能や性格を決定する要因

　古くから心理学者たちは、性格を決定する要因は「**生得説**(遺伝)」「**経験説**(環境)」のどちらであるかを考えつづけてきた。「優秀な者同士の結婚こそが優れた子孫を残すことにつながる」と考えた学者もいれば、「私の理論で育てれば、どのような子も優秀な人間に育つ」と主張した学者(→p170)もいる。現在ではどちらも大切であり、遺伝と環境の相互作用が働いていると考えるのが一般的だ。

　たとえば知能についてはある程度、遺伝の影響があることがわかっている。養子に出された子のIQは、養母より実母と相関関係が深いというのだ。しかし養子に出す家のほとんどは貧しい家庭であり、受け入れる家庭は裕福であることが多いという背景から、子どもたちは実母のIQを上回るという報告もある。

　また「音楽一家」のように特定の才能を持つ家系があるが、これも生まれたときから親の手ほどきを受け、「お父さんと同じ仕事に就かねばならない」というプレッシャーを感じていたことが影響しているはずだ。遺伝、環境どちらか一方が才能や性格を決定するのではなく、相互に作用すると考えるのが妥当である。

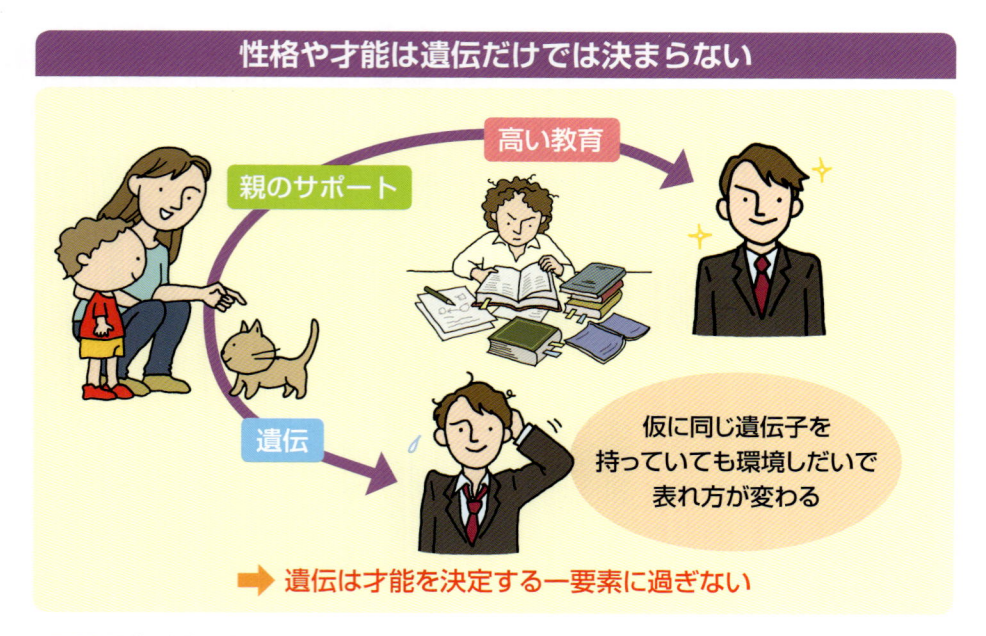

性格や才能は遺伝だけでは決まらない

高い教育
親のサポート
遺伝

仮に同じ遺伝子を持っていても環境しだいで表れ方が変わる

➡ 遺伝は才能を決定する一要素に過ぎない

ミニ知識　優秀な才能を持つ家系がある一方で、反社会的な才能を持つ家系もある。一見生得説の裏づけのように思えるが、やはり「反社会的な人間に囲まれて育つ」という環境の影響は否定できない。

●一卵性双生児を例にした研究

同じ遺伝子を持つ**一卵性双生児**を例にしたユニークな研究がある。

一般的に、一卵性双生児といえば外見がそっくりである。しかし、性格についてはどうだろう。ある研究によると、同じ家で育ったペアよりも、別々の環境で育ったペアのほうが、両者の性格に類似点が多いというのだ。これをどう考えたらよいのだろうか。

まず身近に自分と同じ容姿のペアがいる場合は、「自分は自分だ」と相手との違いを主張したい気持ちが働く。また「あなたはAに比べると、おっとり型ね」などといった、親が決めた性格に応えようとすることもあれば、反発することもある。このように相手を意識し、家庭における自分の居場所探しをする中で、性格や嗜好を意図的に変えようとする力が働くと考えられる。

一方、別々の環境で育ったペアにはそのような心理的葛藤はない。素直に自分の性格を開花させた結果、遺伝の要素が強く反映されたと推測される。

性格を決めるのは遺伝や環境だけではない。本人の意識や努力によって変わる「自己決定」の部分があることも考慮するべきである。

外見を変えるのはムリでも、性格は意識で変えられる部分もある。

TOPICS 一回性の要因

基本的に性格は、短期間で変わるものではない。しかし、あまりにもショッキングなことがあった場合、性格形成に影響を及ぼすことがある。

たとえば、交通事故現場を目撃したり、信頼していた友に裏切られたりしたことをきっかけに、行動的だった性格が内向的になったり、物事を慎重に進めるタイプに変わることがある。

反対に、憧れのスターに会い、やさしい言葉をかけられたことをきっかけに、自分に自信を持ち、積極的な性格に変わることもある。レアケースではあるが、性格形成にはこのような「一回性の要因」もあるのだ。

君、野球うまいね!

君ならきっと大丈夫!

憧れの人に言葉をかけられて積極的な性格に

> ミニ知識　脳に損傷を受けたことで性格が変わった事例も多々ある。たとえば温厚だったある人が前頭葉に大ケガを負ったことで、自分の欲望を抑えられない粗暴な人間になってしまったという。

男らしさと女らしさ

いわゆる「男らしさ」「女らしさ」は、生物学的に決まる側面と、周囲からその性別らしさを期待されることによって作られる社会的な側面とがある。

●社会が作りだす男女の役割

男らしさや女らしさはどのように決まるのだろうか。身体的側面を見れば、性器の形状などで男女の違いは明らかだ。しかし性には社会的な側面もある。

身体的な性を**セックス**と呼ぶのに対し、周囲の環境によって形成される社会的な性を**ジェンダー**という。たとえば男子は「勇敢・活発・仕事熱心」女子は「やさしい・かわいい・気づかいがある」などといった、その性別に期待される役割（**性役割**）があるのだ。子どもはその期待に応えるかたちで、少しずつ男らしい、女らしいとされる振る舞い方を身につけていく。

社会的な性であるジェンダーは地域や時代によって違いが見られる。たとえばニューギニアのある部族は女性が畑を耕し漁をする。性格を見ても積極的でたくましい女性が多く、逆に男性は臆病で嫉妬深い傾向があるという。生物学的な性差は生涯変わらない。しかしジェンダーは、社会から求められる役割に応じて後天的に学習されるものであることが、この事例から推察される。

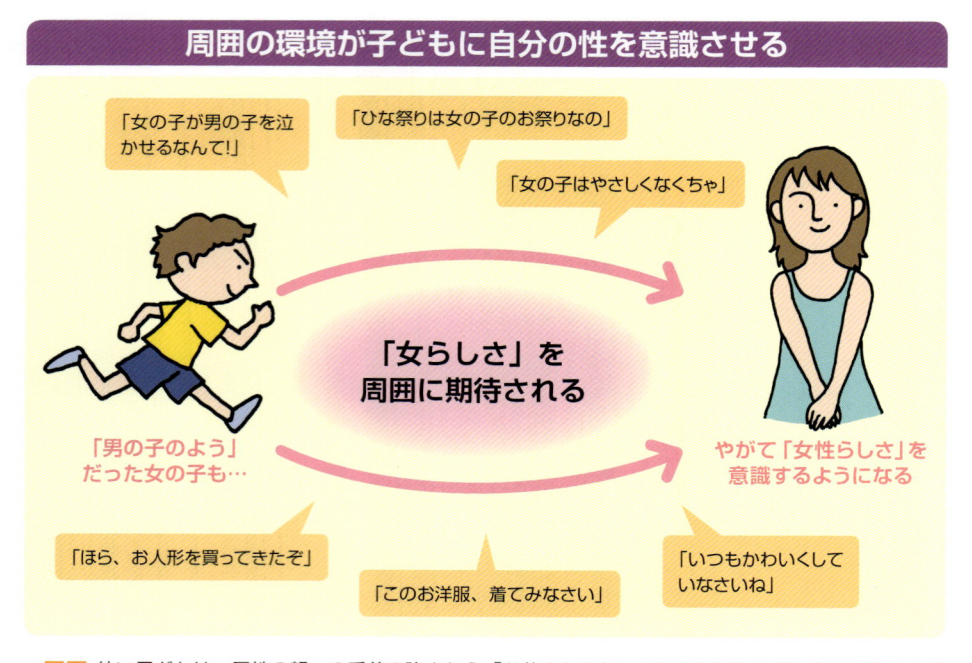

周囲の環境が子どもに自分の性を意識させる

「女の子が男の子を泣かせるなんて!」
「ひな祭りは女の子のお祭りなの」
「女の子はやさしくなくちゃ」
「男の子のよう」だった女の子も…
「女らしさ」を周囲に期待される
やがて「女性らしさ」を意識するようになる
「ほら、お人形を買ってきたぞ」
「このお洋服、着てみなさい」
「いつもかわいくしていなさいね」

幼い子どもは、同性の親への愛着の強さから「お父さんみたいになるんだ」などと考えて自分と親を重ね、真似する（同一視）ことによっても性役割を身につけていく。

●男らしさ・女らしさをどう身につけるか

3歳前後になると、子どもは自ら男らしさや女らしさを学ぶ「**観察学習**」を始める。女の子が母親の手伝いをしたがったり化粧に興味を持ったりするのが一例である。その後も子どもは「女の子は気配り上手」「男の子は強くなくちゃ」などあらゆる場面で性役割を周囲から期待される。もっとも現代においてはその期待に縛られることなく、自分の個性を発揮できる環境になりつつある。

男らしさ・女らしさのイメージ

10代から60代の日本人1002人に対して、男らしさ・女らしさにどんなイメージを持っているか、アンケート調査を行った。

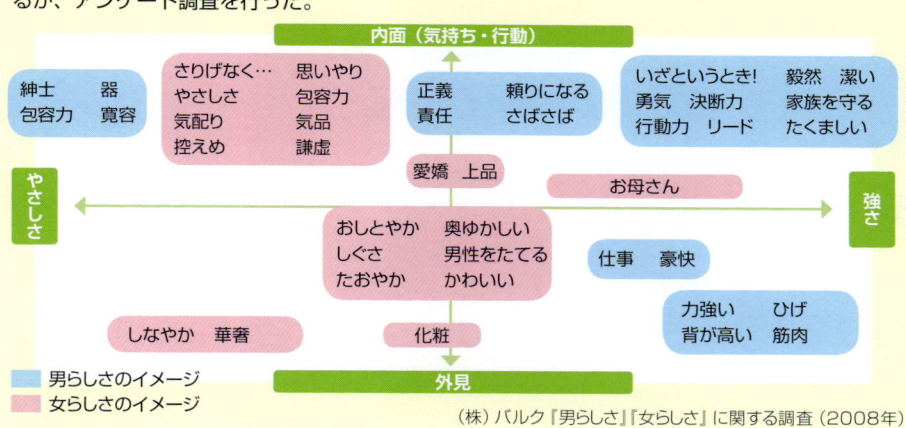

内面（気持ち・行動）

やさしさ ←──────────────────────→ 強さ

男らしさのイメージ：
- 紳士　器　包容力　寛容
- 正義　責任　頼りになる　さばさば
- いざというとき！　勇気　決断力　行動力　リード　毅然　潔い　家族を守る　たくましい
- お母さん
- 仕事　豪快
- 力強い　ひげ　背が高い　筋肉

女らしさのイメージ：
- さりげなく…　やさしさ　気配り　控えめ　思いやり　包容力　気品　謙虚
- 愛嬌　上品
- おしとやか　しぐさ　たおやか　奥ゆかしい　男性をたてる　かわいい
- しなやか　華奢
- 化粧

外見

（株）バルク『男らしさ』『女らしさ』に関する調査（2008年）

TOPICS　脳の機能にも男女差がある

脳の機能の違いも性差の一因であるという考え方がある。男性は空間認識を司る右脳が発達しているため、女性に比べ地図を読む能力に優れているというのだ。逆に、言語を司る左脳が発達した女性は、文章を書くのが男性ほど苦にならないと考えられている。

また女性は、左右の脳を連結する脳梁が発達しているため、情報の行き来がスムーズだという説もある。だから女性は次々と新しい話題でおしゃべりできるのだという。

> コロコロ話を変えないでくれよ！

> 昨日友達と会ったんだけど…
> 今日これからどうする？
> あ、そういえば今度ね…

ミニ知識　通常、小学校高学年くらいになると、子どもたちは大人とほぼ同じ性のイメージを持ち、その役割（ジェンダー・ロール）通りに振る舞うことができるといわれる。

――――
第４章「私らしさ」はどう決まるのか　男らしさと女らしさ

交流分析とエゴグラム

対人関係の場面で、どのように振る舞うかによって、性格を知ろうとする「交流分析」。
心の状態をいくつかのパターンに分類し、エゴグラムによって図式化している。

●人づきあいの中で見えてくる性格

　私たちは、人づきあいの中で自分の性格を知ることが多い。性格は目で見ることはできないが、自分の中にある気持ちを、人を通して見つめ「自分は短気だ」「集団内で自分を出すのが苦手だ」などと自覚できる。このように対人関係のあり方から人の性格を分類するアプローチを「**交流分析**」という。

　交流分析の提唱者であるアメリカの精神分析学者バーンによれば、人間は「親」「大人」「子ども」の3つの心を持つという。

　また親は「批判的な親（父）」「養育的な親（母）」の2パターン、子どもには「自由な子ども」「従順な子ども」の2パターンがあり、合計で5つの心がある。この5つの心は、人間誰しもが持ちあわせているもので、人によって強く表れている部分とほとんど隠れている部分がある。その表れ方・隠れ方によって、そのときどきの行動が変わるというのである。

5つの心

誰でも5つの心を持っている

CP/NP
CP＝批判的な親（父）
規律や道徳を大切にする、支配したがる心
NP＝養育的な親（母）
慈悲深い、過干渉な心

A
A＝大人
客観的かつ理性的な判断ができる、冷徹な心

FC/AC
FC＝自由な子ども
天真爛漫、わがままな心
AC＝従順な子ども
協調性がある、依存心が強い

●エゴグラムで心を構造化

　交流分析では、4つの分析方法が用いられる。構造分析、やりとり分析、ゲーム分析、脚本分析である。

　構造分析は、上で説明した5つの心のバランスを見るというものである。たとえばNPが優位であれば「世話焼き」、CPが強ければ「頑固親父」、Aが強ければ「論理的」などとタイプ分けできる。

　5つの心の強弱を視覚化するために、「**エゴグラム診断テスト**」が用いられることもある。「仕事は予定を立てて計画的に進める」「感情が表に出やすい」「人の顔色を見る」などといった質問に、「はい」「いいえ」「どちらでもない」で答えていくものだ。なおテストの結果は固定的なものではなく、年齢や状況によって結果は変わる。また数値の低い項目については、性格改善の手掛かりにすることもできる。

> ミニ知識　バーンのいう人生の脚本は、7歳前後までに決まってしまうという。

エゴグラムはこう見る

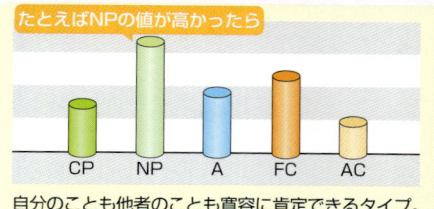

たとえばNPの値が高かったら

（CP、NP、A、FC、ACの棒グラフ：NPが最も高い）

自分のことも他者のことも寛容に肯定できるタイプ。情に流されやすく、理性的な面に乏しいが、対人トラブルは少ない。

他にはこんなタイプが

- CP優位 … 頑固親父タイプ
- A優位 … 論理的タイプ
- FC優位 … 自由奔放タイプ
- AC優位 … 甘えっ子タイプ

●やりとり分析・ゲーム分析・脚本分析

やりとり分析は、2人のコミュニケーションの特徴を、5つの心の視点から見ようとするものだ。たとえば、医者と患者という関係性の中では、医者がP（親）の立場から指示を出し、患者はC（子ども）の立場になり、親と子の自我による交流だと見ることができる。

ゲーム分析は、人間関係のパターンをゲームとしてとらえるもの。人間関係の中では、お互いの関係がこじれて、不愉快になるようなやりとりが交わされることがある。交流分析ではこれを心理的なゲームだととらえて、早めにゲームを終わらせることが大切だとする。

脚本分析は、人の生涯を脚本だと考え、人生の失敗はその脚本の中に描かれている「失敗する物語」を、その人が無意識のうちに演じているからだとする。

たとえば両親から「受験に失敗すると幸せになれない」「絶対に合格しなさい」と繰り返し教え込まれたら、その人は「受験に失敗すると幸せになれない」人生を生きることになる。しかしこの脚本の存在に気がつき、書き換えることができれば、改めて自分が望む人生を選ぶことができるのだ。

やりとり分析

対人関係において、お互いがどの心で、相手のどの部分に働きかけているかを考える。

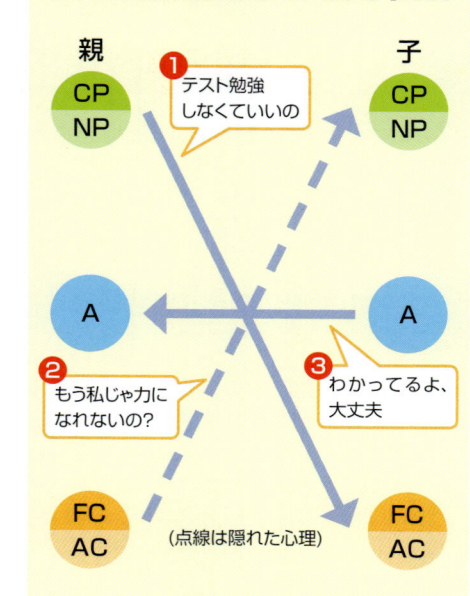

親 / **子**

❶ テスト勉強しなくていいの
❷ もう私じゃ力になれないの？
❸ わかってるよ、大丈夫

（点線は隠れた心理）

❶親は子どもの世話を焼きたがる（NP→C）
❷その心のうちには、親離れしつつある子どもにすがりたい気持ちもある（C→P）
❸しかし、独立心の芽生えた子どもは、理性的に「もうやめてほしい」と訴えている（A→A）

> **ミニ知識** エゴグラムがよく活用されているのは、たとえば職業適性検査である。日本では東大式エゴグラム（TEG）がよく用いられている。

さまざまな性格テスト

性格を理解するために有効な手段として「性格テスト」がある。テストは基本的に3種類に大別されるが、方法や特徴も異なる。目的に合ったテストを選ぶことが大切だ。

●性格を客観的に知るためのテスト

性格テストは、自分の性格を明らかにしたり、自分も他人も知らない無意識の領域にある性格を知るために行われる。

テスト以外には面接や、行動観察などのアプローチがあるが、検査者一人の主観に左右されてしまう可能性がある。その点、性格テストは、基本的に同じ内容を、同じ手順で行うことから、客観性が高く、一度に大人数の検査を実施できる。

そのため最近では、臨床の場だけではなく、学生の適職診断、企業の入社試験や人事評価でも、性格テストが行われるようになった。

性格テストは、質問紙法、投影法、作業検査法の3つに大別される。テストを行う場合は、目的や対象をよく理解した上で、適切な方法を選ぶことが大切だ。それぞれの特徴を見ていこう。

質問紙法

日本で普及している代表的な質問紙法のテストが「YG（矢田部・ギルフォード）性格検査」である。「興奮するとすぐ涙がでる」「親友でも本当に信用することはできない」「自分はいつも運が悪い」といった質問に、「はい」「いいえ」「どちらでもない」から答えを選ぶ。「劣等感」「神経質」「協調性」など12の性格特性について10問ずつの質問があり、性格特性ごとの合計点数によって、その人がどのような特性を強く持っているかがわかる。

YG性格検査における性格特性

①	抑うつ性	陰気、悲観的気分、罪悪感の強い性質
②	回帰性傾向	著しい気分の変化、驚きやすい性質
③	劣等感の強いこと	自信の欠乏、自己の過小評価、不適応感が強い
④	神経質	心配性、神経質、ノイローゼ気味
⑤	客観的でないこと	空想的、過敏症、主観性
⑥	協調的でないこと	不満が多い、人を信用しない性質
⑦	愛想の悪いこと	攻撃的、社会的活動性、ただしこの性質が強すぎると社会的不適応になりやすい
⑧	一般的活動性	活発な性質、身体を動かすことが好き
⑨	のんきさ	気軽な、のんきな、活発、衝動的な性質
⑩	思考的外向	非熟慮的、瞑想的および反省的の反対傾向
⑪	支配性	社会的指導性、リーダーシップのある性質
⑫	社会的外向	対人的に外向、社交的、社会的接触を好む傾向

● 長所
実施が容易で、判定もしやすい

▲ 短所
被験者が意図的に回答を歪曲することがある

豆知識　投影法のうち、文章から性格を読み取るものに文章完成法テスト（SCT）がある。「子どもの頃、私は」といった書き出しのみを提示、残りを自由に記述させる。

第4章 「私らしさ」はどう決まるのか

さまざまな性格テスト

投影法

あいまいな刺激に対して、被験者が思い浮かべた内容を分析するのが投影法だ。最も有名なのは、左右対称の抽象的な模様を見て、思いつくことを自由に答えてもらう「ロールシャッハ・テスト」。テストでは「図版が何に見えるか（反応内容）」「どの場所がそう見えたか（反応領域）」「どうしてそう見えたのか（反応決定因）」について質問を重ねていく。

- 🔴 長所　被験者の思わぬ一面を発見できることがある
- 🔺 短所　回答を解釈する人間に技量が求められる

「鬼の泣き顔みたいだ」

「手を広げる男性に見える」

樹冠の大きさは目標の大きさを示す

紙に大きく絵を描くのは顕示欲の表れ

幹の太さは自信の表れ

ロールシャッハテスト
左右対称のインクのシミから何を連想するか、回答する

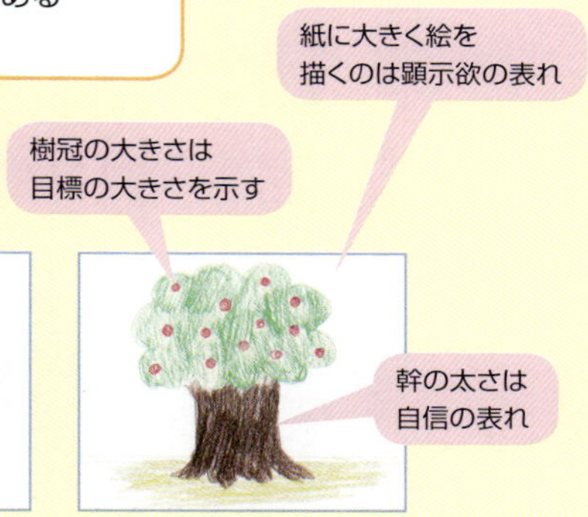

バウム・テスト
樹木の絵を描かせて、その形状から被験者の深層心理を読む

作業検査法

簡単な計算や図形の模写など、被験者に単純な作業をくり返させることにより、性格を測定する検査法である。日本で広く用いられているのは、隣り合った一桁の数字を足し、答えの下一桁を記入する「内田クレペリン検査」である。1分ごとに新しい行に移り、15分間計算を続けたあと5分間の休憩をはさむ。そして再び15分間計算を続けるというものだ。

健康な人がこのテストを受けると、作業量は疲労により減少していくが、終わりに近くなると再び増えるという共通の傾向を示す。この定型から大きく外れた人は、性格に偏りがあることが多いとされる。また精神疾患の患者特有のパターンも明らかになっている。

- 🔴 長所　大人数を一度にテストできる
- 🔺 短所　大まかな性格の傾向しかわからない

内田クレペリン検査

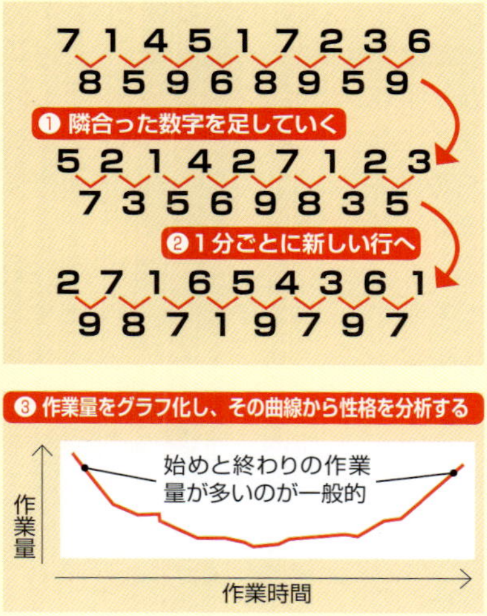

7 1 4 5 1 7 2 3 6
8 5 9 6 8 9 5 9

❶ 隣合った数字を足していく

5 2 1 4 2 7 1 2 3
7 3 5 6 9 8 3 5

❷ 1分ごとに新しい行へ

2 7 1 6 5 4 3 6 1
9 8 7 1 9 7 9 7

❸ 作業量をグラフ化し、その曲線から性格を分析する

始めと終わりの作業量が多いのが一般的

縦軸：作業量　横軸：作業時間

ミニ知識　P-Fスタディ検査は、欲求不満を感じさせる場面の絵を見せたとき、被験者がどんな反応をしたかを分析するもの。

Column ❹ 日常の疑問を心理学で解説!
子どものお昼寝、いらないってホント?

生物学的に刻まれた眠りのリズムを知る

人の睡眠時間は、生まれたときから同じではありません。生まれたばかりの赤ちゃんは、2〜3時間おきに眠りと覚醒を繰り返します。それが生後2〜3カ月くらいで変わり始め、1歳後半には、朝起きて夜眠るという24時間周期の生活になってくるのです。赤ちゃんは、生後7週目以降になると笑うようになりますが、睡眠のリズムが変わってくるのもこの頃。睡眠リズムは生物学的にインプットされているものなのでしょう。

お昼寝で夜の寝つきが悪くなり眠りも浅くなってしまう

さて、多くの保育園には当たり前のように「お昼寝の時間」があります。このお昼寝の時間は、実はその意味や効果は実証されていません。むしろ、昼寝をすることで悪い影響があるということが、私たちの研究から明らかになってきました。

まず、夜更かしする子どもほど、朝の状態が悪くなる、というデータがあります。

その一番の理由は、昼寝をしていることなんです。それにより夜の寝つきが悪く、眠りも浅くなってしまっているのです。

このデータを受けて、お昼寝の習慣を見直す保育園が少しずつ増えています。実際、足立区の区立保育園では、5歳児のお昼寝を原則取りやめにして、読書や遊びにあてるようになりました。

「寝る子は育つ」は睡眠の質に左右される

ちなみに、よく「寝る子は育つ」といいますが、それは半分は嘘で、半分本当だというべきでしょう。睡眠時には成長ホルモンが出ることは事実です。しかし睡眠時間に比例してその量が増えるわけではありません。実際には、寝ついてから2時間の間に訪れる深い眠りのときに最もよく分泌されます。つまり、深い眠りが睡眠の前半にくるのが質のよい眠りであり、それをしっかりとっているかどうかが問題なのです。

なお、大人にも昼寝はおすすめできません。昼にぐっすり寝てしまうと、夜の睡眠の質が下がるのです。昼の1〜3時は、世界中のあらゆる人々が眠いと感じる時間。どうしても眠ければ、座った状態で15分程度の仮眠をとるなどに止めるべきです。しかしできれば、運動をしたり、単調な作業を避けるなどしましょう。

赤ちゃんの笑み●
赤ちゃんは、生後間もない頃から、周囲の働きかけとは無関係に笑みを浮かべることがある。これを生理的微笑という。しかし生後2ヵ月がたったころから生理的微笑が減り、親の顔を見て笑ったり、人の笑みに対して笑いを返したりするようになる。これを社会的微笑という。

保育園でのお昼寝●
もともと保育施設では、昼寝が日課として組み込まれていた。これは厚生労働省が定めた保育所保育指針にお昼寝についての記述があったためだ。しかし2009年4月に厚生労働省が保育所保育指針を改定した。

教えてくれたのは
福田一彦先生
▶p14

第5章
対人関係の心理学

この章では、個人レベルから社会レベルまで、
人間の行動を研究する「社会心理学」を扱う。

セルフ・モニタリング……120	説得的コミュニケーション……146
自尊心……122	リーダーシップ……148
原因帰属……124	集団……150
さまざまな原因帰属……126	集団の意思決定……152
印象形成……128	集団のまとまり……154
自己呈示……132	権力……156
好き嫌い……134	群衆心理……158
表情……138	組織づくり……160
社会的ジレンマ……140	流行……162
認知的不協和……142	攻撃……164
援助……144	

セルフ・モニタリング

人間は他人と自分との関係や、自分が現在置かれている状況をモニターしながら人間関係をつくる。モニタリングをした結果、相手に合わせた自己呈示をすることもある。

●高モニターと低モニター

　人間は、誰でも人間関係を進める際に、周りの人との関係や、自分が置かれている状況を自然のうちにモニター（監視）している。これを**セルフ・モニタリング**という。私たちは、セルフ・モニタリングをすることでその場に合った行動を取り、自分の立場を少しでも有利にしようとしているのである。

　セルフ・モニタリングをどの程度行っているかは、人によって違う。そこで、セルフ・モニタリングを提唱した心理学者のスナイダーは、その尺度となるチェック項目を提案した。チェック項目には「他人の振るまいを真似するのが難しい」「ほとんど知らないことについても話を合わせることができる」などが並んでいる。

　セルフ・モニタリングをする傾向が高い人（**高モニター**）は、自己の行動が周囲から見て適切かどうかに関心が高く、他者の振るまいに自分の行動を合わせようとする。一方、セルフ・モニタリングをする傾向が低い人（**低モニター**）は、自己の行動が周囲から見て適切かどうかに関心が低く、自分の気持ちや感覚に従って行動することが多いとされる。

　一見すると、常に周囲に気を遣っている高モニター傾向の強い人のほうが、人間関係がスムーズに行くように思えるかもしれない。

　しかし、周囲に合わせてばかりということは言い換えれば八方美人的であり、確固とした自分の意見を保つのが難しい。そのため、いつしか信用されなくなってしまうという危険もある。一方、低モニ

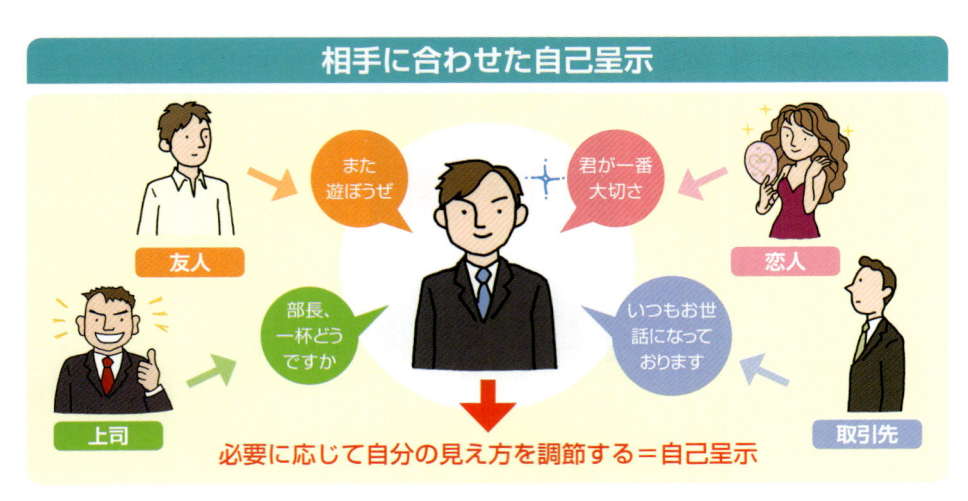

相手に合わせた自己呈示

友人：また遊ぼうぜ
恋人：君が一番大切さ
上司：部長、一杯どうですか
取引先：いつもお世話になっております

必要に応じて自分の見え方を調節する＝自己呈示

> ミニ知識　スナイダーによれば、日本は比較的高モニターな人が多いという。日本人が集団主義の傾向が強いことと関係あるのかもしれない。

ター傾向の強い人は、自分の信念や行動を変えないので、信用できる人と思われるかもしれない。しかし、信念があまりに強すぎるのも、融通が利かないつきあいにくい人と判断されてしまう危険がある。

このようにセルフ・モニタリングをした結果、人は本来の自分の姿とは違う姿を見せることがある。相手にどう思われたいか、どう思われたらうまくつきあえるかを考えて、相手に合わせた自分を演じるのである。これを**自己呈示**という。

CLOSE UP　セルフ・モニタリングと恋愛

スナイダーによれば、セルフ・モニタリングと恋愛には深い関連があるとの調査結果がある。たとえば高モニターの人は外面重視、つまり異性を見た目で選ぶのだという。高モニターの人は他人からどう見られているかをいつも気にしているので、恋人にも見た目の魅力を求めるのだ。一方、低モニターの人は内面重視、異性を性格で選ぶのだという。低モニターの人は他人の目よりも自分の気持ちや感覚にしたがって行動する。そのため恋人には、自分の気持ちを尊重してくれる、気の合う異性を望むのだ。

第5章 対人関係の心理学

セルフ・モニタリング

セルフ・モニタリングチェック項目

1. □ 他人の振るまいを真似するのが難しい。
2. □ 通常、自分の行動は本当の感情や態度、信念の表れである。
3. □ パーティなどで、ほかの人が好むことを言ったり、それを行動に移そうとはしない。
4. □ 自分が信じている考えのみを主張する。
5. □ ほとんど知らないことについても話を合わせることができる。
6. □ 他人に感動されたり喜ばれたりするような態度を見せる。
7. □ どう行動していいかわからないときは、他人の行動を参考にする。
8. □ 自分はいい俳優になれるだろうと思う。
9. □ 映画や本、音楽について友人の意見に従って選ぶことはまずない。
10. □ 実際より強く感動しているように思われることがある。
11. □ コメディ映画を見るときは、一人のときより他人と一緒のときのほうがよく笑う。
12. □ 集団の中にいるとき、自分が目立つことはほとんどない。
13. □ いつもと違った状況や人の中にいるときは、いつもと違った行動をとることがよくある。
14. □ 人に好かれるのが得意ではない。
15. □ 楽しくないときでも、楽しんでいるかのように振るまうことがある。
16. □ 自分は見た目の印象とは違う人間である。
17. □ 他人を喜ばせたり好かれたりするために意見や行動を変えようとはしない。
18. □ 自分は芸能人のようだと思う。
19. □ 他人とうまくやったり好かれたりするために、期待に添えるような人間になろうとする。
20. □ ジェスチャーやアドリブなどのゲームは昔から得意ではない。
21. □ 周囲の人や状況が変わっても行動を変えるのは苦手だ。
22. □ パーティでは冗談を言ったり話をするのを他人に任せる。
23. □ 人とつきあうのが苦手で、人前で思うように振るまえない。
24. □ 他人の目を見て、真顔で嘘がつける。
25. □ 本当は嫌いな人にも親しいようなふりができる。

1〜4、9、14、17、20〜22、23の項目に「はい」が多いほど低モニター傾向が強い。

5〜8、10〜12、15、16、18、19、23、25の項目に「はい」が多いほど高モニター傾向が強い。

俺は俺。好きにやるさ
自分の思い通りに行動するタイプ

僕はみんなと一緒でいいよ
周りにあわせて行動するタイプ

ミニ知識　自己呈示の具体的な方法を心理学用語で「対人方略」（ストラテジー）と言う。どのような対人方略をするかは、そのときの状況で変わる。

自尊心

人は社会との関係の中で、自分自身の能力や正当性を肯定的に感じる傾向がある。これは自尊心と呼ばれる。自己が否定されそうになると、人は自尊心を防衛しようとする。

●自尊心を守る心の働き

自尊心は、人と自分を比較したときに、自然にわき起こる感情だ。学校の試験でライバルよりいい点数を取れば、優越感がわいて自尊心も高まる。逆に、ライバルより点数が低ければ自尊心は低くなり、劣等感を持つようになる。

自尊心が傷つけられそうになったとき、社会での自分の立場を守るために、人はさまざまな言動を見せる。その一つが、**セルフ・ハンディキャッピング**だ。

たとえば試験の前に、「昨日は夜更かししたから……」などと、試験の点数が悪かった場合の言い訳をあらかじめしておくのがセルフ・ハンディキャッピングにあたる。できないことを正当化することで、失敗した場合でも、自尊心を保とうとするのである。

逆にもし成功すれば、「ハンディキャップがあるのにすごい」などといったように、他者からの評価はセルフ・ハンディキャップがないときよりも上がる。つまり失敗しても成功しても自尊心は保たれるのだ。

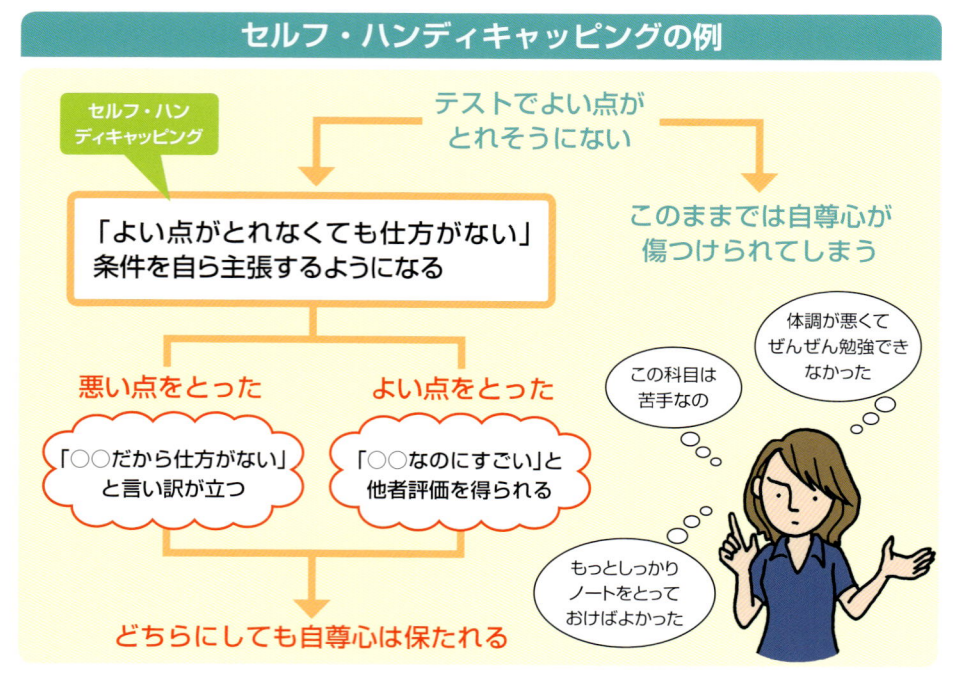

セルフ・ハンディキャッピングの例

テストでよい点がとれそうにない

- セルフ・ハンディキャッピング → 「よい点がとれなくても仕方がない」条件を自ら主張するようになる
  - 悪い点をとった →「○○だから仕方がない」と言い訳が立つ
  - よい点をとった →「○○なのにすごい」と他者評価を得られる
- このままでは自尊心が傷つけられてしまう
  - この科目は苦手なの
  - 体調が悪くてぜんぜん勉強できなかった
  - もっとしっかりノートをとっておけばよかった

どちらにしても自尊心は保たれる

目•知 心理学者のジェームズは、自尊心＝成功÷願望という公式を示し、成功への願望が大きければ失敗したときの自尊心が低くなり、願望が小さければ自尊心は低くならないとした。

●自己評価維持方略

職場のライバルが自分より先に昇進したら、悔しいと思うだろう。こんなときにも、自尊心を守ろうとするメカニズムが働く。たとえば、「やはりうちの会社は学歴さえあれば出世できるんだ」などと、ライバルの昇進は実力以外の要素があったと考えるのだ。

心理学者のテッサーは、このような心の動きを**自己評価維持方略**と呼んで理論化した。それによれば、自己評価維持方略には3つの心のメカニズムがある。

1つめは自分にとって重要ではない分野で同僚や友人が評価されたとき、2つめは自分にとって重要な分野だが、評価された相手が自分からは遠く離れた存在の場合に働くメカニズムだ。この2つの場合は、素直に相手を評価する気持ちがわき起こり、評価された人間と同じように自分の自尊心まで高まったような気持ちになる。これを**栄光浴**という。

3つめは、自分にとって重要な分野で、同僚や友人が評価を得たときである。この場合、自尊心が傷つけられた気分になるため、同僚や友人をおとしめるような言動をすることで、人は自尊心を回復しようとするのだ。

CLOSE UP 自己効力感

心理学者のバンデューラは、自分にもできるだろうと予期する感覚を自己効力感と呼んだ。自己効力感が高い人は前向きで行動的になるが、低い人は後ろ向きの気持ちになり、行動に移るのにも消極的になる。自己効力感の高まりは自尊心の高まりも導き、自尊心が高まれば、さらに成功に近づく行動に結びつく。

第5章 対人関係の心理学 / 自尊心

自己評価維持方略の3パターン

日本人選手がMLBで大活躍！

成功した人を見て、素直に喜べるか、自尊心を傷つけられるのか、それは相手との関係性にかかっている。

特に親しくないが、知人や同郷の人の成功	親しい友人の、自分とは関係の浅い分野での成功	親しい友人の、自分と深く関わる分野での成功
自分と競合しない	自分と競合しない	自分と競合する
うれしい	うれしい	うれしくない
「すごいな、同じ日本人として嬉しい」	「あいつなら当然。友人として誇らしい」	「なんで僕じゃなくて、あいつなんだ…」
自尊心高揚	自尊心高揚	自尊心低下

豆知識　自尊心が強すぎる人は一般に嫌われる。しかし、物事に積極的に取り組む人格を形成させるため、子どもには時に自尊心を尊重してやることも大切だ。

原因帰属

自分に起きた出来事の原因を自分に求めるか、自分以外のものに求めるかで、人の心のあり方や次の行動が大きく変わってくる。

●その失敗は誰のせい？

　何かの行動を起こし、その成否がわかると、人はその結果の原因を探す。たとえば、入学試験に受かれば「自分が頑張ったからだ」「あの先生が教えてくれたからだ」などと考える。これを**原因帰属**という。

　原因をどこに帰属するかで、人の考えや行動は大きく変わる。試験に落第したのは先生のせいだと思えば、先生の悪口を言ったり抗議したりして、勉強する気がなくなるかもしれない。しかし、落ちたのは自分の不勉強のせいだと考えれば、反省し、またまじめに勉強するだろう。

　心理学者のロッターは、原因を自分の中に求める人と外に求める人があるとし、原因を内部に求める人を**内的統制者**、外部に求める人を**外的統制者**と呼んだ。内的統制者は自分の力によって望ましい結果が出ると考え、外的統制者は他者の影響がその結果をもたらすと考える。

内的統制者と外的統制者

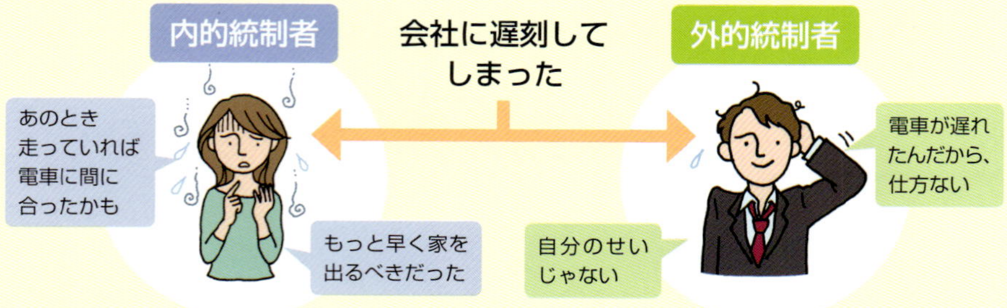

会社に遅刻してしまった

内的統制者
- あのとき走っていれば電車に間に合ったかも
- もっと早く家を出るべきだった

物事の結果を左右する原因は自分にあると考える。そのため、落ち込んだり、ストレスを溜め込みやすい傾向も。

→ 失敗を分析して反省し、次の機会に生かそうとする

外的統制者
- 電車が遅れたんだから、仕方ない
- 自分のせいじゃない

物事の結果を左右する原因は他者の影響や運だと考え、自分は悩まない。仕事がうまくいかないのも人のせいにしたりする。

→ 反省しないため、同じ失敗を繰り返したり、無責任な人だと思われる

同じ出来事でも受け止め方は正反対

豆知識　初期の帰属理論を提唱したハイダーは、人は原因を行為者か環境に求めるとし、行為者当人には能力的原因と動機的原因があり、環境には課題の困難性と運があるとした。

●原因は能力不足か努力不足か

原因帰属について、心理学者のワイナーは2×2の原因帰属のマトリックスを発表した。

このマトリックスでは、まず成功や失敗の原因を外的なものと内的なものに分けて考える。さらに、それぞれを能力や性格などの固定的要因と、運などの変動的要因に分けるのである（A図）。

また、帰属要因が統制できるかどうかが、成否の結果表われる感情や行動に影響する。ワイナーは統制可能性という点を加えて、2×3のモデルも提唱している（B図）。統制できるものに帰属すれば、問題に積極的に対応できる。

ワイナーの原因帰属マトリックス

A図

要因		成功（よい点数）の原因帰属	失敗（悪い点数）の原因帰属
内的要因	固定的要因	能力 「僕、数学得意なんだ」	能力不足 「数学は苦手で…」
	変動的要因	努力 「あんなに勉強したからな」	努力不足、疲労 「あまり勉強時間がとれなくて…」
外的要因	固定的要因	課題の容易性 「ずいぶんカンタンだったから」	課題の困難性 「こんなの解けないよ」
	変動的要因	幸運「前の日勉強したところから出題された」	不運「まさかこの問題が出てくるとは…」

B図

統制可能性	内的要因		外的要因	
	安定	不安定	安定	不安定
統制不可能	能力	気分	課題の難しさ	運
統制可能	持続性努力	その時々の一定の努力	教師の癖、偏り	予期せぬ他者の援助

原因を統制できることに帰属すると、肯定的にその課題に取り組める。

●本人と他人では見方が逆に

人は、他人の行動の原因については固定的要因に帰属しがちだ。たとえば会社に遅刻した人のことを「あの人は怠け者だ」「夜遊びしてるから」などと、性格や能力のせいにする。しかし自分が遅刻したときは、「電車が遅れた」「体調が悪かった」などと状況や運などの変動的要因に帰属しようとするのだ。

心理学者のニスベットは、この傾向を**行為者－観察者バイアス**と呼んだ。このバイアスがあると、同じ行動でも自分と他人では見方が逆になる。

> ミニ知識　結果を自分にとって都合よく解釈する傾向のことをセルフ・サービングバイアスといい、成功は内的要因に、失敗は外的要因に帰属させようとする。

さまざまな原因帰属

成功したら自分の手柄、失敗したら他人のせいだと考える傾向を**自己高揚帰属バイアス**という。

●身勝手な原因帰属をする人

　成功すればその原因を自分の能力や努力に帰属し、失敗すれば自分の周囲の責任として、自分の評価を下げることを認めない。このように、自分の自尊心を守るために都合のいい傾向を、**自己高揚帰属バイアス**という。自分を価値ある人間だと思いたい（自己高揚動機）あまりに生じるバイアスである。

　しかし、人間関係を重視する集団にいる場合、自己高揚帰属バイアスは比較的発生しない。ほかならない日本でも、成功すると「運が良かったから」とか「誰かのお陰だ」などと謙遜し、逆に失敗は「自分の努力不足のせい」などと自己反省する人が多い傾向がある。これを**自己卑下的帰属バイアス**という。ほかにも、会社の管理職が「業績が上がったのは部下のお陰」と言ったり、学校の先生が「生徒の成績が下がったのは私の責任だ」などと言うのは、この自己卑下的帰属バイアスが影響しているといえる。

　日本とは対照的なのは、アメリカだ。人間関係を保つことよりも、他者と競争し、業績を上げることが重視されるアメリカの企業文化の中では、自己高揚帰属バイアスが強いのである。

自己高揚帰属バイアスと自己卑下的帰属バイアス

日本型社会＝人間関係重視
良好な人間関係を維持するため、成功は周囲のサポートや運のおかげ、失敗は自分のせいだと考える。

- 部下や生徒の失敗 → 自己卑下的帰属バイアス → 自己帰属「私のせいだ」
- 部下や生徒の成功 → 自己卑下的帰属バイアス → 他者帰属「よくやった！」

アメリカ型社会＝業績重視
自己高揚感を高めるために、成功は自分の実力のおかげ、失敗は他人のせいと考えるのが一般的。

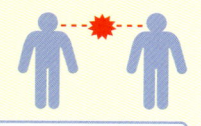

- 部下や生徒の失敗 → 自己高揚帰属バイアス → 他者帰属「部下や生徒が悪い」
- 部下や生徒の成功 → 自己高揚帰属バイアス → 自己帰属「自分の手柄だ」

> **豆知識** 自己卑下的帰属バイアスは、謙遜することをよしとする日本のような社会では、"いい人"を演じて行っている部分が多分にある。

●人は自分の貢献だけ覚えている

　人は誰しも自分がかわいい。自分の発言は実際よりも周囲に注目されていると思いがちであるし（スポットライト効果）、自分の心の中を他人に見透かされているような気持ち（透明性錯誤）になることもある。こうした**自己中心性バイアス**が強すぎると、他者との円滑な人間関係をつくることが難しい。

　自分の貢献はよく覚えているが、他人の貢献は少なめに考える傾向も、自己中心性バイアスによるものだ。

　心理学者のロスは、大学のバスケットボールチームの選手158人に試合後インタビューし、どちらのチームのプレーが勝敗を決定したかを聞いた。すると、自分のチームのプレーだったと答えた学生が圧倒的に多かった（下図A）。

　学生2人に喫煙禁止の方法について討論させ、自分と相手の発言をノートに記録させたこともある。その後、2～3日してから討論のときのノートから解決段階、評価段階、最終段階それぞれについて、自分と相手の貢献度を評価させた。すると、どの段階でも自分のほうが貢献していると答えたのである（下図B）。

　同じくロスが、夫と妻の家事分担を調査したときも、同様の結果が出た。夫も妻も「相手よりも自分のほうが家事負担が大きい」と考え、相手の家事負担を少なく見積もっていたのである。実際、自分と相手の家事項目を1つずつ書き出させたところ、自分が行った家事については詳細に書き出すことができたという。

　いずれの実験結果も、自分の貢献を高く見積もり、相手の貢献は低く見積もる自己中心性バイアスを示している。自尊心のある人間は、公平なつもりでも無意識に自分を高く評価してしまうのだ。

自己中心性バイアスの表れ

大学バスケットボール選手へのインタビュー
「勝敗を決定したプレーをしたのはどっちのチーム？」

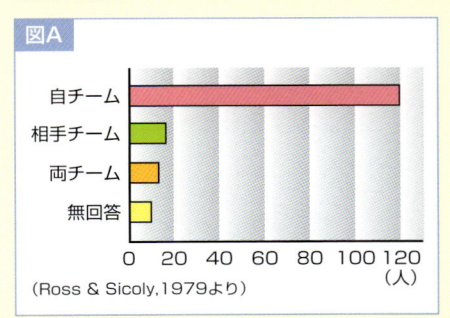

図A
- 自チーム
- 相手チーム
- 両チーム
- 無回答

（Ross & Sicoly, 1979より）

試合後のバスケットボール選手158人に質問したところ、勝ち負けによらず、大多数の選手が、自分のチームのプレーが勝敗を決定づけたと答えた。

喫煙禁止の方法についての討論
「問題解決に貢献する発言をしたのは？」

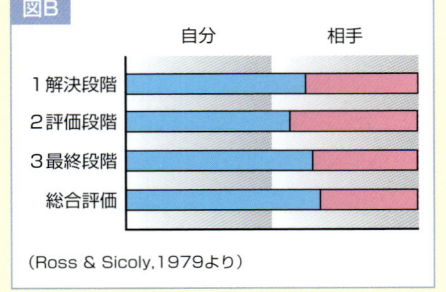

図B
- 1 解決段階
- 2 評価段階
- 3 最終段階
- 総合評価

（Ross & Sicoly, 1979より）

学生が2人一組になって討論し、お互いの発言をノートにまとめた。数日後、ノートを読み返しながら評価した結果、やはり「自分のほうが貢献している」という結果に。

ミニ知識　7～8歳までの子供の頃は自分の立場からの考えや感覚にとらわれ、誰でも自己中心性の傾向が強い。

印象形成

人は初対面で無意識のうちに相手にレッテルを貼る。最初の印象がよければいいイメージを、悪ければ悪いイメージを定着させてしまうのだ。

●初頭効果

人は、初対面時の相手の印象に非常に強く影響を受けてしまう傾向がある。つまり第一印象がその後も変わらないのである。これを**初頭効果**という。

印象形成の心理学研究の創始者といわれるアッシュは、初頭効果に関して、2つのグループの被験者に架空の人物の特徴を読み上げる実験を行った。

その際、最初のグループに対しては「知的・勤勉・衝動的・批判力がある・強情・嫉妬深い」という順番で読み上げ、後のグループには同じ言葉を反対の順番で読み上げた。すると、前のグループはこの人物に全体的にいい印象を持ったのに対し、後のグループは全体的に良くない印象を持った。全体では同じ情報を得たはずなのに、2グループが得た印象が違うのである。これは、最初に前向きな言葉を聞くと相手にいい印象を持ち、最初に後ろ向きな言葉を聞くと悪い印象を持つという、印象形成における初頭効果を表している。

初頭効果を示したアッシュの実験

人物紹介の言葉の順番を変えてみた

彼は
- 知的
- 勤勉
- 衝動的
- 批判力がある
- 強情
- 嫉妬深い

な人です

●こんなイメージ
多少性格面に難があるにしても、基本的に真面目で、知的な人物である。

彼は
- 嫉妬深い
- 強情
- 批判力がある
- 衝動的
- 勤勉
- 知的

な人です

●こんなイメージ
能力はありそうだが、反面性格面に難があり、つきあいづらそうな人物である。

同じ言葉でも順序を逆にすると、人の印象は変わってしまう

豆知識 上に紹介した人物紹介の言葉に「温かい」「冷たい」など人物像を決定的にする言葉が加わると、人の印象は決定づけられ、まず覆らない。これを中心的特性効果という。

●印象を決める要素

　人の第一印象はまず容貌や体形で決められ、次いで会って話したときの印象から判断される。

　心理学者の**メーラビアン**（アメリカ、1939-）によれば、直接会って話したときに人が相手に好意を持つかどうかは、55％が相手の表情やしぐさ、37％が話すときの声やトーンなどの非言語的コミュニケーションで決まり、言語的コミュニケーションである話の内容によるのは、わずか7％に過ぎないという。

　このことから、人とよりよい関係を築くためには、話の内容だけでなく、表情の作り方や話し方にも気を使う必要があるといえる。

　このほか、肩書きや学歴、過去の実績、服装や持ち物なども、人の印象を決める要素となる。

人の印象は外見で決まる

メーラビアンの法則

$$対人態度 = 0.55F + 0.37V + 0.07C$$

　　　　　　　　＝　　　　＝　　　　＝
　　　　　　　表情　　音声　　会話内容

メーラビアンによれば、人の印象は、表情と音声、つまり非言語的コミュニケーションによって90％以上が決まるという。

表情・しぐさ　55％
目を大きく開いて、相手の目を見つめると好印象。意識的に作る笑顔も好印象を与えるためには欠かせない。また貧乏揺すりや腕組みは一般に相手に不快な印象を与える。

よい笑顔はそれだけで好かれる理由になる。

声・話し方　37％
声の大きさや高さ、話す速さなどが重要。たとえば、比較的低い声で、落ち着いてゆっくり話す人は、高い声で早口で話す人に比べて、真面目で信頼できるという印象を持たれる。

信頼される人は話し方が落ちついている。

話の内容　7％
表情を柔らかくして「嫌い」といったり、表情を堅くして「好き」といったりする実験が行われたが、やはり表情を重視して好き嫌いを判断することがわかっている。

深刻な顔で明るい話をしても伝わらない。

ミニ知識　メーラビアンの法則は、好意や反感に関するコミュニケーションに限定した話で、すべてのコミュニケーションに当てはまるとは限らないという。

第5章　対人関係の心理学 / 印象形成

●第一印象に影響する相貌(そうぼう)

人間は他人の第一印象を主に視覚から認識し、その外見の特徴から、相手の性格を推測することがある。

心理学者の大橋正夫らの研究によると、私たちは他人の顔立ちや姿形から、8つのカテゴリーに分けて性格判断を行っているという（下図）。たとえば、「太っていて、丸顔で、下がり目」の人であれば、「心の広い、気長な、知的でない」性格の人だという印象を持つ。逆に、やせた人には知的な印象を持ちがちだ。

私たちはそれぞれの体験を通じて、このような人の外見と性格の関連について検証を重ね、いつしか「太っている人は心が広い」などの思い込みをしてしまうのだ。

大橋正夫らのカテゴリー

大橋正夫らが作ったカテゴリーは、もちろん科学的な根拠はなく、私たちがそのような印象を持つ、ということを言っているに過ぎない。したがって、外見から予想する性格と実際の性格が整合しているとは限らない。

相貌特徴	性格特性
骨の細い、色の白い、顔の小さい、顔のきめの細かい、眉の細い、耳の小さい、鼻の穴の小さい、唇のうすい、口の小さい	消極的な、心のせまい、内向的な
やせた、背の高い、面長の、鼻の高い	知的な
背の低い、血色の悪い、顔のせまい、目の細い、目の小さい、まつ毛の短い、鼻の低い、口もとのゆるんだ、歯ならびの悪い	責任感のない
髪の毛のかたい、顔のきめの粗い、眉の逆八の字型の、あがり目の、ほおのこけた、かぎ鼻の	無分別な、短気な、感じのわるい、不親切な、親しみにくい
髪の毛のやわらかい、眉の八の字型の、目の丸い、ほおのふっくらした	感じのよい、親しみやすい、親切な
血色のよい、顔の広い、目の大きい、まつげの長い、鼻のまっすぐな、口もとのひきしまった、歯ならびのよい	分別のある、責任感のある、外交的な
太った、丸顔の、下がり目の	心のひろい、気長な、知的でない
骨太の、色の黒い、顔の大きい、眉の太い、耳の大きい、鼻の穴の大きい、唇の厚い、口の大きい	積極的な

> **自己知識** 容貌によって性格の印象が変わるのと同様に、年齢や体型によっても印象が変わる。美男美女は性格もよく思われるという研究結果もある。

●ラベリングによって人が変わる！

このように、人は初対面の印象で、無意識に相手がどんな人間かを決めつけてしまうことがある。これを心理学用語で**ラベリング**という。「楽しそうな人だ」「優しそうだ」「怖そうな人だ」「冷たい人だ」などとレッテルを貼るのである。

相手をラベリングすることで、相手をレッテル通りの人間に変えてしまうこともある。アメリカの社会学者のマートンは、ある出来事が起こると予言して行動すると、本来起こるはずがなかった状況になるという概念を提唱した。これを**自己成就予言**という。対人関係におけるラベリングにおいても、他人が貼ったレッテルが自己成就予言になってしまい、人物像が変わってしまうのだ。

たとえば、ある人物が「この人はだらしない」とラベリングされると、その人は自分でもそう思うようになり、本当にだらしない行動をするようになってしまう。不用意にネガティブなラベリングをするのは避けたほうがよい。

自己成就予言によるラベリングの影響

初対面…
たまたまだらしない格好をしていただけだとしても、それが初対面時だと「だらしない人」というラベリングがされてしまう。

2回目…
「だらしない人」というラベリングの効果で、ちゃんとした格好をしていても、だらしないという印象がぬぐえない。

3回目以降…
ラベリングをされ続けた結果、本人も「自分はだらしない人間だ」と思うようになり、本当にだらしない行動をとるようになる。

TOPICS 好印象を持たれるための心理的テクニック

熟知性の法則
初対面では他人行儀だとしても、会う機会が増えるほどに、相手への好感が高まっていく。第一印象が悪いと、会うたびに嫌悪感が高まることもある。

自己開示
ほかの人にはあまり話さないような、自分のプライベートな秘密や悩みを打ち明けると、親近感を持たれる。

好意の返報性
人は誰しも、自分を好きになってくれた人を好きになる。自分が相手に好かれたいなら、まず自分が好意を持っていることをはっきり示すことだ。

フィーリンググッド効果
人はよい環境の中にいるとよいフィーリングを持ち、その場に一緒にいる人にもよい感情を持つ。「告白するときは雰囲気のいいレストランで…」というのは、この効果を狙ったもの。

ミニ知識 否定的なラベリングをすると、否定的な行動をとるようになる可能性がある一方、いいラベリングをすれば、プラス方向に変わる場合もある。

第5章 対人関係の心理学　印象形成

自己呈示

自分の立場をよくするために、さまざまな形で自己の印象操作を行うことを自己呈示という。ほとんどの人が意識的、無意識的に行っていることだ。

●自己呈示の4分類

自己呈示は、自分にとって都合のよい印象を相手に持たせるために自分の印象を操作し、管理することだ。

心理学者のテダスキとノーマンは、自己呈示の種類を大きく分けて右図の4つに分類している。防衛的自己呈示は、失敗や敗北などで自分が低く見られるのを防ぐために、その原因を自分以外のものだと繕うもの。主張的自己呈示は、自分の長所を積極的に売り込むものである。戦術的自己呈示は、比較的短時間の間に行う自己呈示で、戦略的自己呈示は、長く続く関係の中で示す自己呈示をいう。

自己呈示行動の分類

	戦術的	戦略的
防衛的	弁解 正当化 セルフ・ハンディキャッピング 謝罪 向社会的行動	アルコール依存 薬物依存 恐怖症 心気症 学習無力感
主張的	取り入り 威嚇 自己宣伝 示範 哀願 消散	魅力 尊敬 威信 地位 信憑性 信頼性

（Tedeschi&Norman,1985より）

●主張的自己呈示

ジョーンズとピットマンは、代表的な主張的自己呈示の内容について、下図のように紹介した。

たとえば「取り入り」をするのは、相手に好意を持たれることで自分に利益があるからだ。そのためにお世辞を言ったり意見に同意したりするが、失敗した場合は卑屈なお調子者と見なされる。

主張的自己呈示の例

	手に入れたい帰属	失敗した場合の帰属	喚起させたい感情	典型的な行為
取り入り	感じのよい	おべっか者、追従者、ごますり	好意	意見同調、お世辞
自己宣伝	危険な（冷酷、感情的）	空威張り、中身のない、迫力ない	恐怖	脅し、怒鳴る、きれる
示範	能力のある	ぎまん的、うぬぼれた、防衛的な	尊敬（畏敬、敬意）	業績の主張説明
威嚇	立派な （苦労人、献身的な）	偽善者、殊勝ぶった、人を食い物にする	罪悪感 （恥、人に負けたくない）	自己犠牲、援助、人に影響を与えたがる
哀願	かわいそう （ハンディのある、不運な）	汚名を着せられている、怠け者、人にしてもらいたがる人	面倒をみてやる （義務的に）	自己軽蔑、援助の懇願

（Jones&Pittman,1982より）

> **豆知識** 日本のような企業の長期雇用が主流の社会では、長期的に社内での自分の地位を高めようとする戦略的自己呈示がすすめられる。

●報復の自己呈示

誰かにひどい目に遭わされたとき、屈辱感や怒りの気持ちから報復に出ることがある。そんなとき下図のような心理が働くが、自分は弱くないという自己呈示をしようとする気持ちが含まれる。

心理学者のウォーケルによるこんな実験がある。2人組の被験者のうちAに作文を書かせ、もう一方のBにその出来がよくないと批評させた。するとAは侮辱されたと思い、Bに怒りを感じた。

次にAがBに問題を出すことにした。間違ったら罰としてAがBに電気ショックを与えてもいいとした。なお電気ショックの強さは10段階である。するとAは、Bから受けた作文の評価が厳しかったときほどBに強い電気ショックを与える傾向が見られた。逆に作文の評価が比較的ましだったときは電気ショックが弱かった。つまり相手に強く侮辱されるほど、強く報復したくなるのである。

また、電気ショックを与えているのがAであるとBに知らせる場合と、知らせない場合とを比較した。その結果、Bに自分であることを知られたときのほうがAは強い電気ショックを与える傾向があった。一見すると、匿名時のほうが強く報復するようにも思える。しかし実際は、報復の自己呈示の目的は、自分の強さを示すことであることから、実名のときのほうが、強く報復したくなるのだ。

CLOSE UP 女性らしさの自己呈示

プリナーとチェイクンは女性らしさの自己呈示について実験した。女性に満腹になるまで食事してもらう。ただし魅力的な男性／そうでない男性、魅力的な同性／そうでない同性のいずれかに同席してもらう。すると男性が同席したときのほうが食べた量が少なかった。「食が細い」ことをアピールし女性らしさを印象づけようという意識が働いたと考えられる。

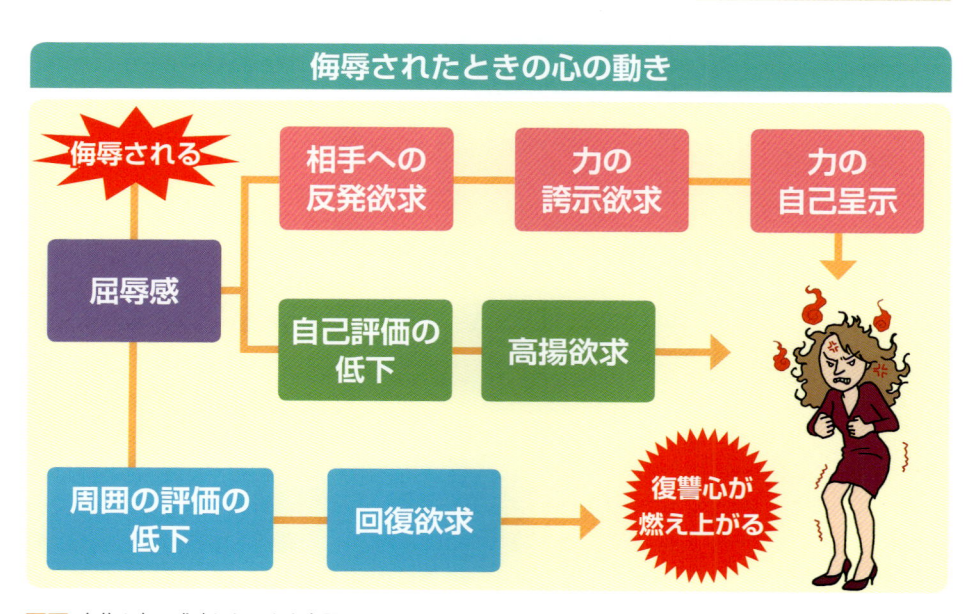

侮辱されたときの心の動き

侮辱される →
- 相手への反発欲求 → 力の誇示欲求 → 力の自己呈示
- 屈辱感
  - 自己評価の低下 → 高揚欲求 →
  - 周囲の評価の低下 → 回復欲求 → 復讐心が燃え上がる

ミニ知識 自分の力で成功したことを主張することで自己評価を高めようとするのを高揚的自己呈示という。欧米では高揚的自己呈示をする人が多い。

▶好き嫌い

心理学の研究により、自分のそばにいる人や、自分と似ている人には好印象を持つことがわかっている。

●人を好きになる5つの要因

人が人を好きになる理由は、大きく5つのカテゴリに分けることができる。

相手要因：相手が好意を感じるような魅力を持っている場合。

自己要因：自分の状態や特性が相手の好意に影響する場合。自己評価が下がっているときに優しくされると、その相手を好きになるのが一例である。

相互的要因：相手と自分の態度や性格などが似ていたり補い合ったりする場合。

相互作用要因：お互いの行為が影響を及ぼし合っている場合。たとえば何かを一緒にするだけで好意が増したりする。

環境的要因：物理的、地理的環境が影響する場合。たとえば雰囲気のいい場所では相手に好意が生まれやすい。

人を好きになる5つの要因

相手要因
- 好まれる性格
- 身体的魅力
- 同一視的（尊敬的）特性
- 欲求充足的特性

相互的要因
- 態度の類似性（性格）
- 身体的魅力度のマッチング
- 性格の相互補完性

相互作用要因
- 単なる接触の効果
- 好意的評価
- 非言語的好意的身体動作
- 同一行動選択（同伴）
- 援助・欲求充足的行動
- 自己の援助行動
- 一体感獲得状況（恐怖・喜び）

自己要因
- 低・自己評価
- 高・自己評価
- 性格
- 感覚的快感状態
- 生理的興奮状態
- 自己評価の低下時

環境的要因
- 低人口密度
- 快適気温
- 良い景観
- 静寂
- 物理的接近性
- 災害
- 獲得困難度

➡ **自分では意識しない理由でも人を好きになる**

●人は近くにいる人を好きになる

人と親しくなる近道は物理的に近い距離にいることである。フェスティンガーは寮に住む大学生を対象に以下のような調査を行った。新学期になり新入生が入ってから6ヵ月後、調査員が戸別訪問して寮の住人のうち誰が友人かを聞いた。寮は1階と2階に5部屋ずつあったが、隣の人が友人だと答えた割合は40％だった。1部屋置いた隣の部屋の人が友人だと答えた割合は22％、2部屋置いた相手が友人としたのは16％である。つまり住む場所が近く、会う機会が増えれば、人は好意を感じる傾向があるのだ。これを**近接性の効果**という。

目コ知識 外見的魅力は人の好意をひく大きな要素である。しかし、自分より魅力のある相手に対しては自己評価が低くなるので、恋人などには自分と同じレベルの相手を選ぶこともある。

近接性の効果

二階建ての学生寮

6　7　8　9　10
1　2　3　4　5

学生寮の部屋の位置と友人の割合

距離	友人
（自宅の）隣	40%
1部屋置いた隣	22%
2部屋置いた隣	16%
3部屋置いた隣	10%

1階の1番、5番の部屋に住む学生は2階の6～10番に住む学生とも友人と答える割合が多かった。階段の行き来の際に顔を合わせる機会が多かったからだと考えられる。

●「類は友を呼ぶ」は正しい

近接性の法則によって自分の身近にいる相手を好きになる段階を経ると、次はその人と自分が似ているかどうかが気になってくる。出身地や趣味などが同じ相手と親しくなった経験は誰しもあるだろう。これを**類似性の法則**という。

初対面の相手と瞬時に親しくなれる人は、類似性の法則を利用していることが多い。「好きなスポーツは？」「出身地は？」などと質問し、お互いの共通点を探るのである。共通点が多いほど話が弾みやすく、また「自分と同じだ」ということで相手を安心させ、すぐに打ちとけることができる。つまり共通の話題を見つけることが好感を得る近道なのだ。そのとき類似性が見つからなかったとしても、後になって相手と同じ趣味を持ったりすれば好感を得られる可能性がある。

ただし結婚を決断するまでに至るには自分と似ているというだけでは足りないようである。つまり自分にはないものを相手に求める傾向があるのだ。たとえば整理整頓ができない大ざっぱな男性は几帳面で細かいところに気がつく女性を妻にしたほうがうまくいく場合もある。これを**相補性**という。

類似性の法則

バーンとネルソンは、自他の態度の類似性の比率が増すほどに、他者の魅力が高まることを示した。

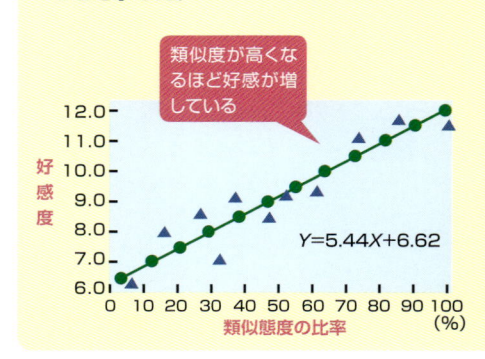

類似度が高くなるほど好感が増している

$Y = 5.44X + 6.62$

好感度／類似態度の比率 (%)

相補性

結婚生活においては、相手に「自分にないもの」を求めたくなるのが人間心理のようだ。

ミニ知識 相手と良好な関係を築くためには、日頃から言葉遣いなどに注意して、適度な心理的距離を持っておくことが大切といえる。

●自分を好きな人を好きになる

人は、自分を嫌っている人を好きになることはない。自分を好きでいてくれる人を好きになるのである。これを**好意の返報性**という。

したがって、相手の好意を得ようと思ったら、自分がその人に好意を寄せていることを相手にどんどんアピールしなければならない。もっとも、必ずしも「好きです」とストレートにいう必要はない。「○○さんと話していると楽しいです」「○○さんはおしゃれですね」などといった"褒め言葉"でも十分である。そのお返しとして、相手は好意を抱いてくれることが多い。

好意の返報性

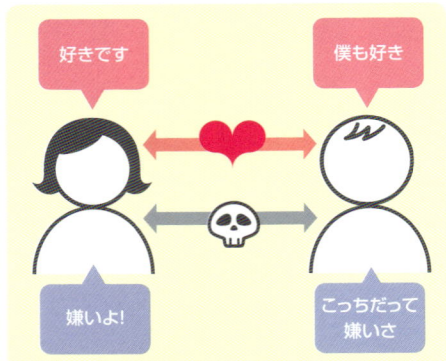

好きです／僕も好き／嫌いよ！／こっちだって嫌いさ

自分が好意を示すと好意が返ってくる。逆に嫌悪を示すと、相手からも嫌悪される。

●肩書きは人の気持ちを変える

人に対する印象はちょっとしたことで変わることがある。

たとえば、質素な身なりをしている相手が、実は大変なお金持ちだったと知ると急に興味がわいてきたりする。また同じ男性でも、外見的に魅力のある女性を連れている場合と、そうでない女性を連れている場合では、男性に感じる魅力まで大きく変わってしまう。

このように、ある人が1つ望ましい特徴を持っていると、その人全体の評価が変わることを**ハロー（後光）効果**という。ハロー効果を起こすものには、地位や学歴、家柄、お金など、さまざまなものがある。そうしたポジティブな肩書きを持っている人は、そうでない人に比べて高く評価され、好意を得やすいのである。逆にネガティブなハロー効果もあり得る。望ましくない特徴を1つ持っているためにほかのよい点が覆い隠されてしまうというものだ。

印象を歪めるハロー効果

学歴／資格／収入／家柄／地位

一見特徴がない人であっても、その肩書きが優れているとわかると、とたんに高く評価してしまう。しかし、肩書きと実際の人物像は必ずしも一致しない。

ミニ知識 好ましくない情報を得ることで、相手への評価が低くなるネガティブなハロー効果も起こり得る。

●好きな人ほど近くにいてほしい

人は相手との親密さの度合いに応じて、相対する際の物理的な距離を変えている。親しい人、好きな人には近くにいてほしいが、そうでない相手は一定以上の距離を空けてほしいと無意識に思っているのだ。つまり人には侵されたくない「なわばり」があり、それを守ろうとする傾向があるということだ。

文化人類学者で空間研究の創始者であるホールは、このような人間の心理的な距離を調査した。それによれば、人は自分を中心として4つの**パーソナルスペース**（個人空間）を持っており、相手によって使い分けているという。4つのパーソナルスペースは以下の通りだ。

親密ゾーン：恋人や家族のみがこのゾーンに入ることを許される。
対人的ゾーン：手が伸ばせば触れるくらいの距離で、親しい友人などが入るのを許されるプライベートな範囲といえる。
社会的ゾーン：フォーマルな関係の相手を入れるゾーンで、プライベートでは相手と親しいとは思っていない。
公的ゾーン：個人的な関係を築くのが難しいほどの距離が空いており、この場合の相手は、通常、個人的に知らない人である。

こうした距離感を覚えておくと、自分がどれくらい相手を好きかをある程度推測できる。また、自分からわざと距離を詰めて、相手に好意を抱いていることを示すテクニックも考えられるだろう。

パーソナルスペース

親密ゾーン
近接相（0～15cm）は、体のコミュニケーションが主体になる特別な2人だけの距離。遠方相（15～50cm）は、家族や恋人のための距離。他人が入ると大きなストレスを感じる。

対人的ゾーン
近接相（50～75cm）は家族や恋人以外は入れない。遠方相（75～100cm）は、互いに手を伸ばせば指が触れるくらいの距離。親しい友人が入れる。

社会的ゾーン
近接相（100～200cm）は、微妙な表情の変化がわかる。仕事仲間と過ごすときなどの距離。遠方相（200～300cm）は、互いの全体的な姿が見える。

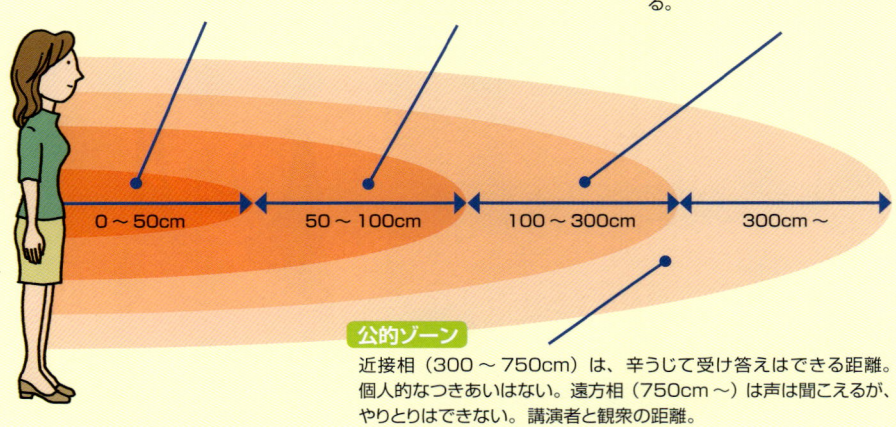

公的ゾーン
近接相（300～750cm）は、辛うじて受け答えはできる距離。個人的なつきあいはない。遠方相（750cm～）は声は聞こえるが、やりとりはできない。講演者と観衆の距離。

0～50cm ／ 50～100cm ／ 100～300cm ／ 300cm～

> **ミニ知識** パーソナルスペースの取り方は、国や民族、あるいは世代によって大きく異なる。

表情

人は言葉を介さなくても、表情やしぐさなどによって相手にメッセージを送ることができる。

●言葉を使わないコミュニケーション

人間は言葉だけでなく、表情やしぐさ、動作などでもコミュニケーションを取っている。

人類学者のバードウィステルによれば、一対一では言葉で伝わるメッセージの割合は35%で、65%はそれ以外の非言語的な手段で伝わっているという。大勢の人と話し合うときは、さらに非言語的手段によるコミュニケーションの割合が高まるという。

また心理学者のナップは、非言語的コミュニケーションを右図のように7種類に分類した。言葉にならないメッセージを読み取れれば、よりよいコミュニケーションができるようになるのだ。

非言語コミュニケーションの手法

身体動作	身振り、姿勢、表情、目の動きなど
身体特徴	容貌、頭髪、スタイル、皮膚、体臭など
接触行動	スキンシップするかどうか、その仕方
近言語	泣き、笑いなどの言葉に近い動作、声の高低やリズムなど
空間の使い方	人との距離の取り方や着席行動
人工物の利用	化粧、服装、装飾品など
環境	建築様式、インテリア、照明、温度、標識など

身体に触れるなどのスキンシップが親密さを感じさせることもある。

●好悪の表情

人間の本音は、言葉より無意識のうちに表情に表れる。そこで、相手の本音を知りたいと思ったら、言葉より表情に注目したほうがよいとしたのが心理学者のカシオッポである。

カシオッポによれば、好き嫌いの感情は頬骨筋（きょうこつきん）と皺皮筋（しゅうひきん）に表れるという。彼は実験の結果、好意を持ったときは頬骨筋が、嫌悪を感じたときは皺皮筋が動き、好みや嫌悪の程度が大きければ、これらの筋肉の動きも激しくなるのを発見した。つまり、頬や眉間の動きに注目すれば、相手の好悪の感情を推測できるというのだ。

頬と眉間に出る好き嫌い

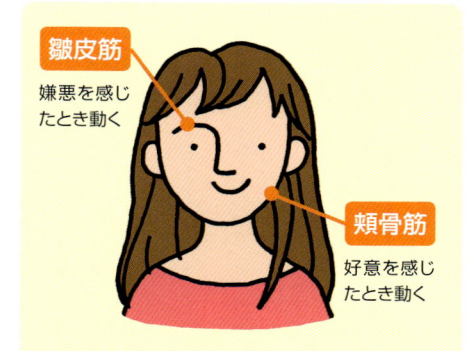

皺皮筋 — 嫌悪を感じたとき動く

頬骨筋 — 好意を感じたとき動く

口の周りと眉間に本当の好き嫌いの気持ちが表れる。

豆知識 非言語的コミュニケーションは、進化論で有名な自然科学者のダーウィンが『人及び動物の表情について』という著書で最初に研究を始めたとされる。

●二重拘束

相手の言語のメッセージと非言語のメッセージが一致しないと、人は大いに困惑する。人類学者のベイトソンは、話の内容と表情が一致しない状態を**二重拘束**（ダブルバインド）と名づけた。

たとえば、親が子どもに「かわいいね」と言いながら無表情だったり不機嫌な顔を見せたりすると、子どもは親の真意がわからず、心理的な葛藤を起こしてしまうのだ。このような二重拘束は、子どもの成長に強いマイナスの影響を与えるので注意するべきである。

二重拘束の例

「あなたが世界で一番好きよ」
「…お母さん、おこってる？」

●アイ・コンタクト

昔から「目は口ほどにものを言う」といわれるほど、目には人の気持ちが表れる。言葉を交わさなくても、目を合わせる（アイ・コンタクト）だけで、人は相手の感情や考えを推測することができる。

心理学者のナップは、どのような場合に人は視線を合わせるかについて、以下の4つに分けられるとしている。

①**フィードバックを求めるとき**：自分への反応を見るために相手の目を見る。
②**連絡を取りたいとき**：スポーツのさなかなどで用いられる。
③**好意を示すとき**：好きな人の目を見つめる。
④**敵意を示すとき**：敵意を持ち、攻撃したい相手の目を見る。

人がアイ・コンタクトをする場合

フィードバックを求めるとき
会話の中で、自分の意思や気持ちが相手に伝わっているかどうかを確認する。

連絡を取りたいとき
サッカーなど集団でのスポーツ中、言葉を交わさず、視線を合わせることで情報を交換する。

好意を示すとき
好きな相手には無意識のうちに目を合わせようとする。

敵意を示すとき
敵意を感じる相手を硬い表情で見つめる。相手に敵意が通じると、双方でにらみ合う。

> **ミニ知識** 2人の人間の通常の会話では、1回のアイ・コンタクトは1秒間くらいが普通。それより長くなるときは、特別の心理的要因があると考えられる。

第5章 対人関係の心理学　表情

社会的ジレンマ

個人が利益を大きくするために合理的な意思決定を行うと、全体では合理的な意思決定をしなかったときより結果が悪くなることがある。

●個人の利益が社会の不利益に

　個人にとっては合理的だと思える行為でも、それを皆が行うと社会全体にとっては不利益が生じる場合がある。これを**社会的ジレンマ**という。

　環境保護を例にとろう。ある開発途上国では、日々の糧を得るために大量の森林伐採が行われている。それは確かに環境破壊の一因だといえるだろう。しかし見方を変えれば、その開発途上国の人々はみな生活のため合理的に行動した結果、森林を伐採しているのであり、そこに悪者はいないのである。

　逆に、環境をよくしようと一生懸命リサイクルなどに取り組もうとしても、それが限られた規模にとどまる限り効果はほとんど上がらない。それどころかコストばかりがかさんでしまい、やがては「リサイクルなどいくらやってもムダだ」という意見すら出てくるだろう。

　こうした社会的ジレンマは、私たちの日常生活にもしばしば見られる。たとえば、小売店同士が売り上げを伸ばそうと値下げ戦略をエスカレートさせると、単価が下がり過ぎて結局売り上げが落ちてしまうという現象も、社会的ジレンマといえる。

日常にあるジレンマ

一人ひとりは、小さな利益を求めているだけ

「今のうちに買いだめしとこう」
「家族のためだもの」
「生活を守らなきゃ」
「もう水の在庫ありません！」

水不足のときの混乱も、社会的ジレンマの例だ。自分たちの生活を守るため、水を買いだめする必要がある（自分の利益を追求）と考えるのは、合理的だ。しかし、そうして水の買いだめに走る人があまりに多いと、いっそうの水不足を強いられる（社会全体の不利益）ことになる。

豆知識　囚人のジレンマのように、一方の利益が必ずしももう一方の損失にならない状況を指して**非ゼロ和ゲーム**と呼ばれる。

社会的ジレンマ

●相手の意思がわからなかったら…

社会的ジレンマを、2人の間に限定する場合、双方がそれぞれどう意思決定するかで利害が大きく変わる。**囚人のジレンマ**と呼ばれるモデルがそれだ。

2人組の犯罪者が共犯者として捕まり、警官はこの2人の囚人に自白させるために牢屋を順に訪れ、以下の3つの条件をもとに取引しようとする。
(1) 2人とも黙秘し続けたら（協調）、ともに懲役1年になる。
(2) 1人が自白したら（裏切り）、自白したほうは釈放、黙秘を続ける共犯者の方は懲役15年の刑を受ける。
(3) 2人とも自白したら、ともに懲役10年の刑になる。

なお2人は別々に取り調べを受けているため、相手の意思を確認できない。また、双方に同じ条件が提示されていることを知っている。この場合、どのように意思決定するのが、2人の囚人にとって得になるのだろうか。実はここで囚人はあるジレンマに陥ってしまう。

2人は、協調して黙秘するか、裏切るかの二者択一を迫られている。自分が自白、相手が黙秘だと釈放、2人とも自白すればどちらも10年の刑となる。一方で、もし2人とも黙秘した場合は、2人とも1年の刑で済むのである。つまり相手を裏切らないのが、最も得だということである。しかし、えてして2人はともに自白してしまう。自分だけが黙秘した場合、相手が自白すれば自分は15年の刑となって、刑期は最長となってしまうからだ。相手を信頼することができず、自分だけ損をしないよう行動すると、結局はお互いに同じ分だけ損してしまう。こうしたジレンマは相手の選択がわからないことから生じている。

囚人のジレンマのモデル

囚人Aと囚人Bの意思決定

	囚人A 黙秘	囚人A 自白
囚人B 黙秘	ケース① **ここがベスト** AもBも1年の刑	Aは釈放、Bは15年の刑
囚人B 自白	Aは15年の刑、Bは釈放	ケース② **ここが最悪** AもBも10年の刑

ケース①：2人の囚人が裏切らず黙秘を続ければ、2人とも1年の刑で済む（最もよい結果）。

ケース②：2人とも自分だけが15年の刑を受けることを避けようと考えた結果どちらも自白、10年の刑を受ける（最も悪い結果）。

もし相手が自白し、自分一人が黙秘をすると、相手は釈放されるが自分は15年という最長の刑を受けることになる。2人ともそれは避けたい。

ミニ知識 囚人のジレンマは、核兵器の開発などにも見られる。相手国と一緒に開発を停止するのが最善だと思っていても、抜けがけされる恐怖におびえ、開発をやめられない。

認知的不協和

人はその場の雰囲気で本心とは違う反応を示してしまうことがある。本音と建前が相容れない状態に陥ると、人はその不快感を解消しようとする。

●心の中の食い違い

　たばこは吸いたい、しかし身体に悪いことは重々承知している。このように矛盾した考えや態度、信念（認知的要素）を抱え込むと、私たちは緊張や不快感を覚える。

　こうした心の中の食い違いを**認知的不協和**という。心理学者のフェスティンガー（アメリカ、1919-1989）により理論化された。フェスティンガーは、認知的不協和は物事をすでに決定したときや、他者から強要されて何かを受け入れたときに起きやすいとした。またその情報に偶然出会った場合も起きやすいという。

　認知的不協和を起こすと、人はその矛盾を解消しようと態度を変えることがわかっている。

　たとえば本当は反対していたはずなのに、周囲の意見に流されて賛成に回ってしまった場合、「いや、実は最初から賛成するつもりだったんだ」と考えを変えてしまう。また、第一志望の大学にとても手が届かないことがわかったとする。「その大学に行きたい」「でも学力が足りない」という認知的不協和が起きている状態だ。そこで「その大学に行きたい」を「実は第一志望は別の大学だった」「あの大学は評判悪かったし」などと変えることで、不協和を解消しようとするのである。

●認知的不協和の解消法はさまざま

　認知的不協和が起こったときの解消法にはいくつかのパターンがあることがわかっている。その中から、そのときの自分にとって一番都合のいい解消法を探し出すのである。具体的には、
①不協和を起こしている認知要素の一方を変化させる。
②認知要素の重要性を変える。
③別の認知要素を加える。
④新たな情報への選択的接触

　などの方法がある。たとえば、お酒が好きな人が、健康被害を気にし始めると認知的不協和を起こす。そこで次のような選択をする。
①を選択…お酒を止める、または1日に

身近にある認知的不協和

あの人とつきあいたいけど、高嶺の花だな…

行列したのにあんまりおいしくなかった…

好きでもない人からプレゼントされちゃった…

↓

矛盾した認知要素を抱えている

豆知識 人は、矛盾が生じ、認知的不協和が起きることが予想できるときは、不快を避けるため、その情報から遠ざかるなどの回避策を取るとされる。

飲む量を減らす、休肝日を設けるなど、一方の認知要素に変化を加える。
②**を選択**…「酒をたくさん飲んでも元気な人がいる」「酒は百薬の長というじゃないか」などと、お酒の有害性を低く見積もる。
③**を選択**…「酒を飲むことでストレス解消になる」「楽しいおしゃべりができる」「リラックスできてアイデアが生まれる」などと、別の認知要素を加える。
④**を選択**…酒の有害性を示す情報を避けるなど。
　こうした方法によって人は認知的不協和を解消しようとするのである。

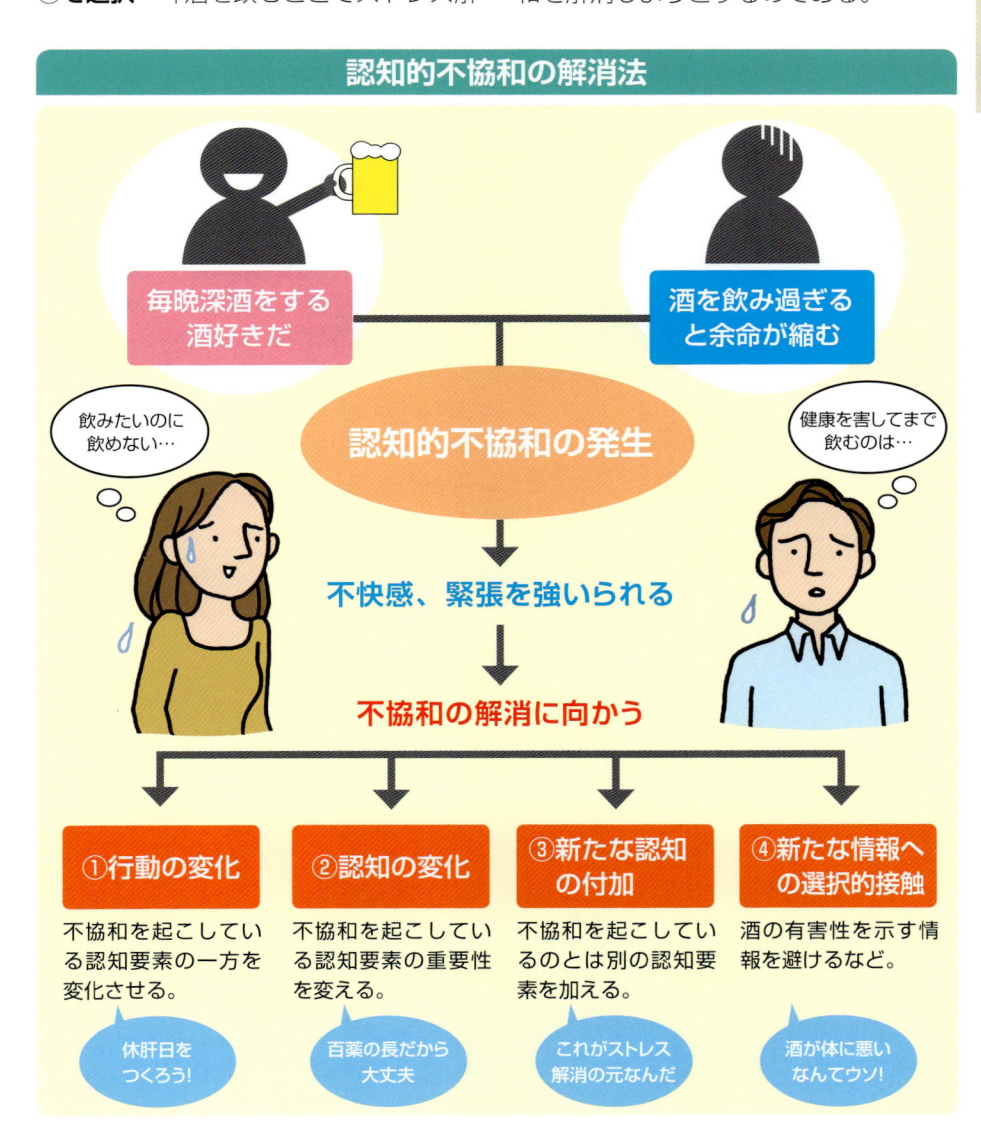

認知的不協和の解消法

毎晩深酒をする酒好きだ

酒を飲み過ぎると余命が縮む

飲みたいのに飲めない…

健康を害してまで飲むのは…

認知的不協和の発生

↓

不快感、緊張を強いられる

↓

不協和の解消に向かう

①行動の変化
不協和を起こしている認知要素の一方を変化させる。
→ 休肝日をつくろう！

②認知の変化
不協和を起こしている認知要素の重要性を変える。
→ 百薬の長だから大丈夫

③新たな認知の付加
不協和を起こしているのとは別の認知要素を加える。
→ これがストレス解消の元なんだ

④新たな情報への選択的接触
酒の有害性を示す情報を避けるなど。
→ 酒が体に悪いなんてウソ！

ミニ知識 認知的不協和理論では、矛盾を起こす認知要素が自分にとって重要なものであるほど、不協和が大きくなるとする。

▶援助

困っている人を助けたいという心は誰しも持っている。しかし、だからといって必ず助けるとは限らない。人はどんな条件があれば援助行動に出るのか。

●傍観者効果

　援助行動の研究は1960年代にニューヨークで起こった殺人事件をきっかけに始まったといわれる。キティという女性が暴漢に殺されそうになり、助けを求めたのを多くの人が知りながら誰も援助せず、女性は殺されてしまったのだ。

　社会心理学者のラタネとダーリィは、被害者の周りに多くの人が存在したために責任の分散が起こり、援助行動が抑制されたのだと考えた。これを**傍観者効果**という。

　ラタネとダーリィは、仮説を検証するために以下のような実験を行った。大学生活についてディスカッションしてもらう目的で被験者の大学生を集めた。ディスカッションは2人、3人、6人で行う場合があり、それぞれインターフォンを通じて顔が見えない状態で会話する。ディスカッションが始まって1人が突然発作を起こし、助けを求めた。すると、2人でディスカッションしていたときはもう1人がすぐに助けようと行動を起こした。しかし3人の場合と6人の場合は責任の分散が起こり、すぐに行動を起こさなかった。特に6人の場合は最後まで助けようとしなかった人が40％近くもいた。

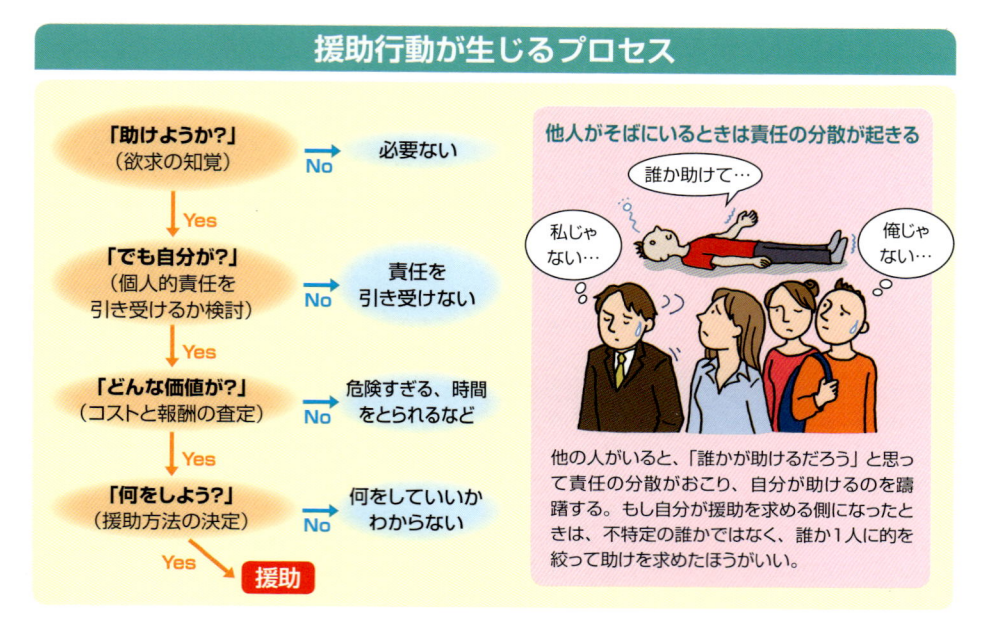

援助行動が生じるプロセス

「助けようか？」（欲求の知覚）→ No → 必要ない
↓ Yes
「でも自分が？」（個人的責任を引き受けるか検討）→ No → 責任を引き受けない
↓ Yes
「どんな価値が？」（コストと報酬の査定）→ No → 危険すぎる、時間をとられるなど
↓ Yes
「何をしよう？」（援助方法の決定）→ No → 何をしていいかわからない
↓ Yes → 援助

他人がそばにいるときは責任の分散が起きる

他の人がいると、「誰かが助けるだろう」と思って責任の分散がおこり、自分が助けるのを躊躇する。もし自分が援助を求める側になったときは、不特定の誰かではなく、誰か1人に的を絞って助けを求めたほうがいい。

> 豆知識　騒音が大きな場所では、そうでない場所より援助行動に出にくいという実験がある。都会人は冷たいといわれる理由の1つかもしれない。

●援助行動の相互抑制効果

困っている人を見て援助をするかどうかは、他の人の存在だけでなく、他人の判断や行動にも影響を受ける。お互いがどうするかを見ているうちに、結局行動しなかったということもあり得る。これを援助行動の**相互抑制効果**という。

ラタネらのこんな実験がある。被験者の大学生にある部屋でアンケートに答えてもらうことにする。部屋には1人の場合と、自分以外に2人がいる場合がある。アンケートに答えていると、その部屋の換気口から突然煙が出て来る。

部屋で1人で答えていた場合は、75％の学生がすぐに緊急事態を伝えてきた。一方、3人がいる部屋では、煙が出ても被験者以外の2人が何もなかったようにアンケートに答えていると、被験者の10％の学生しか立ち上がらなかった。90％の学生は、ほかの2人に倣って行動を抑制したのだ。

援助行動の相互抑制効果

緊急事態か？
↓
でもみんな冷静だ…
↓
緊急じゃないのかな
↓
じゃあこのままでいよう
↓
援助をためらう

緊急事態であったとしても、そこで誰も動こうとしない場合、緊急性はないと判断したり、自分だけ人と違う行動をすると目立って恥ずかしい、といった判断が働く。

TOPICS 援助の返報性

一般的に、自分を援助してくれた人には、援助をためらうことはない。人は、他者から受けた行為を相手に返すという返報性のルールをもっているからだ。これは集団レベルでも見られる。たとえば、日本が災害に見舞われた際、「かつて自国を援助してくれた」という理由でさまざまな国から援助が寄せられるのも、それにあたる。

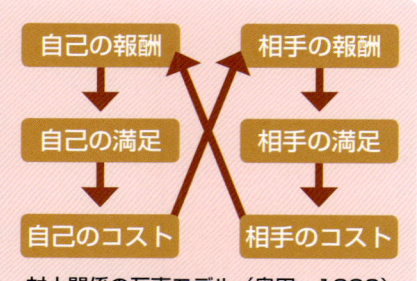

自己の報酬 — 相手の報酬
↓　　　　　　↓
自己の満足 — 相手の満足
↓　　　　　　↓
自己のコスト — 相手のコスト

対人関係の互恵モデル（奥田、1996）

> ミニ知識　人は機嫌がいいときに援助行動をしやすい。このほか、罪悪感を感じているときに援助を頼まれると、積極的に行動に移すという実験結果がある。

説得的コミュニケーション

「一念岩をも通す」というが、単純にお願いするだけでは人は説得できない。セールスの世界には、人間心理を応用したさまざまな説得のテクニックがある。

●説得には流れがある

他人に特定の行動を取らせたり、意見を持たせたりするプロセスや働きのことを、**説得的コミュニケーション**という。

たとえば社会心理学者ホヴランドによれば、説得は次のように進めるのがいいという。
①**注意**：説得のメッセージが、説得する相手（被説得者）の目を引く。
②**理解**：被説得者にメッセージの内容が理解される。
③**受容**：理解されたメッセージが、被説得者に利益のあるものだと認められる。
④**記憶保持**：被説得者が、受容したメッセージを覚えている。

このほかホヴランドは、内容が同じメッセージでも、専門家など信頼できそうな相手が発したものの方が説得しやすいとした。

●一面提示と両面提示

説得的コミュニケーションの代表的なものに、**一面提示**と**両面提示**の2つの方法がある。一面提示とは、物事のよい面だけを提示して相手を説得しようとする提示方法で、両面提示は、物事のいい面と悪い面両方を納得してもらう提示方法をいう。

仮に新発売のテレビがあるとしよう。一面提示ならば、画質がいい、3D映像も楽しめるといったよい面のみを売り込むことになる。一方両面提示だと、非常に高価であることも合わせて伝える。

どちらのテクニックにも、適切な使い方がある。一面提示は、対象となるものに知識がない相手には効果があるが、あとで悪い面がわかったときにクレームが来る可能性がある。多少知識がある相手であれば、最初から両面提示を行って納得してもらったほうが無難だし、信頼されるのだ。

一面提示と両面提示

新型3Dテレビを売るときは…

一面提示は **よい面** のみを伝える

省エネです　　大画面ですよ

両面提示は **よい面** **悪い面** 両方を伝える

高画質！　　でも高価です

豆知識　メッセージの送り手側の信憑性も、説得力のカギになる。たとえば同じ「○○はアレルギーに効く」といったメッセージにしても、大衆雑誌よりも医学専門誌が伝えたほうがはるかに説得力がある。

説得の2つのテクニック

フット・イン・ザ・ドア法

小さな要請
「1分だけおしゃべりしませんか？」

（1分だけなら…）

→ Yesなら要求レベルを上げる →

大きな要請
「これからぜひお食事でも…」

（最初にOKしちゃったし、いいかな）

ドア・イン・ザ・フェイス法

大きな要請
「週末、デートしようよ！」

（いきなりはちょっと…）

→ Noなら要求レベルを下げる →

小さな要請
じゃあ30分だけ、お茶しませんか？

（それぐらいなら）

●段階的要請法

　相手を説得する方法として、段階的に要請をすることで要求を受け入れてもらいやすくするテクニックがある。これを**段階的要請法**という。

　段階的要請法の代表的なものが、**フット・イン・ザ・ドア法**である。これは最初に相手に承諾してもらえそうな小さな要請をして、後で大きな要請を受け入れてもらう可能性を高める方法だ。この名は、セールスマンが訪問販売をする際にドアに足だけ入れさせてもらい（小さな依頼）、のちにセールスをする（大きな依頼＝本来の目的）シーンを指してつけられたものだ。人は、初めの小さな要請を承諾し、人間関係を持ってしまうと、その後の大きな要請も断りにくくなる傾向があるのである。

　逆に、断られることを見越して最初に大きな要請を行い、断られた後で本来の目的だった小さな要請をするテクニックを**ドア・イン・ザ・フェイス法**という。相手は最初の要請を断ったことで罪悪感を感じている。そのため、次に提示された小さな要請には譲歩しようという気持ちになるのだ。

CLOSE UP　結論が先、それとも後？

最初に当たり障りのない話をして後から重要な話をする説得のテクニックをクライマックス法という。聞き手の関心度が高いときに有効だ。逆に結論から入るのはアンチ・クライマックス法。いきなり結論を述べるとインパクトがあり、聞き手の関心を一気に惹きつけることができる。相手の心情を考慮して使い分けたい。

ミニ知識　最初は得をする情報を与えて相手の気を引き、だんだん大きな要請をしていくテクニックもある。最初は取りやすい低いボールを投げるという意味でローボール法と呼ばれる。

第5章　対人関係の心理学　説得的コミュニケーション

▶リーダーシップ

どんな集団も、それを率いるリーダーによって性質が大きく変わる。リーダーに求められる資質、役割とはどのようなものなのだろうか。

●3つのアプローチ

集団が効果的に機能して、目標達成に向かうには、リーダーの存在が不可欠だ。リーダーがメンバーや集団を自分の意図する方向に導くプロセスをリーダーシップと呼ぶ。

心理学者はこれまで3つのアプローチによりリーダーシップのあり方を模索してきた。

①**特性論的アプローチ**：優れたリーダーに共通する特性を探り、これを抽出しようとするもの。

②**行動論的アプローチ**：優れたリーダーに共通する行動パターンを一般化しようとする研究を指す。いくつかのパターンが考えられるが、状況によって成功する場合と失敗する場合があると考えられている。

③**コンティンジェンシーアプローチ**：集団の置かれた状況に合ったリーダーシップの特性や行動パターンを考える。

このほか近年では、変化に対応すべくメンバーの意識を変えたり、組織に革新を引き起こしたりする変革志向のリーダーシップなども研究されている。

●特性論的アプローチ

初期のリーダーシップ研究では、リーダーは普通の人は持ち得ない特性を持っていると考えられた。

この特性論的アプローチによる研究では、リーダーのみが持つ個人的特性が、効果的なリーダーシップとどのように関連するかを解明しようとした。たとえば社会心理学者のストッディルとバスは、研究の蓄積を経て、効果的なリーダーシップをとれるリーダーの特性について、「知能が優れている」「自信を持っている」など8つが挙げられるとした。

しかし、これらの特性はリーダー以外の集団のメンバーも持ち得るものとされ、リーダーならではの特性を明確にするまでには至らなかった。

リーダーの8つの特性

❶知能が優れている。
❷自信を持っている。
❸支配性が強い。
❹社交性に富み、優れた対人技能を持っている。
❺活動性が高く、エネルギッシュである。
❻多くの社会活動に参加する。
❼学業成績がよい。
❽責任感が強い。

しかしすべてのリーダーにこの特性があるとは言えない

豆知識 特性論的アプローチは疑問視されているが、上の8つのリーダーの特性がリーダーにとって大切なものであることは間違いない。

●リーダーの2つの行動

行動論的アプローチの1つに、社会心理学者の三隅二不二によるPM理論がある。この理論によると、目標達成のためのメンバーへの働きかけ（P行動）と、集団の存続のためのメンバーへの配慮など（M行動）の2つがリーダーの行動とする。三隅は、それぞれの行動の高低に応じてリーダーシップを右の図のように4つに分類した。作業量で考えた場合、PM型が最も効率的だという。

PM理論

リーダーシップには4つのタイプがある

- **M型**：集団の意欲、満足度は高いが生産性は低い
- **PM型**：生産性、集団の意欲・満足度どれも高い
- **pm型**：生産性、集団の意欲、満足度どれも低い
- **P型**：生産性は高いが、集団の意欲、満足度は低い

M機能：集団の存続のためのメンバーへの配慮

P機能：目標達成のためのメンバーへの働きかけ

●状況に応じたリーダーシップ

フィードラーが提唱した状況即応理論では、リーダーシップが効果的に発揮されるためには、リーダーの特性と集団が活動する状況の両方を考慮しなければならないとする。たとえばリーダーによる統制がきわめて困難または容易であるときは、課題に集中する（課題志向）リーダーシップが有効であり、そうでないときは良好な人間関係を志向するタイプのリーダーシップが有効だとされた。

状況対応理論は、あるリーダーシップが効果的かどうかは、メンバーの成熟度の状況に関係するとする。メンバーの成熟度が上がるにつれ、リーダーはその行動を指示的・説得的なものから、参加的・委任的なものへと変化させていくべきだと考えるのだ。

フィードラーの条件即応モデル

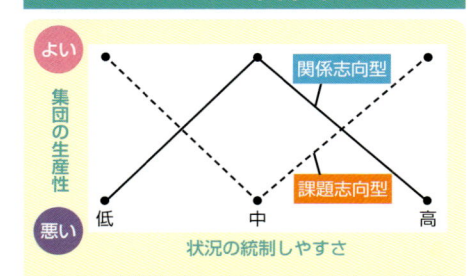

（縦軸：集団の生産性　よい／悪い）
（横軸：状況の統制しやすさ　低／中／高）
関係志向型／課題志向型

集団の統制度が中ぐらいのときは、人間関係を重視するタイプのリーダーシップが集団の生産性を上げる。

ミニ知識　状況対応理論でいうメンバーの成熟度とは、ある職務が遂行できる知識や能力、経験、仕事に対する意欲や態度、自信の度合いのことをいう。

集団

一般的に複数の人が集まっているのを指して集団という。しかし心理学においては、そこにメンバー共通の役割や協力関係などが見られないと集団とは見なされない。

●集団とは何か

集団とは、複数の人間の集合体のことである。

ただし、人が集まっていれば集団といえるわけではない。集団には以下のような要件がある。

①メンバーに共通の目標がある。
②共通の目標を互いに伝え合い、達成するためのコミュニケーションと協力関係がある。
③役割が分化されているが、全体としては統合されている。
④何らかのルールや規範が存在する。
⑤メンバーが集団に魅力を感じ、そこに留まりたいと思っている。

以上の要件をふまえると、家族、学校、会社、スポーツチーム、趣味などのサークルは集団に当たる。しかし駅などに集まっている人は、一見集団に見えたとしても①～⑤の要件はいずれも満たさないので、集団とはいえないのである。

また個人が実際に所属しているか否かを問わず、心理的に関係し、その集団のルールや規範に従っている場合、**準拠集団**と呼ぶ。いつか所属したいと思っている集団や過去に所属していた集団も準拠集団であり、現存することも問わない。集団と同じく、準拠集団も個人の心理や行動に大きな影響を与える。

集団の5つの要件

目標
メンバーに共通の目標がある。

協力関係
目標を伝え合い、達成するためのコミュニケーションと協力関係がある。

役割
各自に役割があり、全体として統合されている。

ルール
ルールや規範がある。

魅力
メンバーが集団に魅力を感じ、そこに留まりたいと思っている（集団凝集性）。

➡ 条件のいずれかを満たしていないと集団とは見なされない。

ミニ知識　5つの要件を満たさない人間の集合は**群衆**と呼ぶ。

●集団のリーダーになる条件とは

集団の機能はコミュニケーションの経路（コミュニケーションネットワーク）によって決まるという研究がある。バーベラスはそのパターンを鎖型、コムコン型、車軸型の3つに分類した。

またリービットらはリーダーの出現の仕方を調べた。実験は5人の集団に問題解決をさせるというものだ。ただし鎖型、Y型、車軸型、サークル型の4つがコミュニケーションネットワークとして設けられた。その結果、効率的に問題を解決できたのは中心が決まっているY型や車軸型だった。またY型や車軸型の中心にいる人は成員の満足度が高かったが、周辺側にいる人は不満が大きかった。お互いを見渡せるサークル型が、全員の満足度が最も高かった。

実験後、参加者に「リーダーは誰だったと思うか」と質問をしたところ鎖型、Y型、車軸型では集団の中心に位置した人との答えが圧倒的だった。その人が中心にいたのはたまたまなのに、自然にリーダーと認知されたのである。この実験から、情報が集まりやすい位置にいる人が、資質に関係なく集団のリーダーと見なされることがわかった。

集団内のコミュニケーション

コミュニケーションネットワークの実験

各型の集団に問題解決をさせ、その後誰がリーダーであったか質問した。
（○内の数字は、その位置にいる人がリーダーだとした者の総数）

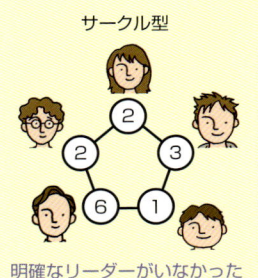

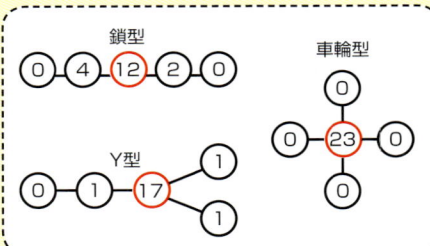

サークル型
2―2―3―1―6

明確なリーダーがいなかった

鎖型　0―4―12―2―0

Y型　0―1―17―1／1

車軸型　0／0―23―0／0

中心が決まっている集団では、誰がリーダーか明確だった

●コミュニケーション構造

構造	鎖型 ○○○○○	コムコン型	車軸型
課題解決	速い、正確	遅い、不正確	速い、もっとも正確
組織化	遅い、安定	生じにくい、不安定	速い、安定
リーダー	決まりやすい	なかなか決まらない	明瞭
モラール	低	高	最低
作業変化への対応	よくない	最もよい	最もよくない
成員の満足度	低	高	最低

(Bavelas,1950;安藤ら,1995)

豆知識 会議での座り方によってリーダーが自然に決まる場合もある。たとえば、2人と3人で向き合って座った場合は、2人側にいる人のほうがリーダーになりやすい。

集団の意思決定

人間の心理や行動は、その所属する集団の影響を強く受けている。集団のルールや規範から外れようとする人間は矯正され、できない場合は集団から排除される。

●人は集団の意思に同調する

　集団に所属する個人は、集団からさまざまな影響を受けて思考や行動を変化させる。たとえば、お酒を飲んで満足し、もう帰ろうと思ったのに、みんなが二次会にいくというので、我慢して自分も参加する。このような、集団から逸脱しないために個人の意思よりも周りの雰囲気を尊重する傾向を、同調（どうちょう）という。

　心理学者のアッシュは、同調に関して次のような実験を行った。6人の被験者に1本の線の描かれた標準カードと、異なる長さのA～Cの3本の線が描かれた比較カードを見せ、標準カードの線と同じ長さの線を比較カードの線から選ばせた。線の長さを変えながら同じことを20回続けたが、6番目の被験者はいつも6番目に答えさせた。

　実は1～5番目の被験者はサクラで、どう答えるかを事前に指示されていた。そして3回目には、正解がBであることは明らかにもかかわらず、1～5番目の被験者すべてがAと答えたのである。そのとき6番目の被験者がどう答えるかを見るのがこの実験の本当の狙いであった。

　3回目以外にも何度か同様の手順が繰り返された。その結果、約30％以上の被験者がAと答えたのである。彼らは集団の圧力に同調し、自分の意見を曲げたのだと考えられる。

アッシュの同調行動の実験

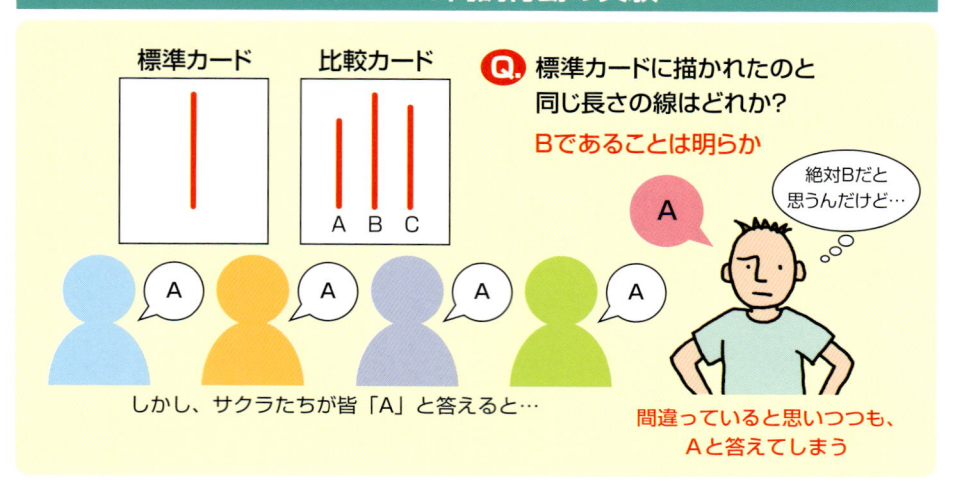

標準カード　比較カード

Q. 標準カードに描かれたのと同じ長さの線はどれか？
Bであることは明らか

しかし、サクラたちが皆「A」と答えると…

絶対Bだと思うんだけど…

間違っていると思いつつも、Aと答えてしまう

豆知識　人は他人と親しくなると、互いに同じような行動を取るようになる。これも同調の一種で、姿勢反響という。

●正常な判断を狂わせることも

こうした同調の作用によって、集団はときに冷静さを失い、極端な心理行動をとることがある。その力は、いわゆる「まとまりのある」集団であるほど強くなる傾向がある。

たとえば、一人ひとりは穏やかな考え方の持ち主なのに、集団となり多数決を取ると、過激な方向に意見が偏る**リスキーシフト**が起こりやすい。これは、決定に関わる個人の責任が集団内に分散されるため、よりリスクのある選択をとれるようになるからだ。かつて軍国主義のもと日本が戦争に向かったのは、このリスキーシフトの例だと考えられる。

また一方では、責任が分散してしまうために何も決められなくなる**コーシャスシフト**もしばしば起こる。

またアメリカの心理学者ジャニスは、**不敗幻想**について研究した。これは自分が所属している集団の結束が強いあまり、自分たちの能力を過大評価する、目の前にある課題を過小評価するというもの。これでは、課題解決のための最善の方法を見つけるのは難しくなる。

また不敗幻想に囚われた集団では、集団の調和を乱すような意見は言えなくなる。これが原因となって、正常な判断力を失った集団はときに暴走、集団暴行やリンチといった悲劇を生むこともある。

CLOSE UP マイノリティ・インフルエンス

少数意見が多数意見を乗り越え、集団全体の意思を変えることもある。たとえば、一人が自分の意見を繰り返し主張する場合だ。これをマイノリティ・インフルエンスという。また過去にその集団内で成功の実績のある人や潜在的にリーダーシップのある人だと、集団の意思に反する意見を言っても受け入れられやすい。

暴走する集団

不敗幻想
団結力が強すぎるあまり反対意見が言えない。かつての軍国主義がよい例。

不敗幻想にとりつかれた集団のなかで反対意見を言うのは、非常に危険。

リスキーシフト
一人ひとりは穏やかでも、集団になると意見が過激にエスカレートしがち。

コーシャスシフト
極端な意見を避け、結論を先送りし、「何も決められなくなる」状態。

> ミニ知識　ホランダーは、潜在的にリーダーになれる人は最初に集団の規範に従い、次いで業績を挙げることで、信頼が蓄積するとした。これを信頼蓄積理論と呼ぶ。

集団のまとまり

集団のよしあしを計るものさしのひとつに、「まとまり」のよさがある。つまり結束力のある集団ほど、高い成果をあげるのである。

●結束力の強い集団とは

まとまりのいい集団とは、メンバー同士が強い絆で結ばれている集団を意味している。しかし、その絆の性質にはさまざまなものがある。メンバー同士が信頼関係で結ばれている集団もあれば、利害関係のみで結ばれている集団もある。

心理学者のフェスティンガーは、まとまりのよさという観点から見た集団の特性を研究した。彼は、メンバーをその集団にとどまらせようとするさまざまな要素を**集団凝集性**と呼んだ。

集団凝集性には、おもに2つのものがある。1つは**対人凝集性**である。

これは、メンバー同士が仲がよくなることでその集団にいることが心地よくなることをいう。

もう1つは**課題達成凝集性**である。これは、自分の課題を達成するためにはこの集団に所属していたほうがいいとメンバーが考えるような魅力があることを指している。

一般的に、集団凝集性が高ければ、集団の効率はよくなり、課題を達成しやすいとされている。しかし、集団のまとまりがよいあまりに反対意見を言いにくい雰囲気が生まれ、間違った意思決定が是正されない危険もある。そのため、集団凝集性の高い組織でも、常に第三者的な視点を持つリーダーが必要になるのである。

たとえば、野球というスポーツにおいては、個人の能力に加えてチームワークが求められる。つまり対人凝集性と課題達成凝集性を持ち合わせる必要があるのだ。お互いの人間関係が良好でありつつ、さらに勝利という課題に向かって一丸となれるチーム、それが野球というスポーツにおける強さの条件となる。

集団凝集性とは

集団のまとまりのよさ＝集団凝集性

課題達成凝集性

「よい結果」を得るため、この集団に所属していたいと思うような集団の魅力。共通の課題に向かって皆で集中できるので、課題を達成しやすくなる。

このチームならきっと勝てる！

対人凝集性

メンバー同士が仲良くなることでその集団にいることが心地よくなる。結果として集団の目的も達成しやすくなる。

みんなのおかげで毎日楽しい！

豆知識　集団凝集性が高い組織ほど、その意見が過激な方向に向かう**リスキーシフト**や、逆に何も決定しなくなる**コーシャスシフト**が起こりやすくなる。

●ソシオメトリック・テスト

精神分析医のモレノは、ある集団内のメンバー一人ひとりに、自分が好きなメンバー、嫌いなメンバーを指名させた。それを元にメンバー同士の好意・嫌悪関係を示した構造図を作った。この図をソシオグラムという。ソシオグラムを作れば、集団内で誰が多くの人に好かれ、逆に誰が最も嫌われているかがわかる。これらを知ることで、どうすれば組織がうまく機能するかが分析できる。

ソシオグラムで見る人間関係

例 三角関係のソシオグラム

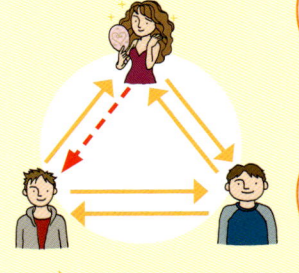

→：好意　--→：拒否

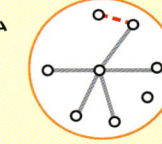

一部集中構造
特定のメンバーに感情的結合が集中している。

分団結合構造
仲良しグループの間に友好的な結合が見られる。

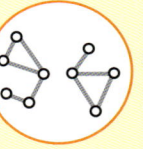

分団分離構造
複数の仲良しグループが存在している。

統一結合構造
複数のリーダーを中心に、全員が結合している。

───：統合的関係が成立　-----：統合的関係が成立しつつある

TOPICS 集団間差別

自分が所属する集団（内集団）に対する愛着や帰属意識が高まると、内集団をひいきする（好意的な態度をとる）一方で、自分が所属していないほかの集団（外集団）を峻別し、非好意的な態度をとる傾向がある。

たとえば「日本人は親切だが、欧米人はドライだ」「ジャイアンツファンは紳士的だが、タイガースファンは粗暴だ」などと、内集団を外集団よりも肯定的にとらえるのである。

タジフェルらはこれを、内集団の外集団に対する優位性を確認することで、自己評価を高めるためだとした。また精神分析学的には、集団内部のフラストレーションを外集団に向けることで、内集団の統合と秩序を守るためだと考えられている。

第5章 対人関係の心理学　集団のまとまり

ミニ知識　集団思考に陥り、不平不満が言いにくくなっている集団では、多くのメンバーが欲求不満を抱えている。これが何かをきっかけに爆発すると集団暴行などが起こる。

155

権力

集団ができると、そこには自然に権力構造ができ、支配―服従関係が発生する。権力を持った人間はそれを維持・拡大しようとし、支配される人は服従的になる。

●権力を持つと人は変わる

組織に入ると、上司と部下などの権力関係の中に否応なく組み込まれる。支配と服従の関係についてジンバルドが行った有名な実験を紹介しよう。

彼は実験室の中に模擬刑務所を作った。被験者は24人の学生たちだ。半分は看守役に、残りは囚人役に割り当てられた。看守役は制服を着て警棒や手錠などを渡され、囚人役を監視した。囚人役は模擬監獄に収監されて行動を制限され、何をするのも看守の許可を取るように命じられた。

実験が始まると看守役は独裁的・専制的になり、囚人たちを支配する規則を勝手に作るなどサディスティックに振る舞った。これに対し囚人役は暴動を起こしたが、それが鎮圧されると抑うつ的になり、やがて看守役に支配される状況を受け入れるようになった。この実験は2週間続けられる予定だったが、囚人役の情緒が予想以上に障害を受ける恐れがあると判断され、6日間で打ち切られた。

看守役と囚人役の振り分けはランダムに行われたものであり、彼らの資質がこのエスカレートの原因とは考えにくい。原因は彼らが置かれた権力構造にあると考えられる。実験とわかっていても権力を与えられた者はそれを行使し、支配される側もその状況を甘受する。権力構造はこれほど容易に人を変えるのである。

ジンバルドの模擬刑務所実験

模擬実験にもかかわらず、そのような立場を作るだけで、看守役は必要以上に権力を行使しようとし、囚人役はそれを受容するようになっていった。

看守役 看守の制服と道具／囚人を監視するよう言われる

支配する立場へ
服従する立場へ
絶対的な権力関係が生まれる

囚人役 常に番号で呼ばれる／何をするにも看守の許可が必要

大学生24人をランダムに役割分担

看守役は独裁的・専制的になり、囚人役は服従したり極度に落ち込んだりした

主従関係は一方の役割行動がエスカレートすると、もう一方の役割行動もエスカレートする相互関係にある。

●権力は堕落する

模擬刑務所実験の結果からもわかるように、権力を持った者はそれを行使しないではいられず、自分が支配する対象に必要以上に厳しくあたることが多いのである。

心理学者のキプニスは模擬会社を作り5人の被験者に作業させる実験を行った。1人に管理職、4人にその部下の役割を与え、管理職役が別室から部下役に作業の指示を出すことで、より大きな成果を上げることを実験の目的とした。

ただし管理職には権限の強い者と弱い者がおり、権限の強い管理職は作業指示のほか、部下への支払いの増減、部下の解雇、指示の追加などの命令が自分の裁量でできるが、権限の弱い管理職は簡単な作業指示しかできないものとした。

実験の結果、権限の強い管理職は指示を頻繁に出し、成果が上がれば自分の指示がよかったからだと考え、部下のことは不当に低く評価する傾向があった。キプニスはこれを権力の堕落とし、強い権限を持つ者は、自己を特別な存在と考える傾向があることを示した。

CLOSE UP　模擬刑務所の実験

「es」(2002年、ドイツ) は、文中に登場した模擬刑務所の実験をもとに製作されたサイコサスペンス映画である。実際とは違い、映画の中の実験は6日間では終わらず、看守役と囚人役の変貌ぶりはさらにエスカレートしていった。

強い権限を持つものは自分を特別視する

管理者は、強い権限を持っているかどうかで部下への接し方も、部下の評価の仕方も180度変わる。

強い権限を持つ管理職
持っている権限をぜんぶ使おうとする
「ガミガミ」
→ 部下の成果アップ！ → 「私の指示のおかげだな」
全部自分の手柄にする

弱い権限しかない管理職
簡単な作業指示のみ
「きみたちを信頼しているよ」
→ 部下の成果アップ！ → 「みんなよく頑張った!」
部下を正当に評価する

> ミニ知識　権限を持った者の他者評価が低くなるのは、他者の感情や状況を思いやる気持ちが少なくなるからと考えられる。

群衆心理

組織的な縛りがない群衆の中にいる人々は、独特の心理状態に陥ることがある。時に予測できない非合理的な行動を引き起こし、パニックや暴動に発展することもある。

●群衆はモッブにも聴衆にもなる

集団とは違い、特定の組織に所属するのではなく、共通の行動のために一次的に一カ所に集まった人々を**群衆**と呼ぶ。群衆は、その活動性によってモッブ（暴衆）と聴衆に区別される。

モッブとは、群衆がパニックによって活発化したものを指す。能動的に活動し、暴動騒ぎを起こす攻撃的モッブ、災害などから逃げようとする逃走的モッブ、バーゲンなどに殺到する利得的モッブ、騒ぐことが目的の表出的モッブなどがある。

一方**聴衆**には、娯楽や情報収集を目的に集まる意図的な聴衆と、偶然起きた事故などに群がる偶発的な聴衆がある。

モッブと聴衆は、状況によってどちらかに変化することがある。たとえば、スポーツを見に会場にやって来た意図的聴衆が、試合内容に不満を感じて暴れ出し、攻撃的モッブに変わることもある。

本来穏やかな人であっても、群衆の中では過激な行動をとりやすい。

群衆と集団の違い

群衆
不特定多数の集まりであり、個性が失われている状態

- 一時期なもの
- 役割が分化していない（非組織的）
- 成員が影響し合わないことが多い

集団
それぞれの役割が明確で、お互いの「顔が見えている」

- 一定期間以上
- 役割が分化している（組織的）
- 成員が互いに影響し合う

群衆がモッブになるのは、群衆の中の誰かが煽動することが引き金になることが多い。引き金を引く者のことを**アジテーター**という。

●人は群れると性質が変わる

群衆がモッブになるのは、以下のような理由だと考えられている。
①群衆の中にいると人は周囲と自分の区別がつかなくなり、同じ行動をとってしまいがちになる。
②興奮して合理的な判断ができなくなり、雰囲気に流されてしまう。
③匿名でいられるため、遠慮がなくなり、問題行動を起こしても責任を追及される恐れが少ないと考える。

恐怖から逃れようとする混乱状態を指して**パニック**というが、群衆行動は情報不足や煽動によって生じるパニックの結果であるとされる。

近年、情報化が進み正しい情報を得やすくなったためにパニックは起こりにくくなってはいる。しかしパニックの危険をあおるような報道がパニックを引き起こす可能性も考えられる。

CLOSE UP パニックに結びつく3つの"情報"

パニックを起こす重要な役割を果たすものにデマ、流言、噂がある。いずれも根拠は薄く、真実性は低いという特徴があるが、以下のように区別される。
①デマ：悪意の中傷や嘘など、意図的にねつ造された情報。
②流言：必ずしも意図的に流されたものではなく、自然に広まる情報。
③噂：比較的少数の知り合い同士の間で流通する情報。

重要な事態が起こっているにもかかわらず公式の情報が曖昧だと、デマ、流言、噂が広まる。また、群衆の内部で広まると、最初の情報とはまったく違ったものになる場合が多い。

第5章 対人関係の心理学

群衆心理

パニックが生じるプロセス

災害発生！
一部の水源が有害物質に汚染された。水道水を飲むのを控えるように政府が発表。ただし汚染レベルは低く、飲む以外の用途については問題ない。

→ デマ発生 → **情報が簡略化される** →
「水が足りなくなる」
「買いだめしないと」
「入浴も危険」

水や食料の不足といった自分の命が脅かされるような事態に置かれると、たとえあいまいな情報であっても信じようとしてしまう。正確な情報さえあればパニックは防げる。

→ 人々の不安がエスカレート → マスコミが煽る → パニック発生！

水不足の不安が爆発し、水を買いだめするため小売店に人が殺到、品切れ続きで大混乱に。わざわざ地方に引っ越しをして水を確保する人まで現れた。

ミニ知識　パニックという言葉は、パーンというギリシャ神話に出て来る半人半獣神の名前に由来している。

組織づくり

企業経営などにおいて、組織のあり方をどう考えるかは重要な論点となる。心理学的な意味でも、組織への参加者が意欲的に働くためのさまざまな理論が提唱されている。

●成果を上げる組織とは

よい組織とは、成果を上げる組織である。そう考える場合、人間はどのようなモチベーションで働くのかを考えてみると、組織のあるべき姿が見えてくる。

経営学者・心理学者のマグレガーは、人間のモチベーションには、**X理論**と**Y理論**の2つの考え方があるとした。

X理論は「人間は怠け者で、仕事はしたがらない。だから強制したり命令したりして動機づけしなければ目標達成のために働かない」とする。性悪説と言い換えてもいい。一方、Y理論は「人間は仕事を遊びと同様楽しいものと考え、自ら進んで目標のために働く。報酬や条件次第では責任も積極的に引き受ける」と考える。こちらは性善説である。

マグレガーは、旧来の企業はX理論で組織を管理してきたが、現代の企業はY理論に基づいて組織を管理すべきとした。というのも、人間は本能的な欲求だけでなく、社会的・文化的な欲求も持っている。自分の目標や理想が実現でき、評価されるなら、命令されなくても自ら進んで働くようになるのだ。したがって従業員の自主性を尊重するY理論で組織を作るべきだとするのである。

ちなみに、スタンフォード大学のオオウチは、日本企業の経営に注目し、X理論とY理論の中間のものとして**Z理論**を提唱。組織内の平等を重視し、コンセンサスを得ることをよしとした。

経営手法3つの理論

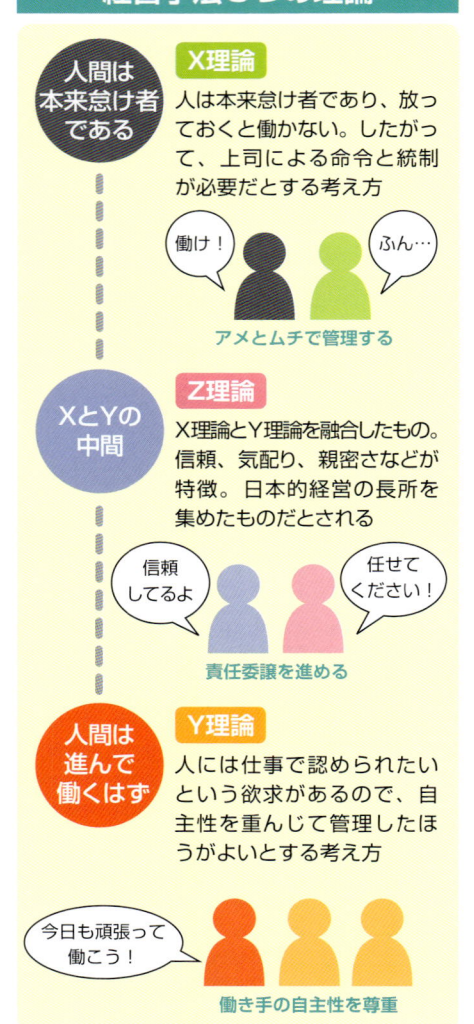

人間は本来怠け者である

X理論
人は本来怠け者であり、放っておくと働かない。したがって、上司による命令と統制が必要だとする考え方

「働け！」　「ふん…」

アメとムチで管理する

XとYの中間

Z理論
X理論とY理論を融合したもの。信頼、気配り、親密さなどが特徴。日本的経営の長所を集めたものだとされる

「信頼してるよ」　「任せてください！」

責任委譲を進める

人間は進んで働くはず

Y理論
人には仕事で認められたいという欲求があるので、自主性を重んじて管理したほうがよいとする考え方

「今日も頑張って働こう！」

働き手の自主性を尊重

ミニ知識　Y理論は心理学者のマズローが提唱した、人間の欲求は5段階あるとする欲求5段階説に基づいている。

●作業者が増えれば人は手抜きをする

　一般には少数より多数のほうが仕事が進むと考えがちだ。しかし作業効率という意味では、単独で働くときより集団で働いたときのほうが落ちる。

　リンゲルマンは、被験者に綱引きをさせる実験を行い、参加する人が増えるほど、個人は力を入れて綱を引っ張らなくなるのを観察した。

　また、社会心理学者のラタネも、被験者に手を叩いて大きな音を立てさせる実験を行い、参加人数が増えるほど一人が出す音が小さくなると報告した。

　このような現象は社会的手抜きと呼ばれる。参加者の成果の貢献度が見えにくい場合に、よく見られる現象である。これを克服するには、参加者の成績や努力がわかるようにしたり、作業を魅力的なものにするなどの必要がある。

CLOSE UP　報酬の分配

組織を活性化するには、組織に貢献する人々の意欲を増す方策が必要になる。その意欲に大きく関係するのが報酬だ。経済学者のアダムスによれば、人は自分の労働量に対して報酬が少ないと、その報酬に合わせた働き方をするようになる。また自分より労働量や生産性が低い者が報酬を多くもらっていると感じると、労働意欲が低下するという。平等分配より公平分配のほうが、人の労働意欲をかき立てるのだ。

社会的手抜き

人間は集団になると、「自分一人が手を抜いても構わないだろう」と考えるため、一人あたりの作業効率が落ちる。

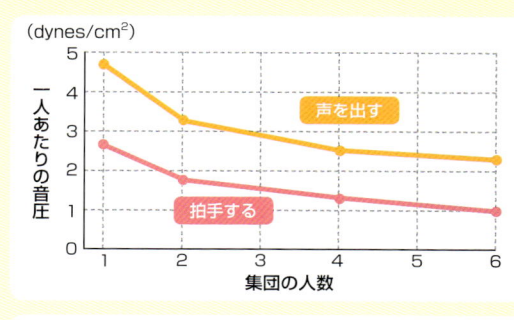

（dynes/cm^2）一人あたりの音圧／集団の人数　声を出す／拍手する

ラタネの実験
被験者は、実験者の合図でできるだけ大きな音で拍手をするか、声を出すよう命じられた。すると、集団の人数が多くなるほど、一人あたりの音圧が減少した。

人数増える → 一人が出す音が小さくなる

リンゲルマンの実験
参加者の人数を変えながら、綱引きをさせる実験を行った。すると、綱を引く人数が増えるほど、一人ひとりが綱を引く力が弱くなった。

人数増える → 一人が引く力が弱くなる

豆知識　他者にやる気がないのがわかると、それを補うために自分の努力量を増やす場合もある。これを社会的補償という。

▶流行

歌、食べ物、ファッションなどで、あるモノが一時的に世の中でもてはやされることがある。流行はなぜ起こり、どのように広がっていくのだろうか。

●流行とはどんな現象か

奇異にも見えたファッションが、しだいに多くの人に受け入れられる。しかしやがて廃れていき、新たなファッションにとってかわられる。社会学者のロジャーズは、こうしたイノベーションの普及過程を研究し、**流行**とは、何か新しい要素が人々の間に普及していく過程とした。またロジャーズは、流行に関わる人々をイノベーター、オピニオンリーダー、アーリーマジョリティ、レイトマジョリティ、ラガードに分類し、イノベーターが発生させたものを残りの4者が順に取り入れるのが流行のプロセスとした。イノベーターが商品を購入するのはその商品の魅力に多くの人が気がついていない段階。そのためイノベーターは異端的な存在と見なされるのが常だ。

やがてオピニオンリーダーがイノベーターの後を受け継いで商品を購入、周囲に情報を流し始める。こうして商品は流行として広がり、流行はピークを迎える。その後は徐々に衰退していき、ラガードは多くの人が見向きもしなくなった頃にようやく取り入れる。

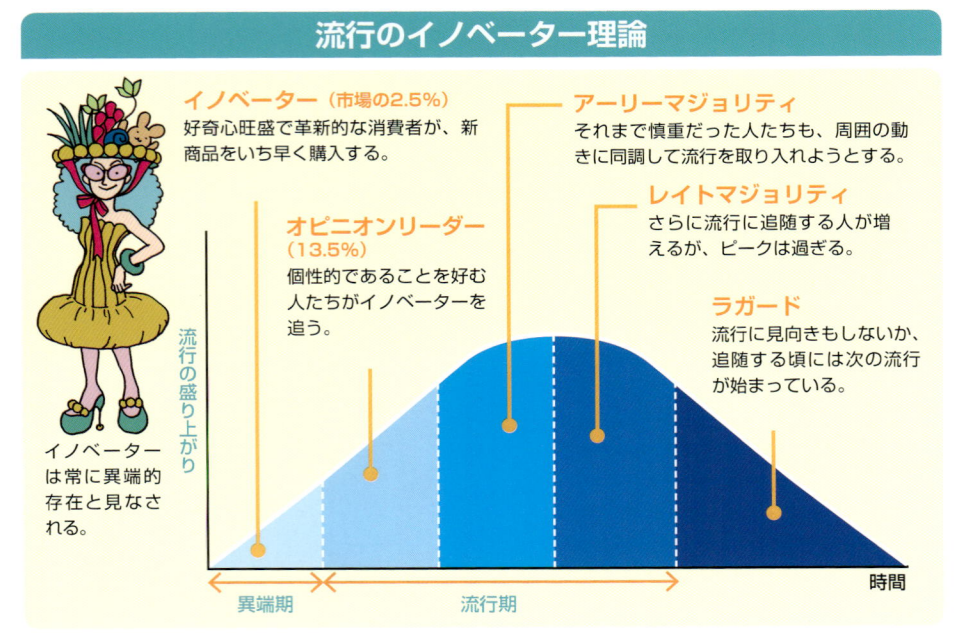

流行のイノベーター理論

イノベーター（市場の2.5％）
好奇心旺盛で革新的な消費者が、新商品をいち早く購入する。

オピニオンリーダー（13.5％）
個性的であることを好む人たちがイノベーターを追う。

アーリーマジョリティ
それまで慎重だった人たちも、周囲の動きに同調して流行を取り入れようとする。

レイトマジョリティ
さらに流行に追随する人が増えるが、ピークは過ぎる。

ラガード
流行に見向きもしないか、追随する頃には次の流行が始まっている。

イノベーターは常に異端的存在と見なされる。

縦軸：流行の盛り上がり　横軸：時間
異端期／流行期

ミニ知識　物事が多くの人に受け入れられる現象のことを普及という。流行も普及するものだが、比較的瑣末なもので起こり、短期間で終わるのが特徴だ。

●流行を生み出す動機

人が流行を生み出す心理の根底には、自分の価値を高く見せたい、新しいものを取り入れたい、集団や社会に適応したいなどの動機があると考えられる。大きくは、個性的であろうとする独自性の欲求と、自分が所属する集団に同調したいという欲求の2つがある。

独自性への欲求は、新たな流行の元になる。常に新しいモノを求め、先取りしようとする人たちの存在が、流行の発生を促すのだ。同調性の側面を見れば、周りの人が始めていることは正しいと感じたり（情報的影響）、自分もやらないと集団から仲間はずれになるという恐れの気持ち（規範的影響）が、流行をさらに広めると考えられる。

流行の4要因

変身への欲求	日常の自分を捨てて、変わりたい、違う自分になりたいという欲求。	独自性への欲求「人と違う自分でいたい！」
自己顕示的な欲求	個性的でありたい、周囲から際だった存在でいたいという欲求。	
斉一性への欲求	周りの人と同じように行動したい、孤独を感じたくないという欲求。	同調の欲求「まわりと一緒がいい！」
威光への欲求	芸能人やスポーツ選手を自分と同一視して、スタイルを真似したいという欲求	

●消費者を動かす広告の効果

企業やマスメディアは、こうした心理を利用して流行を意図的に作り出そうとする。消費者が商品を手に取るまでは、4つの心理学的段階が必要になる。広告などによって商品の存在を知る「認知」、商品の特徴を知る「理解」、使ってみたいと思う欲求が生じる「確信」、そして実際に買う「購入」である。

メディア上で展開される広告・宣伝は、この「確信」に至らせるための努力だと言えるだろう。たとえばCMにおいて繰り返し商品名を消費者の目に焼きつけようとするのもその努力の1つだ。人は何度も繰り返し商品を見せられることで興味関心が増し、購入に繋がる可能性が高くなる。またカリスマ的な魅力をもったタレントをCMに起用するのもよく見られる手法である。

購入までのプロセス

① **認知** 店頭や広告を通じて商品の存在を知る（お、新商品だな／へえ、それはすごい）

② **理解** 商品の特徴、ほかの商品との違いを知る

③ **確信** 欲しい、使ってみたいという欲求が生じる（一度食べてみたいな）

④ **購入** 店頭で商品を手にとる段階（買っちゃえ！）

> ミニ知識　流行は、広告宣伝やマスメディア、口コミなどによる情報の流通によって発生することが多い。流行を作り出す者は、これらを最大限に利用することを考える。

▶攻撃

世の中がいくら発展しても、人が人を攻撃する野蛮な事件はなくならない。人間には攻撃本能があると考えられ、古くから社会心理学の研究対象になっている。

●人間は攻撃本能を持つ

攻撃行動とは、危険を逃れようとしている他人に対して危害や損害を加えようと意図的に行う行為全般をいう。人は誰でも攻撃本能を持っているというのが定説であり、一部の人が持つ異常なものではない。

社会心理学者のマクドウガルは、人間の社会的行動は十数種類の本能に動かされており、それらが複合しているとしたが、攻撃本能もその1つだという。またローレンツやティンバーゲンらの動物行動学者は、動物には基本的に攻撃本能があり、何かに触発されると自動的に攻撃行動が生じるとする。人間も動物の一種である以上、攻撃本能を持っていると考えられるのだ。

攻撃性とは

身体的攻撃傾向	暴力など身体的攻撃反応を行う傾向
言語的攻撃傾向	批判、自己主張など言語的な攻撃反応を行う傾向
間接的攻撃傾向	怒りや敵意を間接的に表現する傾向
敵対的な態度・認知・信念	出来事を挑発や敵意と認知しやすい傾向
攻撃的情動	怒りの感じやすさと表出抑制の程度
罪悪感、敵意の抑制	人を傷つけることへの罪悪感、敵意の過剰抑制傾向
サディズム、暴力衝動	人を苦しめて快を感ずる傾向と爆発の衝動
攻撃性に関連した諸特性	支配性、自己主張性、権威に対する態度、タイプA、権力の軽視、マキャベリズムなど攻撃や暴力の反応をもたらしやすい性格傾向
対人葛藤への反応傾向	人との対立を解決する個人的スタイル
加害体験、被害体験	発情期における暴力の被害体験と加害体験
対女性暴力	女性に対する暴力傾向
攻撃性に関連する病理	攻撃性に親近性を持つ精神症状

攻撃性概念の多面性（大渕、1996）

●人を攻撃的にさせる要因

攻撃的な行動をするのは、人格や性格によるものだと考えがちだが、実際は、さまざまな要因が組み合わさって攻撃が生じるという見方もある。心理学者のダラードは**フラストレーション**に着目した。人は欲求がかなえられないフラストレーション状態になると攻撃行動を起こすのだという。バーコヴィッツは、フラストレーションは攻撃そのものではなく、攻撃への準備段階をもたらすというフラス

> **ミニ知識** バーコヴィッツはフラストレーションによって怒りなどを感じてから、人は攻撃行動に出るとするが、それだけでは実際に行動を起こすケースは少ないとする。

トレーション攻撃手がかり説を唱えた。つまり、フラストレーションが溜まっている状態に加えて、相手からの悪意であったり、「相手が武器を持っている」などのきっかけがあって初めて、人は攻撃行動に移るというのである。

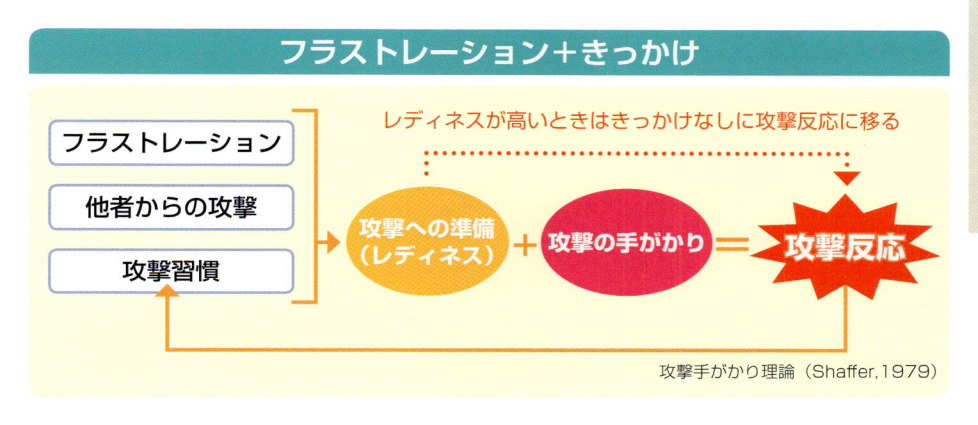

フラストレーション＋きっかけ

- フラストレーション
- 他者からの攻撃
- 攻撃習慣

→ 攻撃への準備（レディネス）＋ 攻撃の手がかり ＝ 攻撃反応

レディネスが高いときはきっかけなしに攻撃反応に移る

攻撃手がかり理論（Shaffer, 1979）

●人は攻撃を学習する

人が攻撃行動に移るきっかけになるものについて、フラストレーション攻撃仮説とともに有力なのが、心理学者のバンデューラによる社会的学習理論である。

この説では、攻撃行動は直接学習と観察学習の2つで身につけられるとする。

直接学習とは、自ら攻撃行動をすることで利益を得る経験をすると、以降も攻撃することで利益を得つづけようとするというものだ。たとえば、子どもが母親を叩くなどしてお菓子を買ってもらう経験をすると、以降もお菓子が欲しい場合は攻撃行動を起こすようになる。

観察学習は、このような出来事を観察して真似する場合である。ほかの子どもが母親を叩くことでお菓子を買ってもらったのを見て、自分も母親を攻撃してお菓子を得ようとするなどが一例だ。

バンデューラは別の実験で、大人が子どもの前でビニール製の人形を殴ったり蹴ったりして見せた後に、子どもにその人形で遊ばせると、同じように殴ったり蹴ったりするのを見いだした。これも観察学習といえる。

「母親を叩いたら、お菓子を買ってもらえた」という経験があると、その後も、お菓子を買ってもらいたいときに母親を叩くという攻撃行動が身についてしまう。

CLOSE UP 攻撃手がかり

バーコヴィッツは、被験者を怒らせ、怒らせた相手に電気ショックを与えさせるという実験を行った。その際、ショックを与える機械の側に銃を置いた場合、そうでないときより被験者は相手に多くショックを与えた。このことから、バーコヴィッツは攻撃行動に移るには、その決定要因として銃や刃物などの手がかりが必要だとした。

> ミニ知識　バンデューラによれば、テレビの映像などを観ることも観察学習といえ、テレビの暴力シーンなどを見るのも、攻撃行動に影響するとする。

Column ⑤ 日常の疑問を心理学で解説!
苦手な上司、どうすればうまくいく?

嫌いを好きにするために脳をうまくだましてやる

　学校であれ会社であれ、どんな組織にも、苦手な人はいるものです。なかでも職場の、直属の上司ともなると距離を置くわけにもいかず、かなりのストレスにさらされている人もいるのではないのでしょうか。そこでNLPの考え方に基づいたスキルをつかえば、たとえ苦手な人が相手であってもある程度好きになることが可能となります。

　ポイントは、脳をだますこと。相手に対する自分のイメージ、または相手から受けるイメージを、操作してしまうのです。

　たとえばビジネスライクな会話の中でも、共通の趣味がわかったり、出身地が同じであったりすると親近感がわくものです。つまり**自分と似ている点が多いほど好きになる（類似性の法則）**のです。出身中学が同じだったと聞けば、運命的な出会いのような気さえしてくるから不思議なものです。相手と自分の共通点を見つけること。これが嫌いを好きに変える第一歩になります。たとえ苦手な上司でも、会話の中で情報を探り、少しでも共通点を見つけたらその話題を広げていきましょう。

　また、その人のどこが苦手か具体的に掘り下げて考えてみましょう。そして苦手な部分を好きなイメージに置き換えて考えるようにします。たとえば顔が苦手なら好きな人の顔を思い浮かべながらその人の顔を見たり、声が苦手なら、好きな声をイメージしながらその人の言葉を聞いたりするのです。これだけで脳は、相手のことを好きだと誤解してくれるのです。

　相手の苦手なところをポジティブに解釈し、さらに口に出すのも効果的です。たとえば、せっかちなところが苦手なら「タイムマネジメントが上手い人だな」といった具合です。愚痴のかわりにほめ言葉を口にしているうちに、脳が次第にだまされていき、苦手という気持ちが尊敬の念に変わることさえあります。

　逆に、相手に好かれたいときは、話している最中に相手の行動をさりげなく真似ることから始めてみましょう。たとえば相手がお茶を飲んだら自分も同じタイミングで飲む。相手が髪をかきあげるしぐさをしたなら、自分もそれとなく頭の同じような位置に手を持っていく。これだけで相手は、無意識のところであなたを「似たものどうし」だと感じ、好印象を抱くのです。

　会話のオウム返しにも同等の効果があります。相手が「○○ですよ」といったなら「そうですか、○○なんですか」と同じフレーズで返すのです。

　こうして周りから苦手な人が減るほどにコミュニケーションは潤滑になり、仕事も好転します。ぜひ試してみてください。

● **類似性の法則**

自分に似ている相手と親しくなる傾向があることを類似性の法則という。出身地や出身校、好きなミュージシャン、好きな食べ物など、お互いの共通点を探るように会話をしていくと、自然と打ち解けていく。→p135

教えてくれたのは
浦登記氏
▶p10

第6章
人間の発達

この章では、人が生まれてから死ぬまで
どのように心が変化していくかを探る「発達心理学」を扱う。

発達とは	168	ギャングエイジ	194
遺伝と環境	170	発達障害（神経発達症）	196
発達理論	172	自分探しの始まり	198
胎児の成長	174	第二次性徴	200
赤ちゃんの感覚	176	青年期の人間関係	202
赤ちゃんの感情	178	成人期の課題	204
言葉の発達	180	結婚	206
愛着	182	出産・育児	208
自意識	184	中年期	210
道徳性	186	高齢期の心と身体	212
他人の気持ちを理解する	188	死の受容	214
遊び	190	サクセスフル・エイジング	216
友人づきあい	192		

発達とは

1980年代から「生涯発達」という概念が登場し、現代では「人は生まれてから死ぬまで発達し続ける」という考え方が主流となっている。

●生涯発達を考える

　少し前までは、人間が「発達」するのは成人を迎える頃までであり、その後の人間は衰えていくばかりだと考えられていた。たしかに体力や記憶力などは20代でピークを過ぎてしまう。したがって発達心理学の領域においても、子どもから青年期までの限られた時期の発達を扱う児童心理学や青年心理学が中心だった。

　しかし現在では、発達心理学として扱われているのは、まさに「受精から死ぬまで」の人間の一生涯である。心理的な成長という意味でとらえれば、老年期を過ぎても私たちは発達しつづけているからだ。このような考え方を「**生涯発達**」といい、1980年代に入ってから、**バルテス**（アメリカ、1939-2006）によって提起された。

　人の一生涯における変化を発達課題という視点でとらえる試みを、さまざまな心理学者が行っている。つまり人には、それぞれの発達段階に応じて達成するべき心理的な課題があるというのである。

生涯発達の考え方

第二反抗期
12～15歳頃、自立したいとの思いから、周囲の大人や社会に対して反抗的な態度を示す。

第一反抗期
2～3歳頃、自意識が芽生え始めると、親に対して抗議、拒否が現れる。

現在の発達観

パートナーを得る

老いに適応する

次世代を育てる

かつての発達観
（喪失・衰弱）

アイデンティティの確立

ギャングエイジ
小学生ぐらいになり、気の合う友人と密接で閉鎖的なグループを作り行動するようになる。

受胎　0　1　3　6　12　20　30　40　60
胎児期／乳児期／幼児前期／幼児後期／児童期／青年期／成人期／中年期／高齢期

> **ミニ知識**　シュットラッツ（ロシア、1858-1924）は、体重増加が著しい「充実期」と、身長の伸びが著しい「伸長期」によって、発達段階を区分した。

●発達段階に応じた課題

たとえば**ハヴィガースト**（アメリカ、1900-1991）は、人の生涯を乳幼児期から老年期までの6段階に分けて次のような発達課題を設定した。

乳幼児期…歩くこと、食べること、話すこと、排泄することなど。

児童期…遊びに必要な身体的技能、友人と仲良くすること、読み書き計算などの基礎的能力、自立的な人間性を築くなど。

青年期…同年齢の異性と関係を築く、男性・女性としての社会的役割を身につける、職業に就く準備をする、経済的・情緒的に親から独立するなど。

壮年初期…配偶者を選ぶ、就職する、子どもを育てるなど。

中年期…大人としての市民的・社会的責任を果たす、一定の経済的水準を確立する、子どもの幸福を支援するなど。

老年期…肉体的な老いに適応する、配偶者の死や自らの引退、収入の減少に適応するなど。

また後にくわしく説明するが、フロイトは性の発達に応じて、エリクソンは社会との関係性から発達課題を設定した。

CLOSE UP　人間は生理的早産

生まれてすぐに動き回れるほかの高等哺乳動物と違い、人間は非常に未熟な状態で生まれてくる。これを生理的早産という。その理由としては、身体の成長よりも脳の成長を優先させているからとされている。つまり十分に発達してから生まれると身体が大きくなりすぎ、母体に負担をかけてしまうのだ。

ハヴィガーストの発達課題

乳幼児期
- 歩行を学ぶ
- 固形食を食べる
- 排泄のコントロールを学ぶ
- 両親や兄弟との人間関係を学ぶ

児童期
- 遊び友達とうまく付き合う
- 両親、道徳性、価値観を発達させる
- 自立的な人間性を発達させる

青年期
- 同年齢の友人と成熟した人間関係を築く
- 両親からの情緒的独立を果たす
- 職業選択とその準備

壮年期
- 配偶者の選択
- 就職する
- 第一子を家庭に加える
- 市民的責任を負う

中年期
- 経済力の確保と維持
- 子どもの成長を援護する
- 中年期の生理的変化の受け入れと適応

老年期
- 肉体的な衰え、健康の衰退への適応
- 引退と収入の減少への適応
- 死の到来への準備と受容

豆知識　日本心理学会を創設したことでも有名な松本亦太郎（日本、1865-1943）は、豆拾い用箸運動により発達段階を区分した。

遺伝と環境

遺伝と環境、人の発達に与える影響として大きいのはどちらか。歴史上、最初に提示されたのは遺伝説のほう。現代では「相互に影響し合う」という考え方が主流となっている。

●努力は才能に勝てない？

人間の発達を決めるのは、遺伝か環境か。現在では、2つが相互に影響し合うという**相互作用説**が支持されている。しかし歴史を振り返ってみれば、遺伝説と環境説との間で論争が行われていた。

人間の発達はすべて遺伝で決まる、つまり人の一生は生まれたときにすでに決まっているのだという考え方を「**成熟説（遺伝説）**」という。1930年頃までこの考え方が根強く支持されていた。

成熟説を支持する研究に**ゲゼル**（アメリカ、1880-1960）による双生児研究がある。双子であるA君とB君が生後46週間のとき、A君のみに6週間の階段登りの訓練をさせた。すると26秒で上れるようになったがその後の変化はなかった。一方のB君には訓練なしの状態で6週間後に測定を行ったところ45秒かかった。しかしその後2週間の訓練を行うとわずか10秒で上れるようになったのである。さらに、79週目になると2人とも同じ速さで階段を上ることができた。

つまり、時期がきて、運動機能などが成熟しなければいくら早くから訓練をはじめても無駄であり、人の発達は環境ではなく遺伝で決まる証拠だと考えられた。

ゲゼルが行った双生児の実験

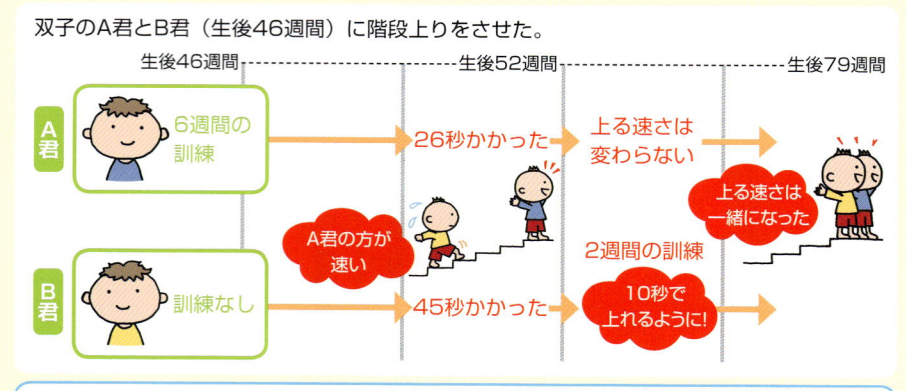

双子のA君とB君（生後46週間）に階段上りをさせた。

	生後46週間	生後52週間	生後79週間
A君	6週間の訓練	26秒かかった	上る速さは変わらない
B君	訓練なし	45秒かかった	2週間の訓練 → 10秒で上れるように！

A君の方が速い
上る速さは一緒になった

A君のほうが3倍も長い期間訓練を受けていたにもかかわらず、最終的には同じ速さになった。
訓練の成果を成熟の影響が上回った。
（早くから訓練することよりも成熟することのほうが発達に与える影響は大きい）

> ミニ知識　一卵性双生児を観察した研究からは、違った環境で育ったにもかかわらず性格が似ているケースがあることがわかっている。

●環境がよければどんな人間にもなれる？

成熟説とは反対に、人の発達は環境によって決まり、経験や学習によってどんな人間にもなれるとするのが「**環境説**」。これを提唱したのが行動主義心理学者のワトソン（→p30）だ。

ワトソンは古典的条件づけモデルが人間の発達にも当てはまると考えた。たとえば心配性という性格は、幼い頃何かを失敗して非常に怖い思いをしたことによって、新しいことをしようとすると不安になるという感情的反応を学習した結果だと考えるのだ。彼は、自分に乳児を預けてくれれば、芸術家、経営者、どろぼうなど、どんな人間にでも育ててみせると主張した。

遺伝説と環境説の後で、現在主流となっている相互作用説が登場した。たとえば、ジェンセン（アメリカ、1923-）の主張は**環境閾値説**と呼ばれる。遺伝によって与えられた才能を伸ばすには、一定水準（閾値）の環境が必要とする考え方である。ジェンセンによれば、環境の影響を受けない（閾値が低い）才能もあれば、強く受ける（閾値が高い）才能もある。たとえば身長はほぼ遺伝的に決まり、環境からの影響を受けない。学業成績は環境の影響を受ける。絶対音感などを含む音感は、さらに環境からの影響が強くなるという。

CLOSE UP 双生児法

遺伝と環境の影響を明らかにするためによく用いられるのが双生児法である。これは、同じ遺伝子を持つ一卵性双生児と、異なる遺伝子を持つ二卵性双生児を比較するもの。身体、心理、行動発達において、もし一卵性双生児の間の差が二卵性双生児の差よりも小さければ、遺伝による影響が大きいと判断できることになる。

第6章 人間の発達

遺伝と環境

ワトソンの主張

ワトソン 1878-1958
私に1ダースの健康な乳児と適切な環境を与えてください。才能や好み、適性、民族などは関係ない。どんな子どもも訓練して、医師、芸術家、事業家などさまざまな人間に育ててみせます。

芸術家 / どろぼう / 経営者 / 医者 / 赤ちゃん

環境次第でどんな人間にもなれるという考え方

> ミニ知識　遺伝か環境かの論争に終止符を打ったのがシュテルン（ドイツ、1871-1938）の輻輳説である。発達は遺伝要因と環境要因が輻輳（収束）して決まると考えた。

発達理論

人はどのような段階を経て発達するのか。性的本能に着目したのが、フロイトによる性の発達段階説。またエリクソンは社会的視点を加えた発達理論を提唱した。

●フロイトの性の発達理論

精神分析の始祖フロイト（→p32）は、人間の性欲動という精神的なエネルギーを**リビドー**と名づけた。リビドーは発達に応じて身体の特定の部分に向けられると考え、その身体部分の名称を使って生後～1歳半までを「口唇期」、1歳半～3歳を「肛門期」、3～6歳を「男根期」、6～12歳を「潜伏期」、12歳以降を「性器期」だとして、人間の性の発達段階を区分したのだ。

フロイトは、各時期においてリビドーが満たされなかった場合、リビドーが各時期に留まり（**固着**）、大人になってからの性格に影響が出ると考えた。

たとえば口唇期において早く乳離れをさせられ、口唇活動に満足を得られなかった人は、大人になってからも口唇を使って得られる満足（おしゃべり、食事、喫煙など）を特に求めたり、短気であったりする傾向があるというのである。フロイトはそれを口唇性格と呼んだ。

また肛門期においては、排泄のしつけによって子どもは我慢や反抗を学ぶ。このとき、しつけがいい加減だと性格もルーズになり、またしつけが厳しすぎると頑固で几帳面な性格となるとした。

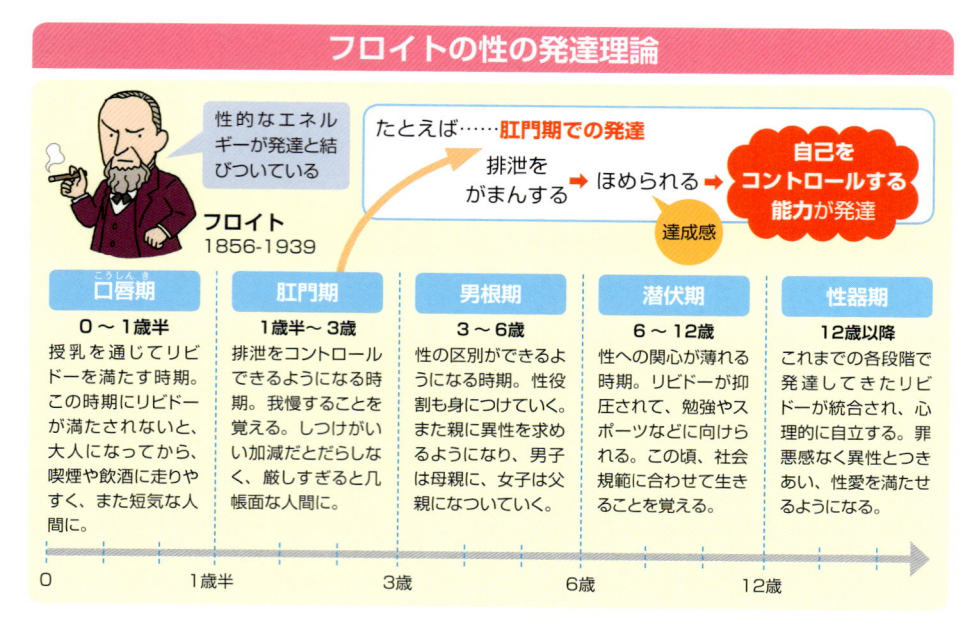

フロイトの性の発達理論

フロイト 1856-1939
性的なエネルギーが発達と結びついている

たとえば……**肛門期での発達**
排泄をがまんする → ほめられる → 達成感 → **自己をコントロールする能力が発達**

口唇期	肛門期	男根期	潜伏期	性器期
0～1歳半	1歳半～3歳	3～6歳	6～12歳	12歳以降
授乳を通じてリビドーを満たす時期。この時期にリビドーが満たされないと、大人になってから、喫煙や飲酒に走りやすく、また短気な人間に。	排泄をコントロールできるようになる時期。我慢することを覚える。しつけがいい加減だとだらしなく、厳しすぎると几帳面な人間に。	性の区別ができるようになる時期。性役割も身につけていく。また親に異性を求めるようになり、男子は母親に、女子は父親になついていく。	性への関心が薄れる時期。リビドーが抑圧されて、勉強やスポーツなどに向けられる。この頃、社会規範に合わせて生きることを覚える。	これまでの各段階で発達してきたリビドーが統合され、心理的に自立する。罪悪感なく異性とつきあい、性愛を満たせるようになる。

ミニ知識　男根期に異性の親に対して生じる心理的葛藤をエディプスコンプレックスという。男の子は母を愛するために父と敵対し、またそのことで罪悪感を覚える。

●エリクソンの発達理論

エリクソン（ドイツ、1902-1994）は、社会との関係という視点を加えた「**心理社会的発達理論**」を提唱した。その特徴は、人生を「乳児期」「幼児前期」「幼児後期」「児童期」「青年期」「成人前期」「成人後期」「高齢期」という8つの段階に分けたことだ。また各段階において解決しなければならない課題があるとした。

たとえば、乳児期（0～1歳）の発達課題は「信頼 対 不信」であるとされる。母親が穏和であり、また安定的な態度で接していれば乳児は母親が信頼に足る相手であることを学ぶ。これができれば、成長してからも、人と一緒にいることを快適に感じ、親密な人間関係を築くことができる。逆に、母親との関係が信頼に足るものでなかった場合、成長してからも他人に対して不信感を抱きやすくなる。

また、幼児前期（1～3歳）の発達課題は「自律性 対 恥・疑惑」であるとした。幼児が、衣服を着替えたり、戸の開け閉めができるようになって、自分のことは自分でやる自律性を身につけ、大人の庇護から脱していく時期である。このとき、親がポジティブな態度をとれば、子どもの自立心と自尊心は高められる。逆に、子どもに対して親が過保護であったり、非難を繰り返したりすると、子どもの自律性は失われ、周囲に対する恥や、自分のことがよくわからない疑惑の感情を抱く。その結果、子どもの自尊心も傷ついてしまう。

フロイトもエリクソンも、乳児期における母親との愛着関係が重要だとした。

エリクソンの発達理論

	Ⅰ	Ⅱ	Ⅲ	Ⅳ	Ⅴ	Ⅵ	Ⅶ	Ⅷ
発達課題	信頼 対 不信	自律性 対 恥・疑惑	自主性 対 罪悪感	勤勉性 対 劣等感	自我同一性 対 同一性拡散	親密性 対 孤独	世代性 対 停滞	統合 対 絶望
特徴	母親との関係を通じて、他者は信頼できるものだという実感を得る。	排泄トレーニングによって、自分の生活をコントロールすることを学ぶ。	大人のように振るまおうと、活動範囲が広まっていく。自主性を学ぶ時期。	学校という環境のなかで、努力して何かを達成するよろこびを覚える時期。	自我同一性（アイデンティティ）を確立し、自分の生き方を固める時期。	パートナーとの親密な関係を持とうとする時期。	自分の子どもや生徒、部下などを育てることで、限定された自己を超える。	それまでの人生を振り返って受け入れる。それができないと絶望する。
	乳児期 （0～1歳）	幼児前期 （1～3歳）	幼児後期 （3～6歳）	児童期 （6～12歳）	青年期 （12～20代半ば）	成人前期 （20代後半～30代半ば）	成人後期 （30代後半～60代半ば）	高齢期

ユングは、女子のエディプスコンプレックスを特に**エレクトラコンプレックス**と呼んだ。

胎児の成長

母親のお腹の中にいるうちから子どもは活発な活動を始めている。妊娠16週目になる頃にはすでに視覚が機能しているという。

●胎児は活発に動いている

　人の一生は、母親のお腹の中ですでに始まっている。感覚器官や運動能力など、人間としての機能の多くの部分が、出生前の早い段階から準備されるのだ。

　卵子と精子が受精してから出生までの38週間を出生前期という。また胎児の形態によって**細胞期**、**胎芽期**、**胎児期**の3つに分けることができる。

　細胞期は受精卵が子宮の壁に着床するまでの2週間を指す。受精後2週から8週にあたる胎芽期においては、最初の3週間で脳、心臓、眼、耳、消化器、脊髄、筋肉などが形成され、7週目には顔や首もはっきりわかるようになる。

　胎児期になると胎内での活動が盛んになる。12〜16週頃には手足を屈伸するような動きが始まり、母親もそれをお腹の中で感じることができるようになる。こうして我が子の存在を実感し、強い愛情を持ち始めるのだ。

　この頃には、超音波（エコー）検査によって指しゃぶりをする様子も見られることもある。ほかにも、しゃっくりをしたり、笑ったりといった動きが見られる。24週を過ぎたあたりから羊水を飲み、排尿を始める。

　こうした胎動は、出産が近づいた36週ごろから、だんだんと減少していく。身体をくねらせるような運動をすることがあるが、それは産道を通るための練習だと考えられている。

胎児の発達

細胞期（卵体期） 着床までの2週間 
受精卵が子宮の壁に着床するまでの期間。着床までの間に受精卵は分裂を繰り返し、胚嚢が形成される。

胎芽期 受精後2〜8週 
多くの器官が形成される時期。脳、心臓、眼、耳、消化器、脊髄、筋肉などは最初の3週間で形成される。外からの刺激に対して身体を動かすなどの反応も見せる。

胎児期 9週目〜出産 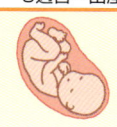
身体は一層成長し、さまざまな活動を見せるようになり、母親もその動きを実感できる。出生時には身長約50cm、体重約3000g前後にまで成長している。

●発達を妨げる要因

　胎児の発達を妨げる原因となる胎内環境を**テラトゲン**と呼ぶ。

　母親が摂取したタバコ、アルコール、薬物、放射線、ストレスなどはテラトゲンの一例である。これらが母体を通じて胎児に影響を与えるのである。またテラ

ミニ知識　胎児は20分間隔で浅い眠りと覚醒を繰り返している。

トゲンが影響する時期によっても、胎児に生じる障害が変わってくるという。

たとえば喫煙の量が多いと早産のリスクが増える、出生時の体重が軽くなる、運動能力の発達が遅れる、集中力が続かないなどの影響が出たという報告がある。妊娠4カ月以降になると、喫煙する母親が未熟児を生むリスクは非喫煙者に比べて2.3倍にもなるとも言われている。これらはタバコに含まれているニコチンが血管を収縮させ妊婦の血流を悪くすること、一酸化炭素が血液中のヘモグロビンと結合して血液中の酸素が不足することなどが原因だと考えられている。

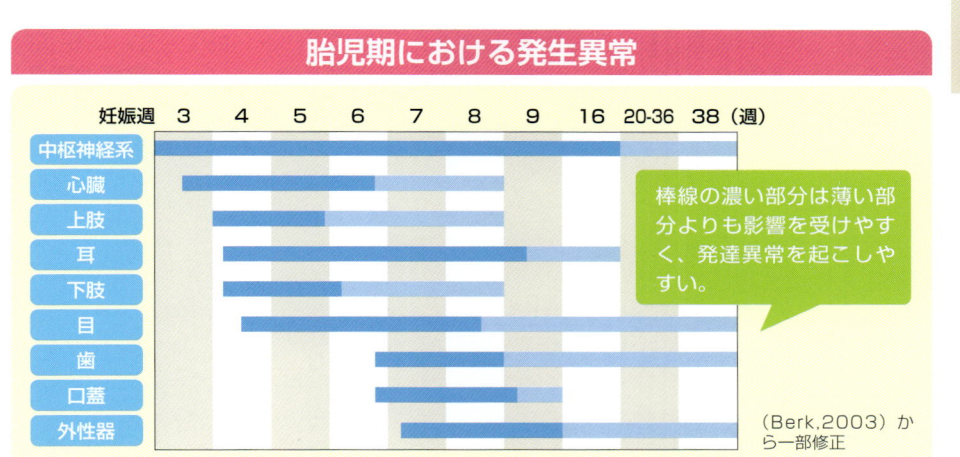

胎児期における発生異常

妊娠週	3	4	5	6	7	8	9	16	20-36	38 (週)
中枢神経系										
心臓										
上肢										
耳										
下肢										
目										
歯										
口蓋										
外性器										

棒線の濃い部分は薄い部分よりも影響を受けやすく、発達異常を起こしやすい。

(Berk,2003) から一部修正

胎内はどんなところ？

母親のお腹の中で、胎児は何を感じているのだろうか。

胎児が特に反応を示すのは音である。外界の音に反応しているように感じられることもあるが、それが胎児自身に音が聞こえているからなのか、母親の反応を受けてのことなのかは定かではない。しかし胎内がさまざまな刺激に満ちた場所であることは事実のようである。母親の心音や血液が流れる音、母親の声も聞こえており、常時75デシベルほどの音量があるという報告もある。

胎内はほぼ真っ暗だが、母親のお腹に強い光を当てると胎児の心拍数に変化が現れることから、明るさの感覚はあるようだ。また触覚も発達している。母親が冷たい水を飲むと胎児が蹴るようなしぐさをするという実験もある。味覚は妊娠30週目には完成し、羊水の味の違いに反応を見せる。

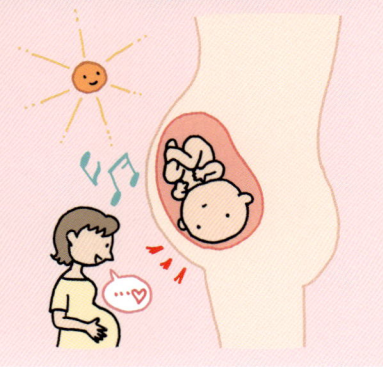

胎教としてクラシック音楽を聴かせることがあるが、胎児に音楽を聴かせると心拍数が上昇するのは29週くらいになってから。

赤ちゃんの感覚

何もできないように見える乳児だが、「感じる」という点においては、実は生まれてすぐから驚異的な能力を備えている。

●視覚と聴覚の発達

　生まれてすぐの状態でも乳児の目はぼんやりと見えており、視力は成人の視力の約30分の1で0.02程度とされる。かなりの近視で、ちょうど母親に抱かれたときの顔と顔の距離である目の前から20～30cmのところにピントが固定されている。初めは視野が狭く、ものは平面的にしか見えない。しかし生後6カ月頃になるとピント合わせが可能になり、立体的な世界を認識できるようになる。

　視力が弱くても、色や形を区別する力が備わっており、ある刺激に対してじっと見つめるという注視行動を生後数日から取るようになる。

　ファンツ（アメリカ、1925-1981）は、生後2～3カ月の乳児と3歳の幼児を対象にさまざまな絵を見せ、注視する時間の長さを調べる実験（**選好注視法**）を行った。すると乳児は単純な図形より複雑な図形、特に人の顔を注視する時間が長いことがわかった。乳児のうちから好みがあり、選択して注視しているのだ。

　聴覚も生まれてすぐに機能している。音の高低も識別しており、生後3カ月になると母親と他人の声が識別できるようになる。1980年には、妊娠後期の母親に毎日同じ話を朗読してもらい、出産後に母親と母親以外の女性が同じ話を朗読すると、乳児は母親の朗読に手足を動かすなどより大きな反応を示す、という実験結果もある。乳児は母親の胎内で聞いた音を覚えているのだ。

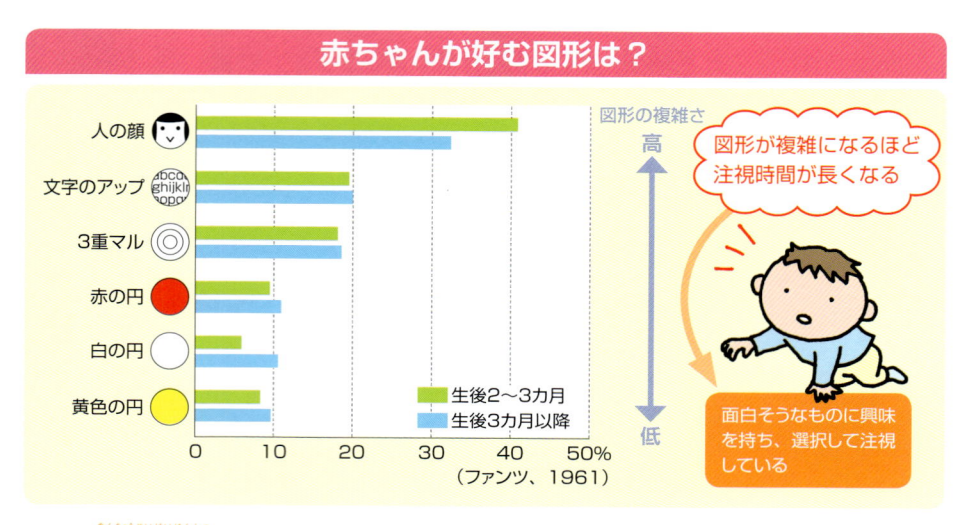

赤ちゃんが好む図形は？

図形の複雑さ

- 人の顔
- 文字のアップ
- 3重マル
- 赤の円
- 白の円
- 黄色の円

生後2～3カ月
生後3カ月以降

0　10　20　30　40　50%
（ファンツ、1961）

図形が複雑になるほど注視時間が長くなる

面白そうなものに興味を持ち、選択して注視している

緊張性頸反射は、仰向けに寝ている赤ちゃんの顔を回すと、顔を向けた側の手足をまっすぐ伸ばす一方で、反対側の手足を曲げる、というもの。

●複数の感覚をまとめる

　五感の中でも、「**近感覚**」（触覚、味覚。嗅覚を含む場合もある）は発達が早い。近感覚は、刺激とそれを受け止める感覚器との距離が近いものをいう。逆に視覚や聴覚などは「**遠感覚**」という。

　五感の発達においては、複数の感覚から得た情報をまとめて認知するという「**協応**」が見られる。

　メルツォフ（アメリカ、1950-）らは、赤ちゃんに暗闇の中で突起のあるおしゃぶりとないおしゃぶりをくわえさせた。次に明るいところで両方のおしゃぶりを見せると、乳児は自分がしゃぶったほうのおしゃぶりをより注視したのである。つまり、口の中で得た感触（触覚）をもとに、どのようなかたちをしているか（視覚）、2つの情報をまとめることで判断できたということだ。

触覚と視覚の協応

実験　暗闇の中で、突起のあるおしゃぶりとないおしゃぶりを生後1カ月の乳児にくわえさせた後、明るいところで2つのおしゃぶりを見せた。

結果　ほとんどの赤ちゃんは、自分がくわえたほうのおしゃぶりを注視した。

さまざまな原始反射

　人間は、熱いものに触ったら瞬時に手を引っ込めるなど、無意識のうちに身を守ろうとする機能を備えている。この反射運動のうち、乳児特有のものを原始反射という。脳の発達が未熟で、まだ自らの意志で動くことができない乳児は、「乳を飲む」「危険から身を守る」など生きていくために必要な行動を原始反射によって行うのだ。したがってこれらは子どもの脳が発達し、自発運動ができるようになると消えてしまう。

把握反射
手のひらを触られると握りしめる。

モロー反射
仰向けにして身体を起こしてから、頭を急に落とすと両手両足で「ばんざい」をした後でゆっくり抱え込む。

口唇探索反射
口の周りに指先などが触れると、その方向に顔を向けて口で探す。本能的に母親の乳首を探す運動。

吸てつ反射
口に何かを含むと、それを吸おうとする。母親のおっぱいを飲む運動。

歩行反射
赤ちゃんの脇の下を支えて両足を床につけると、まだ歩けないのに歩き出すかのように足を動かす。

> **ミニ知識**　原始反射のひとつである**バビンスキー反射**は、足の裏をかかとからつま先までとがったものでこすりあげると、親指が反り返りほかの4本の指が大きく開く、というもの。

第6章　人間の発達

赤ちゃんの感覚

赤ちゃんの感情

ルイスによると、人間の基本的な感情は生後8カ月でほぼ出そろうという。その後、自我や道徳性が養われていくにつれて、さらに高度な感情が芽生えていく。

●感情が複雑になっていく

　生まれて間もない乳児は、「お腹が空いた」「喉が渇いた」「眠い」といった生理的で単純な快・不快しか表現できない。しかし、それが生後6〜8カ月にもなると、喜びや怒り、恐れ、悲しみといった基本的な**感情（情動）**が出そろう。

　幼児期に入ると、より複雑な感情の芽生えがある。1歳半になると、照れ、共感、羨望といった感情が現れる。これは**「自分」という意識**が形成されること、物事をイメージする能力が高まることを理由に、社会性を身につけていく時期であるためだと考えられている。

　2歳半頃には、罪悪感、恥、誇りといった感情も現れてくる。これは**道徳性の獲得**と関係している。親とのやりとりのなかで身につけた道徳性と、自分の行動を照らし合わせることで「いけないことをしてしまった」「これは褒めてもらえる」などと、自分の行動の善い悪いを判断できるようになっているのである。つまり、善いことをすれば誇らしい気持ちになり、悪いことをすれば罪悪感や恥を感じるのである。

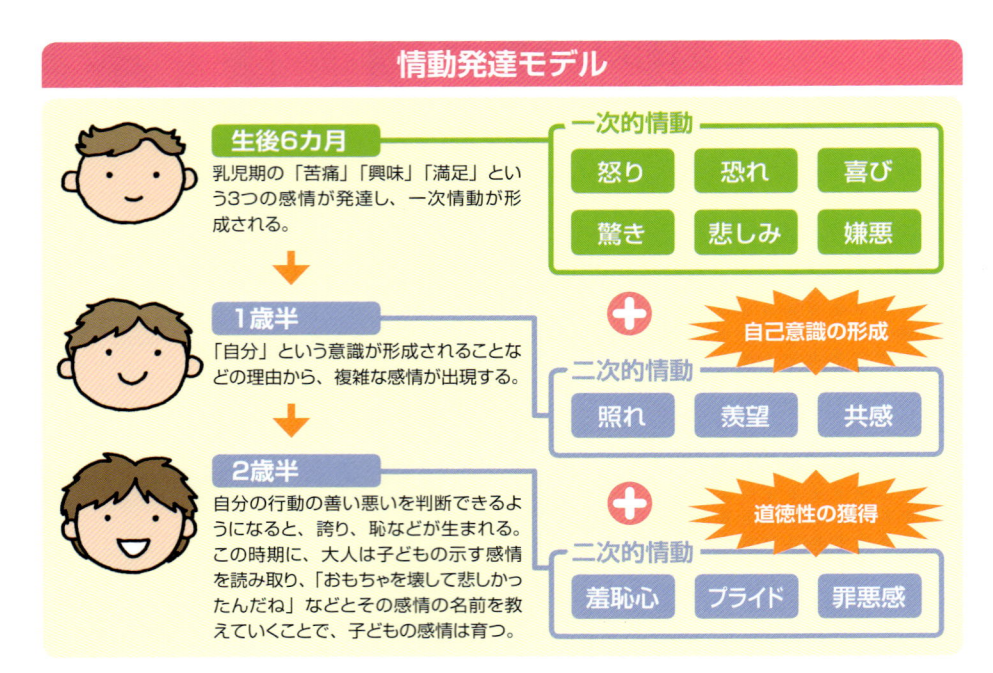

情動発達モデル

生後6カ月
乳児期の「苦痛」「興味」「満足」という3つの感情が発達し、一次情動が形成される。

一次的情動：怒り／恐れ／喜び／驚き／悲しみ／嫌悪

1歳半
「自分」という意識が形成されることなどの理由から、複雑な感情が出現する。

＋ 自己意識の形成
二次的情動：照れ／羨望／共感

2歳半
自分の行動の善い悪いを判断できるようになると、誇り、恥などが生まれる。この時期に、大人は子どもの示す感情を読み取り、「おもちゃを壊して悲しかったんだね」などとその感情の名前を教えていくことで、子どもの感情は育つ。

＋ 道徳性の獲得
二次的情動：羞恥心／プライド／罪悪感

> ミニ知識　相手の感情を読み取り、あたかも自分も同じ感情を経験しているかのように感じる能力を共感性という。

●感情をどう伝えるか

　乳児は、自分の感情を言葉で表現し、他人に伝えることができない。そこで「泣くこと」がおもな表現手段となる。それも、感情が発達するにつれて、泣き方も複雑化していく。快不快を訴えるだけの泣き方ではなく、明確な意思を持った泣き方へと変わるのである。

　やがて、言葉によって感情を表現しようと試みるようになる。最初はそれもうまくはいかず、ストレスを溜めてかんしゃくを起こすこともあるだろう。しかし、やがては感情を客観的に把握し、適切に表現できるようになるのだ。2歳を過ぎる頃には過去に経験した感情を、3歳になるとその感情がなぜ生まれたのかも、言葉にできるようになる。

　感情を言葉で表現することは、子どもの心理的な発達にも大きな影響を及ぼすことが知られている。たとえば**感情のコントロール**である。言葉にすることで、自分の感情を客観視できると、怒りや悲しみの高ぶりを抑えられるのである。

　また親や友だちと気持ちを共有できるようになるのも大きな変化だ。感情を言葉にすることで、楽しいことや嬉しいことを人と分かち合う楽しみを味わうことができるのである。

CLOSE UP　乳児は大人の表情をどう読むか

乳児は大人の表情から、その意味をくみ取り、自分の行動を変化させている。たとえば子どもがハイハイする先で大人が楽しそうにしていると子どもは近づいていくが、怖そうな顔をしていると尻込みするのだ。これは大人の表情次第で、赤ちゃんはのびのびと成長できない可能性があることを示している。ある調査によれば、虐待を受けた子どもは人の表情を「怒り」と判断しがちだという。

気持ちを言葉で表現すると生まれる心理的発達

泣いているだけでは伝わらない

猫にひっかかれて悲しいよ。

感情を言葉にすると……

他人と気持ちを共有できる
ただ泣いているだけでは、相手に自分の気持ちを伝えることができない。適切な言葉で表現し、気持ちを共有することが、社会生活には欠かせない。

気持ちをコントロールできる
それまでうまく表現できなかったもやもやした気持ちを、「悲しい」「嬉しい」などと表現し客観視すると、その気持ちをコントロールできるようになる。

感情に対する理解が深まる
言葉で感情を表現すると、その感情そのものについて考え、人と意見を交わすことができる。どうしたら嬉しいのか、なぜ悲しいのかなど、感情に対する理解が進む。

ミニ知識　日本人は感情を表に出さない国民性だと言われるが、事実、イギリス人やイタリア人に比べて表情からその意味を判断しにくいという調査がある。

▶ 言葉の発達

微笑みなどによって、赤ちゃんは言葉を獲得する以前からコミュニケーションがとれる。6カ月ぐらいから喃語(なんご)が出現し、1歳前後で最初の発話が見られる。

●微笑みの変化

赤ちゃんが「ママ」「パパ」といった意味のある言葉を話すようになるのは1歳前後からである。しかし言葉を覚える以前にも、赤ちゃんはコミュニケーションの手段を持っており、他者と関わることができる。

微笑みもその手段の一つだ。生まれたばかりの赤ちゃんが、うとうとしながらにっこり微笑むことがある。これは周囲の働きかけとは無関係に起こり、また母親の表情を真似したわけでもない。この微笑みは**自発的微笑**(じはつてきびしょう)と呼ばれる。生後すぐから自発的微笑は見られることから、人間は微笑む能力を生得的に持っていると考えられている。

また生後3カ月頃になると、人の声に反応して、誰かに対して笑いかけるようになる。つまり周囲の働きかけによって生まれる微笑みであり、自発的微笑とは性質が異なる。これを**社会的微笑**という。赤ちゃんの微笑みを見てかわいいと思った親が微笑みを返す。それを見た赤ちゃんが、また微笑む。このように微笑みは、親しみの感情をお互いに伝え合う手段となっていくのである。

自発的微笑から社会的微笑へ

発達とともに、コミュニケーションの意味を持った微笑へと変化する。生後5カ月頃からは、相手によっては微笑まないなど、人見知りも生じる。

●喃語から初語の発声まで

生後6カ月頃の赤ちゃんは「バーバー」といった意味のない音声(喃語(なんご))を発するようになる。興味深いのは、どの言語においても、発音される音声がほぼ共通していることだ。子音要素でいうと、h、d、b、m、t、g、w、n、kが8割を占めている。

しかし生後8カ月を過ぎる頃には母国語の音声が中心になる。イントネーションやリズムまで、母国語に近づいていき、やがて、何らかの意図をもって喃語が発声されるようになる。この段階の喃語は、特に**ジャルゴン**と呼ばれる。

赤ちゃんの最初の言葉を初語という。1歳前後で出るのが一般的で、その内容は「パパ」「ママ」といった同じ音を重ねる反復語であることが多い。文章形式ではなく、1語にさまざまな意味を込める「一語文」であることも特徴だ。「ワンワン」と一語発しているだけでも、「犬

泣くことも赤ちゃんのコミュニケーション手段の一つ。はじめは「お腹が空いた」など生理的不快を訴えるために泣くが、生後8カ月までには怒りや悲しみも表現する。

がいる」「犬にさわりたい」「犬がこわい」などの意味があるのである。やがて語彙が増え、単語を組み合わせられるようになると、「ママ、ワンワン」といった二語文が現れ、そしてそれ以上の語のまとまりへと変化していく。3〜4歳頃には語彙数は2000ほどに達し、日常的な会話ができるようになる。

言葉の使われ方も変化が生じる。2歳ぐらいまではおもに物の名を示すものとして使われる。また発話は一方的であり、他人とコミュニケーションをとるという意図は希薄だ。しかし3〜4歳になるとコミュニケーションの道具としての機能が確立される。相手の言葉に対してふさわしい言葉を投げかけるという、言葉の"キャッチボール"が可能になるのだ。

喃語の例

喃語の始まり
アー、ウーといった母音から始まる

子音が加わる
ブー、フーなど子音も発声できるようになる

単なる音あそびがコミュニケーションの意味を持ちはじめる

ジャルゴン
「ママ、マンマ」など意図を持った喃語に

音の反復
バーバー、ブーブーなど音を反復する

言葉の発達過程

1歳〜1歳半	初語を発声する時期。文章にはならず、「ママ」「パパ」といった単語のみの一語文のかたちをとる。
1歳半〜2歳	さかんに物の名前を覚えようとする時期。二語文が使えるようになる。語彙も増えて2歳時には300語前後に。
2歳半	知っている単語を羅列するようになる。現在、過去、未来の区別ができるようになる。語彙数は500前後に。
2歳半〜3歳	自分の気持ちを表現するようになる。接続詞や助詞も使い文章を作れるようになる。語彙数は900前後に。
3歳〜4歳	話し言葉がほぼできあがり、大人と日常会話を交わせるようになる。
4歳〜5歳	幼児語がほとんどなくなり、語彙数は2000を超える。友だちとも自由に意思疎通ができる。
5歳〜6歳	相手によって話す内容を変えたり、聞くことを変えたりできるようになる。おしゃべりを楽しむようになる。

ミニ知識 話し言葉が3〜4歳で完成するのに対し、書き言葉はそれに遅れて習得される。

▶ 愛着

母親など特定の人と結ばれる愛着（アタッチメント）が、その後の人間関係の礎となる。その愛着の質によって異なる性質が子どもに表れるのだ。

●親子の絆を確立する

　生まれてから3歳頃までに子どもは母親など特定の相手と「**愛着（アタッチメント）**」関係を結ぶ。親の関心を引こうとして泣いたり、笑ったり、見つめたりといった愛着行動を見せるのである。

　愛着は、子どもが健やかに成長するために欠かせない親子の絆として機能する。愛着関係の研究者として著名なのは**ボウルビイ**（イギリス、1907-1990）だ。彼は愛着関係が形成される段階を4つに分け、それぞれの段階で愛着の持ち方が違うことを示した。生後3カ月ぐらいまでは誰に対しても愛着行動を取るが、しだいに母親や父親など特定の人にのみ愛着行動を取り、ほかの相手には人見知りをするようになる。

　愛着関係の相手とはいわば子どもにとっての安全基地である。親との愛着関係があるからこそ、子どもは安心して親から離れて周囲の世界へと踏み出すことができるし、また不安を感じれば親のもとに戻り安定を取り戻すことができる。つまり親から離れて兄弟や友人、ほかの大人たちへと、人間関係を広げていけるのである。愛着関係は、子どもが成長してからの人間関係の核となるのだ。

ボウルビイによる愛着の発達過程

第1段階　前愛着（〜3カ月）
誰に対しても見つめたり笑ったりという同じ反応をする。

第2段階　愛着形成（3カ月〜6カ月）
両親など特定の人に愛着を抱き始める。人見知りが始まる。

第3段階　愛着の確立（6カ月〜2歳）
姿が見えないと泣くなど、愛着を持った相手と常に一緒にいたがる。

第4段階　目標修正的協調関係（3歳以降）
特定の人の姿が見えなくても、一人で安心して過ごせる。

「お母さんはすぐに戻ってくる」など、親の行動を推測できるようになると、1人でも平気でいられる。

> 子どもが、両親など強い愛着を持つ相手から置き去りにされるのではないかという不安を持つことを**分離不安**という。

●愛着のタイプ分け

愛着の質を3つのタイプに分類したのは**エインズワース**（アメリカ、1913-1999）である。

彼女は、**ストレンジ・シチュエーション法**という観察手法を用いたことでも有名だ。これは2歳未満の乳幼児を、見知らぬ人、知らない場所、母親がいないといった非常にストレスフルな環境において、その様子を観察するものである。

その実験から、エインズワースは子どものタイプを次の3つに分類した。

Aタイプ（回避型）は親がその場からいなくなっても関係なく行動し、むしろ親を避けようとする傾向がある。

Bタイプ（安定型）は、母親がいなくなると泣くが、親と再会すると積極的に触れ合い、親を活動拠点とする。

Cタイプ（アンビバレント型）は、母親に強い愛情を示す一方で、別離からの再会時には母親に敵意を見せるなど、相反する態度を示す。

ところが最近の研究で、A〜Cに分類できない親子関係が明らかになった。Dタイプ（無秩序・無方向型）と分類されるこのタイプは、ぎこちない表情、おびえた表情を見せるなど、愛着関係をうまく利用できない。近年、虐待や学習障害、注意欠陥・多動性障害（→p196）などとの関係から、注目されている。

CLOSE UP　3歳児神話

「子どもが3歳になるまでは母親は仕事に出ず、子育てに専念するべきだ。さもないと、子どもは愛情に飢えて発達に支障が出る」。ボウルビィの愛着理論は、このような「3歳児神話」が生まれるきっかけになった。しかし、科学的裏づけはないため、この考え方は崩壊してきている。

愛着のタイプ分け

ストレンジ・シチュエーション法とは？

乳幼児に、「見知らぬ人と2人きりになる」「母親と離れて一人ぼっちになる」「母親と再会する」などの刺激を与え、その反応を観察するもの。

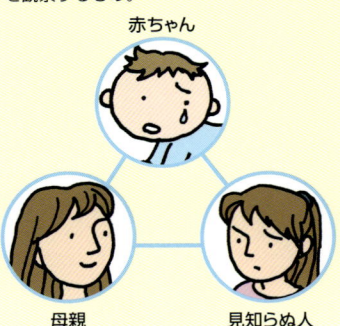

赤ちゃん／母親／見知らぬ人

A　回避型
母親がいなくなっても平気。母が戻ってきても喜ばず、むしろ避けるような行動をとる。

B　安定型
母親と一緒のときは活発だが、母親と離れるのを嫌がり、一人になるとおとなしい。

C　アンビバレント型
母親にべったりでいつも離れようとしない。別離も嫌がるが、再会時には反抗的になる。

D　無秩序・無方向型
ぎこちない表情、おびえた表情を見せる。養育者に虐待傾向がある母子に見られる。

ミニ知識　ボウルビィは愛着行動を、泣く、笑うなどの「発信行動」と、見つめる、追いかける、近づくなどの「定位行動」、抱きつく、しがみつくなどの「接近行動」に分類した。

第6章　人間の発達　愛着

自意識

3～4カ月めまでの赤ちゃんは、鏡に映る姿を見てもそれが自分だと認識できない。しかし1歳を過ぎる頃には鏡の中の姿が自分であることを理解する。

●「自分」はこうして生まれる

　子どもの自立の第一歩は、「自分」というものを認識すること（**自己認知**）である。

　生後3～4カ月までの赤ちゃんは鏡に映った姿を見てもそれが自分だとはわからない。また1歳未満の乳幼児は、ほかの子どもが泣いているのを見るとつられて泣いてしまったりする。つまり自分と他人の区別がついていないのである。

　それが変わるのは1歳を過ぎてからのことだ。次のような実験がある。赤ちゃんのほっぺや鼻に口紅を塗り、鏡の前につれていく。生後3～4カ月の赤ちゃんは、そこにほかの人がいると思って鏡に顔を近づけたりする。それが1歳半前後になると、自分のほっぺに触れるなどして、口紅を取ろうとしたのである。つまり鏡に映る姿が自分だと認識できているということになる。

　こうして自己認知ができるようになると、赤ちゃんはようやく自分の名前に反応するようになる。それまでは呼びかけに反応しているように見えても、ほかの名前で呼んでも同じ反応を示すのである。また自分と他人を区別して、他人が泣いているのを見て思いやりを示したり、逆にいじわるしたりするようになるのもこの頃からだ。自分のおもちゃを他の子どもに取られて泣くなど、所有するという概念も同時に生まれる。

鏡でわかる自己認知の過程

赤ちゃんの顔に口紅を塗り、鏡の前につれていく。

生後4カ月
自分の姿だとわからない
鏡をたたいたり鏡の中をのぞき込んだりするだけ。そこに誰かがいるように感じている。

1歳
本物の人間ではないとわかる
鏡のむこうには誰もいないと理解しているが、そこに映っているのが自分だとはわからない。

1歳半～2歳
自分の姿だとわかる
鏡に映る自分の姿を見て、自分の顔についている口紅をとろうとするしぐさをする。

自己認知
鏡を見て、口紅に触れることができれば、鏡に映っているのが自分であるという自覚が芽生えているということ。

ミニ知識　近年、自己抑制ができない子どもが増えている。親が何でも子どもの言うことを聞くからだ。こうしたゆるいしつけを**アンダーコントロール**、逆に厳しすぎるしつけを**オーバーコントロール**と呼ぶ。

●第一反抗期

2歳を過ぎる頃には子どもは運動機能が発達して行動範囲も広がり、自分の自由になることが増えてくる。すると大人たちは「していいこと」「してはいけないこと」を教え込む段階に入る。子どもにとってそんな大人は自分の欲求を邪魔する存在だ。そのうちに「自分は母親とは違う人間なんだ」という意識が芽生えていき、何でも自分の思い通りにしようと親に反抗することが増える。

これは、親の意見とは異なる自分の意見を主張する能力が身につきつつあることを意味する。この時期は**第一反抗期**と呼ばれる。

親にとっては手のかかる時期だといえるが、ここは子どもの気持ちを尊重する態度が必要だ。子どもはこの時期に「親の手を借りなくても、一人でも自分はこんなことができるんだ」という自尊感情をも養っていくといわれる。したがって親は、自分の意見を言うようになった子どもの成長を喜ぶべきであるし、また親が援助するときも子どもの自尊感情を傷つけない配慮が必要だろう。

自意識が発達し、自分の意見を言える（自己主張）ようになる一方で、そうした自分をコントロールできるようになることも、この時期の子どもにとっては大きな課題となる。まもなく近所の子どもたちと遊ぶようになるし、保育園や幼稚園などでの集団生活も始まる。そこで子どもは、決められたルールを守ったり、欲しいおもちゃを我慢したりする「**自己抑制**」を身につけていくのだ。

TOPICS ウソを覚えるのは健全である証拠

第一次反抗期が子どもの自立の第一歩であるように、ウソを覚えることも子どもが健全に成長していることの証だ。はじめは記憶力が未熟であるためにつく「覚え間違い」に近いウソが多いが、やがて自分を主張するためにつく意図的なウソを覚えるのだ。その内容は年齢を経るごとに高度になっていく。

人がウソをつく理由

予防線	ウソの予定で相誘いを断るなど	能力・経歴	相手より優位にたつためのウソ
合理化	失敗したときにいいわけする	見栄	自分を飾り立てるためのウソ
その場逃れ	一時しのぎのためにつくウソ	思いやり	相手を傷つけまいとしてつくウソ
利害	金銭的に得するためのウソ	ひっかけ	冗談やからかいのためのウソ
甘え	自分を理解してもらうためのウソ	勘違い	本人にそのつもりがなくつくウソ
罪隠し	罪を隠すためにつくウソ	約束破り	約束を果たせず結果的にウソになる

渋谷昌三「対人関係におけるdeception」（『山梨医科大学紀要』（第10巻）、1993年）

ユニセフの調査によると、日本の子どもの自尊感情は世界的に見ても著しく低いとされている。

道徳性

自分の行動の善悪を判断する能力、すなわち道徳性はどのように身につけていくのだろうか。道徳性が6段階のプロセスを経ると考えたのはコールバーグである。

●動機の善し悪し

社会生活を営むために必要な善悪の基準である**道徳性**を、子どもはどのようにして身につけるのか。

ピアジェ（スイス、1896-1980）は子どもの道徳判断を、2つのたとえ話を使うことで調べようとした。
Ⓐある子どもが、父のインクで遊ぼうとして少しこぼした。
Ⓑある子どもが、父のインクが少なくなっていたのを足そうとして大量にこぼした。

両者の違いは、こぼしたインクの量（被害の大きさ、行為の結果）と、父親を喜ばせようとしたか否か（行為の意図、動機）である。ピアジェは、被験者である子どもにこの話を聞かせてから「どちらの子どものほうが悪いか」と尋ねた。

すると7～8歳までの子はⒷが、それ以上の年齢の子はⒶが悪いと判断した。つまり、幼い子どもは行為の結果生じた被害の大きさから善悪を判断するが、成長するにつれて行為の意図から善悪を判断するようになるのである。ピアジェはこれを、他律的な道徳から自律的な道徳への発達ともいえると主張した。

ピアジェの道徳性理論

Q どちらの子どもが悪い？

Ⓐ 父のインクで遊ぼうとして少しこぼした
- 被害 小さい
- 意図 ふざけて

Ⓑ 父のインクが少なくなっていたのを足そうとして大量にこぼした。
- 被害 大きい
- 意図 善意

Ⓑが悪い！ 理由 被害の大きさ → 成長するにつれてⒶが悪いと判断する子どもが増える → **Ⓐが悪い！** 理由 行為の意図

他律的な道徳から自律的な道徳への発達

豆知識 コールバーグは、段階6に達した人間の例として、キリスト、ソクラテス、ブッダ、孔子、リンカーンなどを挙げている。

●道徳判断の発達段階

コールバーグ（アメリカ、1927-1987）は3水準6段階を経て道徳性が発達すると考えた。ごく個人的な利益のみを基準とする段階から、社会全体の利益を基準とする段階への発達である。

段階1では「絶対に罰を受けるから」「刑務所に入ってしまうから」など、権力にただ従う。段階2はそれが自分のメリットになる場合にのみ道徳に従う段階。段階3になると「そんなことをしたらかわいそう」「お母さんも悲しむ」などと、他者の期待を裏切るのは悪いこと、期待に応えるのはよいことだと考えるようになる。段階4は法や秩序を守ることを重視する。しかし段階5では規則を絶対視せず、人としての権利や公平さなども考慮に入れることができる。段階6が最終段階で、規則を超えて正義や尊厳、平等といった人類にとって普遍的な倫理に従って判断しようとする。

コールバーグの道徳性発達理論

I 前慣習的水準（7歳から10歳）

- **段階1 罰回避、服従志向**
  罰せられるかどうかが重要。罰を避けるために決まりに従う
- **段階2 道具的志向**
  自分の欲求や利益が満たされたり不利益が小さくなる場合に従う

II 慣習的水準（10歳から16歳）

- **段階3 よい子志向**
  相手の期待に応えること、喜ばれることをするのが正しいと考える
- **段階4 社会秩序への志向**
  社会的規則が道徳判断の基準になる。そのため権威を尊重する

III 慣習以後の水準（16歳以降）

- **段階5 社会的契約志向**
  規則を絶対視しない。社会に認められる範囲で個人の権利や幸福を考慮する
- **段階6 普遍的倫理への志向**
  契約や法律が及ばない場所でも自分が選択した普遍的な倫理に従う

年齢ごとに発達段階が異なる

（小5、中2、高2、大学生の段階2〜5の割合を示す積み上げ棒グラフ）

（山岸暁子、1995）

高校までは他者の期待に応えることを善とする段階3の子どもが多かった。

最終段階まで進めるのは人間全体の20％程度しかいないとコールバーグは考えていた。

他人の気持ちを理解する

相手の心を推し量る能力やそのプロセスのことを「心の理論」という。成立するのは4歳頃とされているが、そこに至るまでにいくつかのプロセスを経る。

●相手の心を理解する基礎となる「体験の共有」

社会生活を送る上では、他人の感情を読み取りそれに合わせて自分の行動を変える能力が必要になる。子どもは初めそれができないが、新生児があたかも大人の気持ちを読み取っているような行動をとることがある。大人が赤ちゃんの前で笑ったり驚いたりした顔をつくると、赤ちゃんはその表情を真似るのである。これを赤ちゃんの「**共鳴動作**（きょうめいどうさ）」という。

実際に相手の感情がわかるようになるのは生後半年ほどである。表情を手がかりにしながら、相手が置かれている状況などからも気持ちを推し量ることができるようになっていく。

また生後7〜9カ月頃から「**体験の共有**」と呼ばれる心の動きが見られるようになる。具体的には注意、意図、情動の共有だ。これも相手の気持ちを理解するための基礎となる。

たとえば**注意の共有**とは、親が指さしている対象に視線を向けるといったしぐさのことである。それまで子どもは自分でモノをつかんだり母親と遊んだりといった「自分・モノ」「自分・他人」という限られた二者の関係の中にいた。それがこの頃になると、二者から離れたところにあるモノを指さして母親に知らせたり、母親の視線の先にあるモノを目で追いかけたり、他人と一緒にモノに注目することができるようになる（**共同注意**（きょうどうちゅうい））。これは「人を介してモノと関わる」三者の関係であり、大人が示している興味や関心を、子どもが読み取ろうとしていることを意味する。

「自分・人・モノ」の三者関係

二者関係 閉じられた世界

自分 ― モノ
または
自分 ― 人

閉じられた世界でやりとりしているだけで、他者理解につながることがない。

三者関係 開かれた世界

モノ
／　＼
人 ― 自分

「人を介してモノに向かう」この三者関係の中で、大人が示している興味や関心を子どもが読み取ろうと努力を始める。

ほら、ニャンニャンよ

豆知識 直接観察することができない他人の心を推測するためのメカニズムのことを心の理論という。

●意図の共有と情動の共有

　意図の共有は、大人が示している目に見えない意図を、子どもが理解することを指す。たとえば、大人がボールを子どもに向かって転がしたら、子どもがそれを返すという行動である。

　情動の共有は、大人が表に出す気持ちと同じものを子どもが表現しようという行動だ。

　1歳を過ぎる頃になると「思いやり」の心が現れてくる。たとえば、泣いている赤ちゃんをおもちゃであやしたり、手を触れたりすることだ。2～3歳になると、人の作業を手伝う、困っている人を助けるといった援助行動も見られるようになる。

　中里至正（日本、1935-）は、こうした思いやりの気持ちに発達段階があることを示した。

体験の共有

注意の共有　意図の共有　情動の共有

3つの共有体験が人の気持ちを理解するための土台をつくる

思いやる気持ちの発達

愛他行動　外的報酬を期待することなく、他者のためになろうと内発的に動機づけられた利他的行為。他の人を思いやる、他の人のために何かしたい、という意識が働いている。

第1段階　1～2歳
おもに親との情緒的つながりを通して共感性が活性化していく。これがその後の愛他行動の発達の基本になる。

第2段階　2～6歳
共感性により喚起される愛他動機が発達する。愛他動機は愛他行動を生起するエネルギーになる。後の認知的発達がなくても愛他行動は生起するが、自己犠牲行動のような高次な愛他行動とはなりにくい。

第3段階　6～10歳
愛他的規範認知（互恵性、社会的責任）を学習し、愛他行動はさらに内面化し、安定する。

2歳にもなると、泣いている赤ちゃんを慰めるような行動をとるようになる。

第4段階　10歳以上
広い意味での道徳的判断力が増し、愛他行動はより内在化、より高次なものへと発達する。この段階は14～15歳までに急速に発達し、その後発達はゆるやかになる。

（中里、1987）

ミニ知識　近年、日本の中・高校生の「愛他性」の低さが問題視されている。中里らの調査によれば、日本、中国、韓国、トルコ、アメリカの5カ国の比較では、日本の若者のレベルが最も低かった。

第6章　人間の発達　他人の気持ちを理解する

遊び

遊ぶことによって子どもは、社会性や知的能力、運動能力などさまざまな能力を自然と身につけていく。

●遊びの中で子どもは成長する

　子どもには子ども独特の遊びがあり、貴重な学びの場だ。生活のすべてが遊びといえるほど、朝から晩まで遊びに没頭している。たとえば乳児期が何でも口の中に入れようとするのも、物をつかんでは投げたりするのも、世界を把握し、理解しようとするためのもの。遊びを通して、幼児期に必要なほとんどの要素、つまり運動能力、言葉、社会性、自立性、知的能力など、子どもの心身の発達には欠かせないものが身につく。

　子どもの遊びは成長によって変化していく。ピアジェは、遊びを「機能的遊び」「象徴的遊び」「ルール遊び」の3段階で分類した。特に、象徴的遊びの一つである「ごっこ遊び」が子どもの遊びの最大の特徴だと考えた。この段階になると、子どもはイメージや言葉を使って遊ぶことができるまでに成長している。ごっこ遊びをする中で、他の人の立場にたった考え方である「心の理論」の獲得や、自己主張を学んだりする。

　またパーテンは、友達と子どもがどう遊び、仲間関係を発展させていくのかという社会的発達の視点で研究し、遊びを6つに分類した。

ピアジェによる遊びの分類

①機能的遊び（2歳頃まで）
目的もなく手足を動かす運動がそのまま遊びになる。物をつかむ、投げる、口に入れるなども遊びの一つ。

②象徴的遊び（2〜7歳）
模倣、見立て、ごっこ、想像など、イメージをともなってする遊び。また一人遊びであることが多い。

③ルール遊び（7歳〜）
スポーツやカードゲーム、鬼ごっこ、かくれんぼなど、ルールのある遊び。2人以上で遊ぶ。

たとえば積み木を「車」に見立てて遊べるのは、自分の中で車に乗ったときの体験をイメージできていることの証。これが発展すると、そのイメージを友達と共有し、お家ごっこ、秘密基地ごっこなどで一緒に遊べるようになる。

他の子どもと遊ぶようになるとケンカも生じる。はじめは言葉で気持ちを表現できないため、たたく、かみつくといった身体的な攻撃が多い。

●子どもの絵の発達過程

遊びの中でも「お絵かき」は、一人遊びの定番だ。子どもの描く絵は不思議で、こんなふうに世界が見えているのか、と大人が驚くことも多い。

1～2歳では、手の運動によるなぐり書き程度だったものが、2～3歳では始点と終点のある線による図が描け、さらに意味づけが生まれる。単なる丸でも、「リンゴ」にも「タイヤ」にもなるのだ。

3歳になると、**頭部人間、頭足人間**と呼ばれる人間を描くようになる。頭と胴体は丸、目が点、手足が線といった簡単なものだが、この頃には書く前に意味を考えて描けるようになっている。この時期に特徴的なのは、植物や動物を人間と同じようにとらえる**アニミズム**が現れることだ。

アニミズムは、ピアジェが**自己中心性**と呼ぶ幼児期独特の思考の例といえる。これは、子どもが自分と他人との違いをうまく理解できず、自分を中心に物事を考えるので、生物以外のものや植物にも、人間と同じように心があると信じることを指す。太陽に顔があるのはよい例で、3歳頃の絵には擬人化表現が多く見られる。自分の立場から離れて客観的に物事を見ることができない自己中心性からの離脱が、発達の重要なポイントとピアジェは考えていた。

4歳では、円以外にも三角、四角を使って絵を描けるようになり、バリエーション豊かになる。1枚の紙にさまざまな絵を一緒に描き、頭の中のイメージを絵に表すことができる。

5歳の絵には、ベースラインが登場する。地面を描くことで、2つの世界を表現できる。また興味や関心を持ったものだけを「知っているとおり」に描くのも特徴だ。

パーテンによる分類

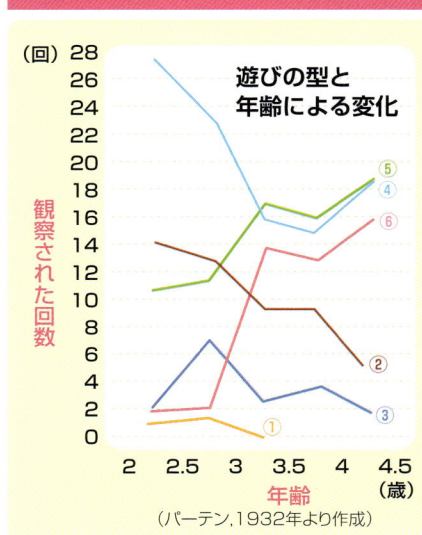

遊びの型と年齢による変化

（パーテン，1932年より作成）

①遊びといえない行動
特に遊んでいるというわけでもなく、興味を惹かれるものがない限りぼうっとしている。

②一人遊び（2歳半頃）
他の子どもがすぐ側で遊んでいても、混ざろうとせず一人で遊ぶ。

③傍観者遊び（2歳半～3歳）
他の子の遊びを見て楽しむ。話しかけることはあっても遊びには参加しない。

④平行遊び
複数の子どもたちがそれぞれ一人遊びをしていて、お互い関心を示さない。

⑤連合的遊び（4～5歳）
他の子と一緒に遊ぶ。仲間意識はあるが役割分担などは見られない。

⑥協力遊び（5歳以降）
役割分担もある。何かをやり遂げようとする目的意識も生まれる。

> ミニ知識　近年では、地域社会の希薄化、生活空間の減少などによるテレビ・携帯ゲームなどでの一人遊びの増加から、子どもたちは心身の発達に見合う遊びを経験していないといわれる。

第6章　人間の発達　遊び

友人づきあい

幼児期になると同年代の子どもと遊ぶようになり、特定の相手と仲良くなる。ケンカも増えるが、子どもの発達には欠かせないものとされる。

●年齢によって友達を選ぶ目が変わる

子どもの遊びは成長とともに変化し、2歳半頃までは一人遊びが多かった子どもたちが、しだいに同年代の友達と遊ぶようになることは、p190ですでに述べた。しかし、同年代であれば誰とでも友達になるわけではない。子どもなりに、友達を選ぶ理由があるのだ。

田中熊次郎（日本、1909-2004）は「**相互的接近**」「**同情・愛着**」「**尊敬・共鳴**」「**集団的協同**」の4パターンを見いだした。

幼児の段階では、家が近い、教室の席が隣などの相互的接近が理由で友達になることが多い。また「なんとなく好き」「気に入っている」などの同情・愛着が理由で友達になることも幼児期によくみられる。外山紀子（日本、1965-）の保育所での子どもの人間関係を調べた研究では、4歳児にとって隣に座ってお互いが昼食を食べることが、仲の良さを象徴する行為であるとしている。

ただし相互的接近と同情・愛着は、下のグラフを見てもわかるように年齢を重ねるごとに影響力が弱まっていく。かわりに影響力が強くなるのは「尊敬・共鳴」「集団的協同」の2つである。

友達を選ぶ決め手

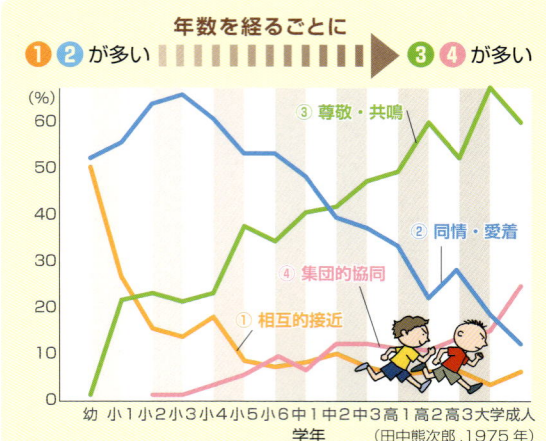

年数を経るごとに ❶❷が多い ➡ ❸❹が多い

（田中熊次郎, 1975年）

❶ 相互的接近
家が近い、席が近いなど「いつもそばにいる」から友達になる、というもの

❷ 同情・愛着
好き、感じがよい、かわいらしい、親切だ、明るいなどの情緒的な要因

❸ 尊敬・共鳴
勉強ができる、スポーツができる、また性格が似ている、意見が合う

❹ 集団的協同
教え合う、助け合う、集団をまとめることができるなど

➡ 年齢を経るごとに、人格や能力など、相手の人となりが友人となる決め手になっていく

ミニ知識　大学生を対象にもっとも古い記憶をたずねると、3〜4歳の幼児期の記憶と答える者が多かった。

●ケンカも勉強のうち

友だちと遊ぶようになると、ケンカも増えてくる。ケンカの原因の多くは幼児期の特徴である**自己中心性**（→p191）にある。相手の立場を想像することができず、相手の意見を聞かないで、自分の主張ばかりしてしまうのだ。

ケンカの内容も、はじめはとっくみあいのケンカなど、衝動的で身体的な攻撃が多い。しかし言葉を覚えるにつれて、暴力ではなく口でケンカしたり、また話し合いでケンカの解決を試みたりするようになる。

こうしたプロセスを通じて、子どもは相手に自分の気持ちを伝えること、関係を良好に保つこと、人それぞれ違う意見を持っていることなどを学んでいく。やがて子どもは自己中心性を脱し（**脱自己中心化**）、他者の立場でものを考えられるようになる。ケンカは子どもの発達になくてはならないものなのだ。

ケンカの解決方法

子どもがとる手立てはおもに5つある。

先取り
「これ僕のだぞ」
争点になっているものを先に持っていたかどうかを示す

独占
「いっぱい使っている」
「一回も使っていない」
独り占めしていること、あるいはしていないことを示す

拒絶
「ダメ」
相手の言動を否定する

主張
「私の」
「欲しいの」
自分の主張を示す

先生
「先生に言うから」
先生に告げることを示す

「先取り」で自己主張することが有効だとわかった！

誰が最初に使っていたかを明確にすることで相手より自分が優位に立とうとする。

TOPICS 自己中心性

幼児期の心の特徴である自己中心性は児童期の後半になると弱まってくる。

それを示す実験をピアジェとインヘルダーが行った。3つの山の模型を子どもに見せて、4つの視点から山がどのように見えるのか判断させるというものだ。

4〜5歳の子どもは、どの視点も同じと判断するが、10歳になると各視点からの見え方の違いを正しく把握できるという。つまり自分という立場から離れて、さまざまな視点から物事を見ることができるようになったということである。

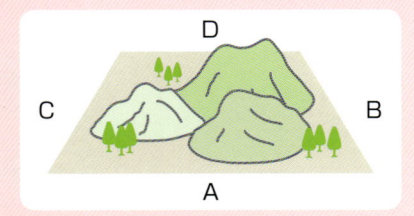

4〜5歳
ABCDどの地点からも、今自分が見ているのと同じように見えると判断する

9〜10歳
ABCDそれぞれの視点からの見え方の違いを正しく判断できる

> ミニ知識　ケンカの解決方法には「少しだけならいいよ」「すぐ返すから」と状況を「限定」したり、「少しならいいよ」「ちょっとね」と時間的、量的な「条件」を提示する手立ても見られる。

▶ギャングエイジ

小学校に入ると、子どもたちは気の合う友人と密接で閉鎖的なグループを作る。この時期のことをギャングエイジという。

●子どもが集団を作り出す時期

　小学校で過ごす６年間を一般的に**児童期**という。この時期、子どもの身長と体重は著しく増加し、６歳〜１２歳の間に身長は４０㎝、体重は２倍程度増える。生活環境の変化も大きい。小学校に入ると、同じ時間を過ごす同年齢の子どもたちとのつながりが深くなっていく。その結果、親よりも仲間が大切と思う気持ちも生まれてくる。

　子どもが学校内で作る同年齢同性のグループは４〜５人の小さな集団であり、非常に結びつきが強い。また仲間うちでしか通用しない合い言葉を用いたり、秘密を共有するなど、独自のルールを持っていることが多い。他の子どもたちを寄せつけない閉鎖性があるのだ。そのため、他のグループとの争いもよく起こる。このような集団を「**ギャング集団**」と呼び、この時期を「**ギャングエイジ**」という。

　集団の中では**いじめ**が発生することもあり、学校教育における深刻な問題となっている。小学２〜３年生では、自分のことばかり話して集団の枠を乱す、人と協力できない、あまり人としゃべらない子どもなどがいじめられるという調査結果があったが、その理由は複雑でさまざまだ。

　また、ある集団の中でいじめられやすい子は、他の集団でもいじめの対象になりやすいという傾向もあり、集団内の地位は、集団を超えて安定しているともいえる。

ギャングエイジの役割

ギャング集団とは？…同年齢同性の児童４〜５名からなる、非常に密接で閉鎖的な集団

- リーダーとそのサポーターなど、集団内での役割分担を学ぶ
- 集団の中のルールを守り、共通の目標に向かうという実行力を学ぶ
- 仲間への忠誠、共感、協力などの社会性を身につける
- 仲間と良好な関係を保つためのコミュニケーション能力を養う
- 親からの心理的な自立を促す

> **ミニ知識** ２０１３年以降、いじめの定義は「一定の人間関係のある他の児童生徒が行う心理的又は物理的な影響を与える行為（インターネットを通して行われるものも含む）」となっている。

●集団での生活で社会性を身につける

ギャング集団は、子どもたちにとって小さな「社会」だ。役割分担、ルールを持つことの大切さ、どんなコミュニケーションをとれば溶け込めるのかを、仲間と行動する中で身につけていく。時にはケンカをしながら、社会で生きていくためのルールを少しずつ学んでいくのだ。

しかし、近年ではギャング集団が姿を消しつつあり、この言葉は死語になっている。友だちと遊ばない子どもが増えているからだ。その原因として考えられているのは、少子化によって一緒に遊ぶ子どもが少なくなっていること、テレビゲームなどでの一人遊びが増えていることなどである。都心部では集団の遊び場になる空き地も減っている。そもそも習い事や塾で忙しく、友達と遊びたくても遊べないという事情もある。

一人遊びから抜け出すことができず、ギャングエイジも経験しないまま成長すると、社会性を身につけるチャンスが少なくなってしまう。大人になってから人間関係を苦手に感じたり、コミュニケーションがうまくとれず苦労することも考えられる。

第❻章 人間の発達　ギャングエイジ

TOPICS いじめ

いじめには、腹いせによるものと、面白半分によるものとがある。どちらもいじめる側の大きなストレスが発端にあるといわれ、「緊張理論」と「統制理論」で説明される。緊張理論では、欲求不満や葛藤を抱えると、そのはけ口としての攻撃反応がいじめになるとする。統制理論では、本来持っている情動エネルギーをコントロールすることができなかった場合に、いじめると考えられる。

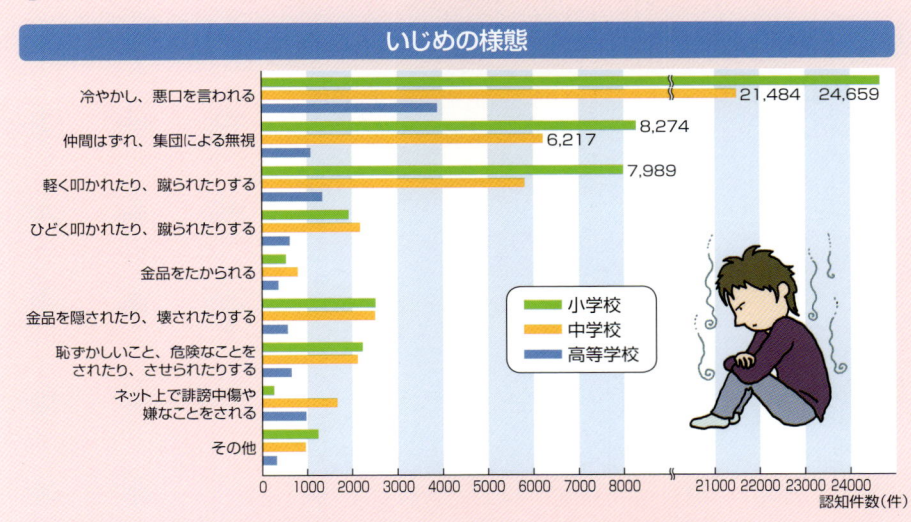

いじめの様態

項目	小学校	中学校	高等学校
冷やかし、悪口を言われる		21,484	24,659
仲間はずれ、集団による無視	8,274	6,217	
軽く叩かれたり、蹴られたりする	7,989		
ひどく叩かれたり、蹴られたりする			
金品をたかられる			
金品を隠されたり、壊されたりする			
恥ずかしいこと、危険なことをされたり、させられたりする			
ネット上で誹謗中傷や嫌なことをされる			
その他			

認知件数(件)

平成22年度「児童生徒の問題行動等生徒指導上の諸問題に関する調査」より。東日本大震災の影響により調査の実施が困難であった岩手県、宮城県、福島県は含んでいない。

ミニ知識 近年、携帯電話のメールやインターネットを利用した「ネット上のいじめ」が広がっている。保護者や学校が把握しにくい空間のため、有効な対応がとられていないのが実情だ。

発達障害(神経発達症)

乳幼児期や児童期に、一定のレベルを超えた遅れや歪みが生じたものを発達障害(神経発達症)という。自閉スペクトラム症、AD/HDなどが広く知られている。

●自閉スペクトラム症(ASD)

発達の早さには個人差がある。特に乳幼児期は、周囲の大人が発達の差を気にすることが多いが、中には一定のレベルを超えて発達が遅かったり、歪みが生じることがある。これを**発達障害**(神経発達症)と呼ぶ。発達障害は長い間、性格の問題と考えられ、誤解に苦しむことが多かったが、平成17年に発達障害者支援法が施行されるなど、近年広く知られるようになった。発達障害としてよく知られているものに、**自閉スペクトラム症(ASD)、注意欠如・多動症(AD/HD)、学習障害(LD)**がある。

自閉スペクトラム症(ASD)は、おもに社会性の発達に偏りがあるものを指す。かつては知的障害を伴う「自閉症」と知的障害を伴わない「アスペルガー症候群」に分けられてきたが、2013年に診断基準が改訂され、現在ではまとめられている。多くの遺伝的な要因が複雑に関与して起こる生まれつきの脳機能障害で、症状が軽い人まで含めると、約100人に3人以上いると言われる。状態像は非常に多様で、「親しい友人関係を築けない」「会話で冗談や比喩がわからない」など、他人とうまくコミュニケーションをとれないのが大きな特徴だ。ASDの半数以上は知的障害をともない、児童期・青年期にはAD/HDや学習障害のほか、身体の使い方がぎこちなく不器用さが目立つ「発達性協調運動症(DCD)」などを合併しやすいことが知られている。

おもな発達障害

― 知的な遅れをともなうこともある ―

自閉スペクトラム症(ASD)
コミュニケーションの障害/対人関係・社会性の障害/パターン化した興味・関心のかたより/不器用(言語発達に比べて)

注意欠如・多動症(AD/HD)
不注意/多動・多弁/衝動的に行動する

学習障害(LD)
「読む」「書く」「計算する」等の能力が、全体的な知的発達に比べて極端に苦手

自閉スペクトラム症の子どもは特定の分野を突き詰める能力に長けており、時に大きな成果を上げることがある。

発達障害を親のしつけや本人のわがまま、努力不足などのせいにする声もあるが、それは誤りである。現在では、中枢神経系の機能障害に由来するものだと考えられている。

●注意欠如・多動症（AD/HD）とは

　注意が散漫で作業に集中できない、手足をそわそわ動かして座っていられない、先生の話を聞けない、あちこち動き回るといった子どもは、注意欠如・多動症（AD/HD）の疑いがある。

　脳の前頭葉や線条体と呼ばれる部位の神経伝達物資の分泌に問題があると考えられている。1996年の厚生省の調査によると、子どもの7.8％にAD/HDの疑いが認められたという。またAD/HDの子どもには知的障害はあまり見られないが、学習障害を併発することがある。

AD/HDの子どもへの治療法

薬物療法
登録された専門医療機関でのみ処方可能であり、新薬の承認も進む

→ 学校では通級指導という選択肢もある

環境への介入
・教室での机の位置や掲示物を工夫し、集中しやすくする
・勉強や作業を10-15分など集中できそうな最小単位の時間に区切って行う

行動への介入
・失敗行動を過剰に叱らない
・好ましい行動に報酬を与え、失敗行動には報酬を与えないことで、好ましい行動を増やす

通級指導とは？
小・中学校の通常学級に在籍している子どものうち、比較的軽度の障害がある子どもに対して、各教科の指導は主として通常学級で行いつつ、個々の障害の状態に応じた特別の指導を特別の場（通級指導教室）で行う教育形態。
平成18年からAD/HD、学習障害も通級の対象となった。ASDも含まれている。

●学習障害（LD）

　学習障害（Learning Disabilities）は、知的発達に遅れはないにもかかわらず、聞く、話す、読む、計算する、推論するといった能力のうち特定のものの習得と活動に困難を示すものをいう。困難な分野は限定されるため、最近では「限局性学習症（SLD）」とも呼ばれる。

　たとえば、人の話を聞いても理解できない、指示がわからない、文章を正確に読めない・書けないなどだ。また他の発達障害を併発していることが多い。幼児期には気づかれず、小学校に上がって学習性障害が発見されるケースが多い。

CLOSE UP　トゥレット症候群
発達障害の一つ。チック障害（突然繰り返し起こる運動や発声）を主症状とし、まばたき、顔しかめ、首振りのような運動性チック、咳払い、鼻すすり、叫び声のような音声のチックが起こる。

ミニ知識　発達障害は知的な遅れがあるものとないものを含んでいる。IQ50〜75で、社会適応能力が劣っているものを、軽度の知的障害だと位置づけている。

自分探しの始まり

身体が第二次性徴を迎える12歳頃から始まる時期を青年期という。アイデンティティの確立が大きな課題となる。

●アイデンティティを模索する時期

　思春期を経て成人へ向かう時期のことを心理学では青年期という。第二次性徴（→p200）を迎えて身体が急速に変化するとともに、心が揺れ動く。子ども時代の自己が崩れ（**アイデンティティ・クライシス**）、新たな自己を作らなければならないからである。そのため青年期は多くの悩みを抱える時期だ。自分とは何なのか、将来どうなりたいのかといった問いに、自分なりの答えを出していくことで、心の中に強固な自己を形作っていく。

　エリクソン（→p173）はそれを**アイデンティティ（自己同一性）の確立**と呼び、青年期における最大の発達課題だとした。自分は○○であるという自覚と同時に、社会から○○と認められ、自信や自尊心を持ち、責任や生きがい感を持つことが、○○としてのアイデンティティを実感している状態なのだ。つまり、アイデンティティとは、社会的存在と自分が一致することである。

　幸い青年期においては、まだ多くの人は学生であり、社会人としての義務や責任を負うことから一時的な猶予を与えられている。その間に進路や恋愛などさまざまな人生の問題に直面しながら、自らのアイデンティティを模索できるのだ。エリクソンは青年期のことを、こうして自分探しに没頭できる猶予があるという意味で、**モラトリアム**と名づけた。

アイデンティティが確立するまで

急激な心身の変化
第二次性徴が始まる
↓
アイデンティティクライシス
それまでの自己像が崩れる
↓
「自分とは何か」考え始める
人間関係や進路の問題にも直面する
↓
自分なりの答えを見つける
問題にぶつかるたびに自ら答えを出していく
↓
アイデンティティの確立

- 「自分はほかの誰でもない独自の存在である」
- 「自分は社会から受け入れられている」
- 「現在、過去、未来の自分は連続した存在である」

といった感覚を持つようになる

> 思春期は、青年期の始まりと重なり合う。具体的には、第二次性徴の始まりから終わりまでを指している。

●アイデンティティの４つの地位

アイデンティティという概念は、青年期の発達心理学を語る上で重要な概念で、多くの研究者がその概念を発展させた研究を行っている。

マーシャは、「危機」（クライシス）「積極的関与」（コミットメント）という２つの観点から、青年期を４つに分類した。この概念を**アイデンティティ・ステイタス**という。「危機」（クライシス）とは、いくつかの可能性について迷い苦しむこと、「積極的関与」（コミットメント）とは、自分の考えや信念に基づいてある行動をとることをいう。マーシャは面接法によって、青年のアイデンティティの確立度を検討し、４つの地位（ステイタス）を明らかにした。

４つの中でも、**アイデンティティ拡散**は、現在の若者に関する社会問題である、不登校やひきこもり、ニート、フリーターとも関係している。彼らは、アイデンティティの確立がうまくいかず、やるべきことがわからない、他者と親密な関係を作れないといった自分を見失った状態にある。そのため「自信が持てない」「仕事にやりがいを感じない」といったように、アイデンティティが拡散しているのだ。

アイデンティティ・ステイタス

危機（クライシス）…アイデンティティについて迷い苦しむこと

積極的関与（コミットメント）…自分の考えや信念に従って行動すること

❶ アイデンティティ達成
クライシス ○　コミットメント ○

クライシスの解決を経て、強固なアイデンティティを手に入れた状態。自分の信念に従って行動する人生を送る。

「僕の生き方はこれ！」

❷ モラトリアム
クライシス ○　コミットメント ×

クライシスのさなか。いくつかの選択肢のなかで迷っており、一つの生き方に決めることができない。

「僕は何がしたいんだろう？」

❸ 早期完了
クライシス ×　コミットメント ○

両親など他人に与えられた価値観のもとで生きることを受け入れている状態。従順なよい子として生きる。

「私は立派な人間になるの」

❹ アイデンティティ拡散
クライシス ×　コミットメント ×

クライシスを経験している場合としていない場合がある。アイデンティティ形成に向かうことができず、自己嫌悪や無力感に悩む。

「もう辛い……」

> **豆知識** 小此木啓吾（日本、1930-2003）は、アイデンティティの拡散によって進路の決定などを先延ばしにし、いつまでもモラトリアムから脱することができない青年を**モラトリアム人間**と呼んだ。

第❻章　人間の発達

自分探しの始まり

▶第二次性徴

身体が大きくなるだけではなく、性的に成熟していくのが青年期の特色である。異性が気になり始め、セックスに関心を抱くようになる。

●心より早く身体が大人になる

青年期は身体の性的成熟が進む時期だ。男子は筋肉や骨格が発達し、声変わりをし、陰毛が生え、精通が起こる。女子は乳房がふくらむほか、丸みを帯びた身体つきになり、初潮を迎える。こうした**第二次性徴**を経て、子どもの身体から大人の身体へと変化するのだ。

身体の変化を受けて、青年の精神状態も子どもから大人へと変化していく。13～14歳にもなれば異性に対する性的な関心を抱くようになり、好きな人ができ、愛されたいという欲求、セックス（性交渉）への興味も生まれる。

こうした心身の変化はあまりに急激であり、戸惑ってしまう子どもも少なくない。身体の変化ほどには、心は急に大人になれないのである。

小学校5年生から中学校3年生までを対象に行われた調査では、第二次性徴について男子は肯定的に受け入れている子どもが多かったという。しかし女子は、陰毛や初潮について「嫌だったが仕方がない」と否定的な受け止め方をした。これは、男子よりも女子のほうが第二次性徴が早く、そのために心と身体の成長のズレが大きいためだと考えられている。

第二次性徴を迎えた身体

男子
- 筋肉が発達する
- ヒゲが伸びる
- 声変わりをする
- 陰毛が生える
- 精通が起こる

女子
- 乳房がふくらむ
- 月経が始まる
- 陰毛が生える
- 骨盤が発達する
- 身体が丸みを帯びる

一般的に女子のほうが男子よりも1～2年早く第二次性徴を迎える

思春期に現れる男女の性的な成熟を指す第二次性徴に対して、第一次性徴は生まれてすぐに見られる男女の特徴（生殖腺および性器の違い）のことを指す。

不登校、ひきこもりの実態

子どもが社会に適応していく段階で、他者の評価によって自分の存在意義を確認できないと、その不安や怒りから、不登校、ひきこもりといった青春期特有の問題を引き起こすこともある。

不登校の子どもは令和3年の調査で約24.5万人。全小・中学校生の2.6％だ。文部科学省の定義では「何らかの心理的、情緒的、あるいは社会的要因・背景により登校しない、あるいはしたくない状況にあるために年間30日以上欠席した者のうち、病気や経済的な理由による者を除いたもの」とされる。その原因は一様ではない。きっかけとして挙げられるのは、友人関係、親子関係、学業の不振などだ。

ひきこもりは、厚生労働省の定義によると「6カ月以上自宅にひきこもって社会参加しない状態が持続しており、統合失調症などの精神病ではないと考えられるもの」とされる。平成27年の内閣府の調査によると、15～39歳のひきこもりの数は現在54.1万人、そのうち10代でひきこもり状態になった人が42.8％、全体の30.6％は不登校を経験していた。また、平成30年に実施された調査では、40～64歳のうち63.1万人がひきこもりの状態にあることが明らかになり、ひきこもりの長期化が問題視されている。

不登校の子どもの数

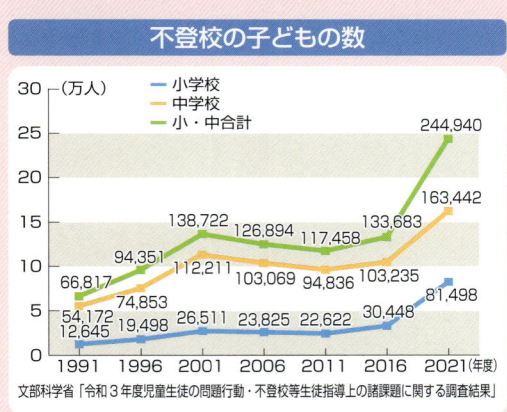

年度	小学校	中学校	小・中合計
1991	12,645	54,172	66,817
1996	19,498	74,853	94,351
2001	26,511	112,211	138,722
2006	23,825	103,069	126,894
2011	22,622	94,836	117,458
2016	30,448	103,235	133,683
2021	81,498	163,442	244,940

文部科学省「令和3年度児童生徒の問題行動・不登校等生徒指導上の諸課題に関する調査結果」

ひきこもりの子どもの小中学校時代

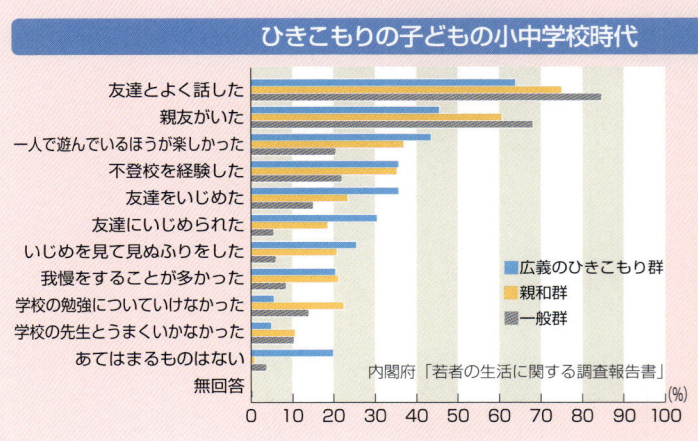

項目：友達とよく話した／親友がいた／一人で遊んでいるほうが楽しかった／不登校を経験した／友達をいじめた／友達にいじめられた／いじめを見て見ぬふりをした／我慢をすることが多かった／学校の勉強についていけなかった／学校の先生とうまくいかなかった／あてはまるものはない／無回答

凡例：広義のひきこもり群／親和群／一般群

内閣府「若者の生活に関する調査報告書」

ひきこもり群は、学校生活になじめなかった者が多い

内閣府が平成27年に15歳以上39歳以下の人を対象に行った調査による。有効回収率に占めるひきこもり群の割合は1.57％。「あなたは小学校や中学校の頃に、学校で次のようなことを経験したことがありますか」（複数回答）という問いへの回答。

第6章 人間の発達　第二次性徴

豆知識　不登校にも、学校に行く意欲があるのに行けない、学校に不安を感じるという神経症的不登校と、登校の意欲がない無気力型の不登校がある。

青年期の人間関係

青年期は、自立を目指して親から心理的に離れていく時期でもある。友人関係、男女関係も複雑になっていく。

●第二反抗期が始まる

それまでは親から守られるだけの存在だった子どもが、青年期に入り自我に目覚めるにつれて、親から心理的にも物理的にも距離を置くようになる。いわゆる親離れの始まりだ。これは自立に向けた準備を意味している。

この時期、子どもは**第二反抗期**を迎える。自立したいという思いから、親や教師に批判的な態度をとることが多いのだ。親との接触を避け家に寄りつかなくなることもある。

それらはどれも、親とは違った価値観、生き方を確立しようとする青年の努力なのである。一方では内心、幼い頃のように親に依存していたい気持ちが残っており、どのように親と接したらいいのかわからず、戸惑ってもいる。

ホリングワースはこの時期を**心理的離乳**（しんりてきりにゅう）と表現し、大人になるためには欠かせないものとした。親から心理的に授乳される関係（依存）から抜け出して、自立に向かうというのである。

第二反抗期を過ぎると、親子関係は新たな形となる。子どもは親に守られる存在としてではなく、自立した一人の人間として親と向き合う。親の良いところや悪いところも受け入れられるようになり、親を助けたり、力を合わせたりといった、お互い対等な個人としてつきあうことができるようになるのだ。

心理的離乳

まだ甘えていたい気持ち と **自立したい気持ち** が葛藤する時期

→ 親との接し方に迷い、ついぶっきらぼうな態度をとる（第二反抗期）

ゴハンもういいの？
……

●2段階の心理的離乳

第1次心理的離乳
（中学生頃の第二反抗期・従来の心理的離乳）
親からの離脱、依存性の払拭に重点をおく

第2次心理的離乳
（大学生頃の青年後期）
離乳後に育つべき自立性に重点を移したもの

西平直喜は、従来の心理的離乳を第1次、第二反抗期を過ぎた青年後期を第2次とし、前者は感情的な「反発」、後者は親との生き方の違いなどから生じる「抵抗」ととらえた。

> **豆知識** 自己開示により、普段は隠していることを話すことで、お互いの親密さが増す。これは恋愛においても同様で、自己開示をするほど恋愛感情を高める効果がある。

●友人との結びつきが強まる

　親から離れていく一方で、友人との関係を深めるのも青年期の特徴だ。心理的な自立という共通の葛藤を抱えている者同士、気持ちを共有できるのである。

　お互いに自分の悩みや不安を打ち明ける（**自己開示**）ことによって、青年は心理的な安定を手に入れる。やがて友人関係は親密さを増し、「親友」と呼べる友達ができる。また、そうした友人たちの目を通して、自分ではわからなかった長所・短所に気づき、自分を見つめ直す中でアイデンティティの形成が進んでいく。異性との関係を求めるようになるのは、こうした同性との親密な人間関係を築いた後のことである。

　もっとも、昨今こうした深い友人関係が見られなくなっているという報告がある。ある調査によれば、誰かと一緒にいたい、悩みを分かち合える仲間が欲しいという思いから群れを作る。しかしその反面、相手の内面に踏み込むことで相手を傷つけたくない、また自分も傷つけられたくないという思いから、つきあいはごく表面的なものに留まるというのだ。決して人づきあいが嫌というわけではないが、友人と深い関係になることには不安があるという、2つの気持ちの間を揺れ動いている状態だと考えられる。

大学生の人間関係

①群れ群
集団で表面的な面白さを重視する。

②気遣い群
互いに傷つけないように気を遣う。その場を仲良く過ごすことを重視する。

③ふれあい回避群
深い関わりを避け、お互いの内面に踏み込んだり、自ら悩みを打ち明けたりしない。

（岡田、1995）

第6章 人間の発達

青年期の人間関係

TOPICS 恋愛のはじまり

　恋愛感情が生まれ、交際に発展するようになるのも、青年期からである。しかしアイデンティティが確立されず、自分に自信がない状態では、なかなか交際が長続きしないものだ。また単純な好意（ライク）と恋愛（ラブ）を混同することも。ルービンはライクとラブの違いについて分析し、2つを明確に区別する尺度を開発した。ルービンによると、ライクは尊敬や信頼、親近感を含んだ感情。ラブは、独占したい、恋人のためなら自己犠牲をいとわないといった相手との一体感が特徴であるという。

ルービンによるライクとラブ判別テスト

カッコ内に相手の名を入れ、質問に答える。①～⑥に○が多ければライク、⑦～⑫に多ければラブだと判断する。

❶ （　　　）は適応力があると思う
❷ （　　　）は他人から称賛される人だと思う
❸ （　　　）は責任のある仕事に推薦できる
❹ （　　　）と私はよく似ている
❺ （　　　）のような人物になりたいと思う
❻ （　　　）の判断力を信頼している
❼ （　　　）が落ち込んでいたら励ましてあげたい
❽ （　　　）と一緒にいられないのはとても惨めなことだ
❾ （　　　）のすることならどんなことでも許す
❿ （　　　）のいない暮らしはとても辛いだろう
⓫ （　　　）の幸せのためならどんなことでもする
⓬ （　　　）とただ見つめ合っているだけの時間がある

ミニ知国　日本の青年とアメリカの青年を比較すると、日本の青年のほうが親との精神的な絆が弱く、また同時に親から独立しようという気持ちも弱いことがわかった。

成人期の課題

身体の成熟、アイデンティティの確立を経て、人生で最も長い「成人期」が始まると、職業の選択、結婚、出産といった多くの転機に遭遇する。

●心の成長は止まらない

アイデンティティの確立が最大の課題だった青年期を経て、成人期が始まる。とはいえ発達が止まるわけではない。むしろ生活環境という意味ではこれほど変化に富む時期はないとも言える。職業の選択、家庭を持つこと、子どもを育てることなど、大人になるために必要な、新たな課題に取り組むことになるのだ。

それにともなって**アイデンティティ**も少しずつ変化していくのが普通である。たとえば20代においては労働者としての役割が大きいが、30代になるとそれに加えて家庭人や市民といった役割を引き受けていく。こうした機会ごとに「自分とは何か」という問いが繰り返され、そのたびに答えが変わっていくのである。

中年期の発達段階を特に研究した学者にレビンソン（アメリカ、1920-1994）がいる。彼は生活構造が安定している時期と変化する**過渡期**が交互に訪れるとした。たとえば30代半ばの過渡期においては、20代のうちに暫定的に立てた生活構造を見直し、新たに安定した生活構造を作らなければならない。その後に、家族を迎えて社会的な位置を固めていくというのである。

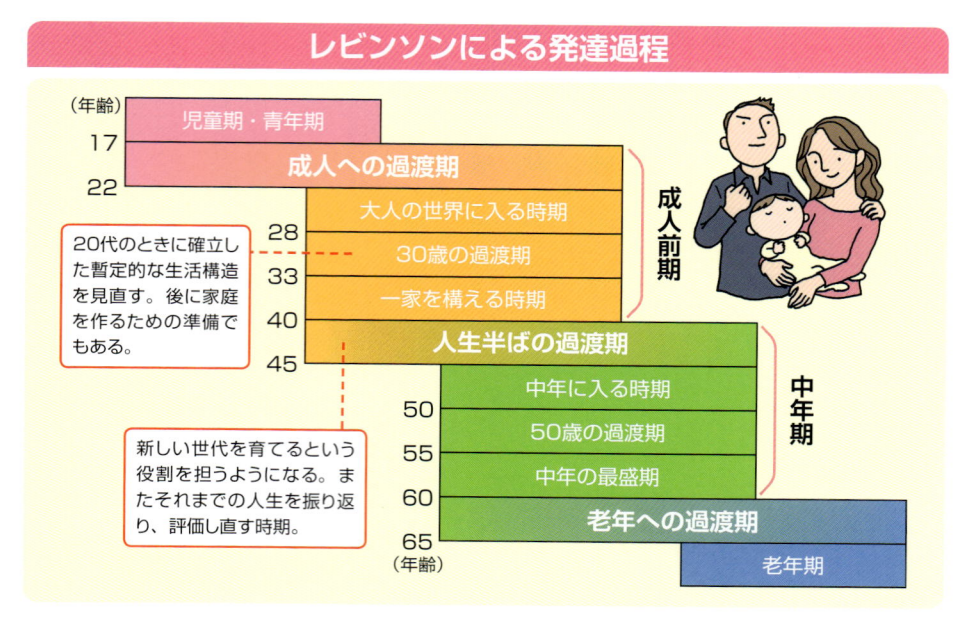

レビンソンによる発達過程

年齢	段階	区分
17	児童期・青年期	
17–22	成人への過渡期	成人前期
22–28	大人の世界に入る時期	成人前期
28–33	30歳の過渡期	成人前期
33–40	一家を構える時期	成人前期
40–45	人生半ばの過渡期	
45–50	中年に入る時期	中年期
50–55	50歳の過渡期	中年期
55–60	中年の最盛期	中年期
60–65	老年への過渡期	
65–	老年期	

- 20代のときに確立した暫定的な生活構造を見直す。後に家庭を作るための準備でもある。
- 新しい世代を育てるという役割を担うようになる。またそれまでの人生を振り返り、評価し直す時期。

ミニ知識　性別や年齢によって仕事に求める価値観は異なる。たとえば20代では自分の能力を伸ばす仕事や独創性を発揮できる仕事を重視するが、30代では経済的な安定を求める。

●職業的アイデンティティ

　学校を卒業し、成人期を迎えると生活の中心を占めるのは仕事になる。

　仕事とは、単なる生活の糧ではない。仕事を通じて自分の能力の生かし方を学んだり、社会のために役に立っているという実感を得たり、自分らしい生き方を探ったりと、その人の生き方に深く関わるものだ。したがって仕事も、アイデンティティを形成するための大きな要因となると考えられている。

　職業心理学者の**スーパー**（アメリカ、1910-1994）は、エコノミストであったギンズバーグのキャリア発達の理論を発展させ、職業と直接関連のない生活全体に注目して、人間の発達段階を、成長、探索、確立、維持、衰退の5つに分けた。成人期はこのうちの探索期、確立期に当たると考えられる。

　これは生涯にわたるサイクルであるが、各段階の移行期にもこの成長→探索→確立→維持→衰退のサイクルがあると考えられている。生涯にわたるサイクルを「マキシサイクル」、移行期のそれを「ミニサイクル」と名づけている。

　スーパーはさらに、個人的な生活と職業生活の全体を統合的に示す**ライフ・キャリアの虹**と呼ばれるモデルも発表し、注目を浴びた。

第❻章　人間の発達　成人期の課題

スーパーの理論

●キャリアの発達段階

段階	説明	ライフステージ
❶ 成長段階（0〜14歳）	仕事、職業というものに興味を持つと同時に、それに必要な基本的な能力について考える時期。	青年期
❷ 探索段階（15〜24歳）	自分がどんな仕事に就きたいか模索を始める。また実際に働いてみて、自分に合った仕事を見つけようとする時期。	成人期
❸ 確立段階（24〜44歳）	働きながら、本当にその仕事が自分に向いているのか検証する。やがて方向性が定まり、自分のポジションを固めようとする。	中年期
❹ 維持段階（44〜64歳）	仕事上、獲得した地位を保持する時期。若い世代に負けないよう新たなスキルも身につけていく。	
❺ 衰退段階（65歳以降）	仕事のペースを落とす、またはリタイアする。余暇や家族と過ごす時間が生活の中心になっていく。	老年期

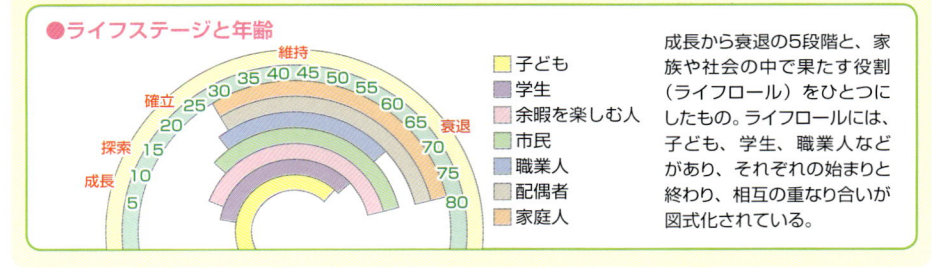

●ライフステージと年齢

成長から衰退の5段階と、家族や社会の中で果たす役割（ライフロール）をひとつにしたもの。ライフロールには、子ども、学生、職業人などがあり、それぞれの始まりと終わり、相互の重なり合いが図式化されている。

凡例：子ども／学生／余暇を楽しむ人／市民／職業人／配偶者／家庭人

ミニ知識　ホランド（アメリカ、1919-2008）は、職業人のパーソナリティを現実的、研究的、芸術的、社会的、企業的、慣習的の6つのパターンに分類し、適職探しに役立てようとした。

205

結婚

成人期の一大イベントである結婚と出産も、発達課題としての意味を持つ。生まれ育った家を離れ、新たに社会を構成する単位としての家庭を築くのである。

●結婚の意味とは

　エリクソン（→p173）は成人期の重要な発達課題として「パートナーを見つけ家庭を築くこと」を挙げている。生まれ育った家（定位家族）を離れ、社会を構成する最小単位としての家庭（生殖家族）を新たに築く。異性に対する親密さが高まり、子どもが生まれれば新世代を育てるという親としての役割も生じる。その中で人は心理的な成長を見せるのである。内閣府の「人生100年時代における結婚・仕事・収入に関する調査報告書」（令和3年）によれば、20～39歳の未婚者の半数以上が結婚したい理由として挙げるのは「好きな人と一緒に生活をしたい」であり、ついで「家族を持ちたい」「精神的な安らぎの場を持ちたい」が並ぶ。男女差が大きいものもあり「経済的な安定を得たい」「老後が心配」「両親や親戚を安心させたい」はいずれも男性よりも女性のほうが高かった。

　結婚のメリットについても、経済面と心理面の両面から調査されている。経済面よりも心理面のほうがより期待されているようだ。厚生労働省の「少子化に対する意識調査」（2004年）によると、既婚未婚にかかわらず、過半数の人が結婚に「精神的な安らぎ」を求めていることがわかった。

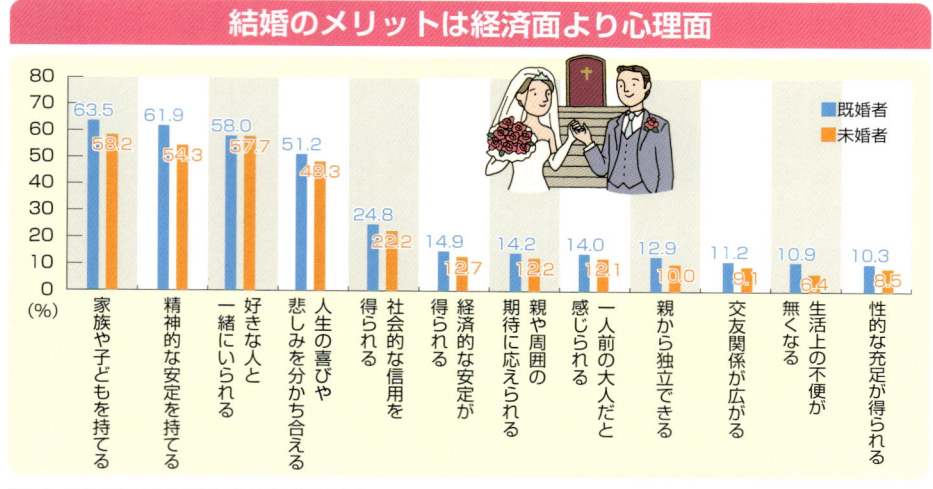

結婚のメリットは経済面より心理面

項目	既婚者	未婚者
家族や子どもを持てる	63.5	58.2
精神的な安定を持てる	61.9	54.3
好きな人と一緒にいられる	58.0	57.7
悲しみや喜びを分かち合える	51.2	48.3
人生の喜びを得られる	24.8	22.2
社会的な信用を得られる	14.9	12.7
経済的な安定が得られる	14.2	12.2
親や周囲の期待に応えられる	14.0	12.1
一人前の大人だと感じられる	12.9	10.0
親から独立できる	11.2	9.1
交友関係が広がる	10.9	6.4
生活上の不便が無くなる	10.3	8.5
性的な充実が得られる		

（備考）厚生労働省「少子化に関する意識調査」（2004年）より作成
「あなたは結婚についてどのようにお感じですか。あなたのお考えにあてはまるものをすべてお答えください。（○はそれぞれいくつでも）①結婚のよい点・メリット」と尋ねた問いに対して回答した人の割合。対象は20～49歳の男女

ミニ知識 内閣府の調べでは、将来結婚したいと思う未婚者に結婚生活を送る上での不安を尋ねると、男性は「経済的な不安」を、女性は「配偶者の親族とのつきあい」を第一に挙げた。

●未婚化・晩婚化が進む

　結婚のメリットを認めた上で、「結婚しない」という選択をする人が増えているのが現代の特徴である。

　この晩婚化・未婚化はデータ上でも明らかだ。50歳になっても一度も結婚をしたことのない人の割合（50歳時未婚率）は急上昇しており、2020年には男性の28.3％、女性の17.8％に及ぶ。

　また内閣府の発表によれば、未婚者の多くは結婚しない理由として経済的に不安、相手がいないなどを挙げる。2021年の調査では未婚男性の81.4％、女性の84.3％が結婚を望んでいるにもかかわらず、20代・30代の未婚男女約70％が交際相手がいないとした。つまり結婚したくてもできない状況にある人も増えているということだ。

　結婚に対する価値観の変化も見逃せない。ライフスタイルが多様化し、「結婚して子どもをつくる」こと以外に価値を求める人生も認められるようになったのである。

　たとえば、女性の社会進出が進み、結婚せず仕事に注力したい、結婚しても子どもはいらないと考える女性が増えた。また家庭内の役割に縛られず自由でいたいという思いから独身を選ぶ者もいる。

CLOSE UP　経済的な不安も未婚の原因に

　不況による収入の伸び悩みも未婚に色濃く影響している。内閣府の調査によると30代男性は年収が多いほど結婚率が高く、20代男性でも年収400〜600万円であれば4割近くが結婚している。しかし年収300万円未満では20代で8.7％、30代で9.3％にまで既婚率は下がってしまう。

第❻章　人間の発達

結婚

未婚率の上昇

結婚しない理由
- 収入低下
- 独身が快適
- 出会いがない
- 仕事と両立できない
- 女性の社会進出

50歳時未婚割合の推移

年	男性(%)	女性(%)
1920	2.17	1.80
1930	1.68	1.48
1940	1.75	1.47
1950	1.45	1.35
1960	1.26	1.88
1970	1.70	3.33
1980	2.60	4.45
1990	5.57	4.33
2000	12.57	5.82
2010	20.14	10.61
2015	24.77	14.89
2020	28.25	17.81

出典：「第16回出生動向基本調査結果の概要」(2021)」（国立社会保障・人口問題研究所）

ミニ知識　既婚者に結婚の決め手となった条件を尋ねると、9割以上が「性格」を挙げる。

出産・育児

子どもを持ち親になると、視野が広がり、自己抑制ができるようになるなど人格面での変化が生じる。また夫婦関係も新たな段階を迎える。

●親になることでの変化

　子どもを持ち「親」という役割を引き受けることは、人間の発達にとって大きな意味を持つ。人間ははじめから親として十分な能力を持っているわけではない。実際に子どもを愛し育てながら、少しずつ親になっていくのである。

　親子関係の研究を行っている小野寺敦子は、これから親になろうという男性は「自分が家を支えていく」「よい父親になる」といった自負を持つようになり、母親は「親になることで一人前になれる」といった実感を持つようになることを明らかにした。

　父親、母親で気持ちに違いが見られるが、親としての心性は、幼いものやか弱いものを慈しみ育てるという概念の**養護性**（ようごせい）で表現されることが多い。一般的に父性、母性という言葉が使われてきたが、女性の社会進出にともない、男性・女性の役割にとらわれずに、父母が協力して子育てを行っていくべきであるという考え方が社会に広がったことが理由のひとつだ。

　養護性は子育てを通して高くなり、人格の変化も現れると言われている。親になることで人格がどのように変化するかを調べた研究では、柔軟さ、自己抑制、視野の広がり、運命・信仰・伝統の受容、生きがい・存在感、自己の強さという6つの尺度で、親としての発達を見ることができるとしている。

親になると人格も変わる

「立派な親にならなくちゃ」

親の発達の尺度

❶柔軟さ
寛容になる、我慢強くなる、性格が丸くなる

❷自己抑制
自分の欲求や行動を抑えられるようになる

❸視野の広がり
日本の将来や教育問題、環境問題などに目が向く

❹運命・信仰・伝統の受容
運命論、信仰や宗教を受け入れるようになる

❺生きがい・存在感
人生に充実感を覚える、気持ちが安定する

❻自己の強さ
妥協せず頑張る、自分の考えを主張するようになる

（柏木・若松、1994）

ミニ知識　職業、家事、育児の担当にどれほど差があるかを示す指数を男女平等指数という。日本は先進国中も最も女性の負担が重く、したがって平等指数が低いとされる。

●夫婦間の変化

子どもの誕生によって夫婦関係にも変化が生じる。一般的には、夫婦の関係よりも親子の関係のほうが重視されるため、お互いの呼び名も「お母さん」「お父さん」などに変わることがある。

小野寺敦子は、同じ夫婦を親になる前から4年にわたって調査し、親密性、我慢、頑固、冷静という4つの因子の変化を明らかにした。

その結果、親になって2年後には夫婦の親密性が著しく下がった。つまり子どもが生まれると夫婦の仲は悪くなるということである。

なお妻の頑固さも親になることで増した。一方、我慢度は夫のほうが親になる前・なった後とも高かった。親密性が下がったことについては、夫の場合は妻のイライラが強いことと労働時間が長いことが影響していた。妻のほうは、夫の育児参加が少ないことに不満を抱いてのことだという。

夫婦間の親密さの変化

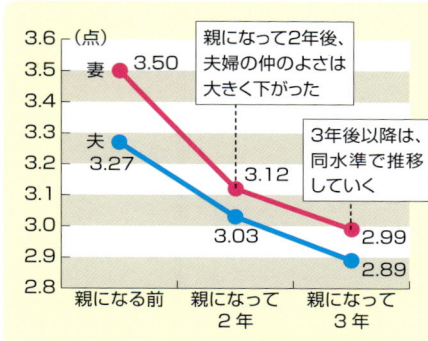

親になって2年後、夫婦の仲のよさは大きく下がった

3年後以降は、同水準で推移していく

妻 3.50　夫 3.27　3.12　3.03　2.99　2.89

親になる前　親になって2年　親になって3年

（小野寺敦子、2005）

点数は、「夫／妻に甘えている」などの6つの質問に対して、「まったくそうではない」（1点）「あまりそうではない」（2点）「少しそうである」（3点）「非常にそうである」（4点）で回答した平均点。

●男性の育児参加

育児は親が成長するためのチャンス。しかし現実には、男性の育児参加は進んでいない。

それは子どもの発達を妨げる要因にもなると考えられている。ある調査によれば、父親が育児に協力的であるほど母親は安心して育児ができ、また子どもの発達にも好影響を与えることがわかっている。また一方では、父親が育児に協力しないと、母親はストレスを抱え、ときには体罰を与えることもあるという。

こうした状況を踏まえて厚生労働省は、男性の育児参加を推進するべく、平成22年から「イクメンプロジェクト」をスタートさせている。子育てを積極的に楽しむ父親を「イクメン」と命名、男性の育児についての社会的気運を高めつつ、男性が育児参加できる環境を整えることを目指すものだ。

CLOSE UP　虐待をする親たち

児童虐待は大きな社会問題だ。2022年度中に児童相談所が対応した児童虐待相談は過去最高の20万7000件を超えた。親が子どもを虐待する理由は複雑でさまざまだが、貧困や孤立によるストレスともいわれる。虐待する親は自己評価が低く、うまく人と接することができなかったり、職場や親族、地域からも孤立する傾向にある。また夫婦関係が希薄な例もよくみられる。

> 母親が考える「いい子」像は国によって異なる。日本では「決まりを守る、辛抱強い、努力する」子どもだが、米国では「独立性・リーダーシップがある」子どもが評価される。

中年期

ユングは40歳前後の中年期を「人生の正午」と呼び、この頃起きる価値観の変化がのちの老年期を決定づけるとした。

●自分の限界に突き当たる

中年期を境に人生は後半に差し掛かる。40歳前後はちょうど人生の半分を過ぎた「折り返し地点」。ユングはこれを「**人生の正午**」と呼んだ。また、ときには価値観の転換を強いられるとし、老年期が充実するかどうかを決定づける大切な時期でもあるという。

ここで迎える転機は、たとえば身体の変化である。体力の衰えや老いを感じるようになり、45歳を超えると生殖機能の低下を原因とする**更年期障害**が現れる。特に女性には顕著で、発汗やイライラ、不眠、頭痛といった症状が出て、精神的にも不安定な状態に置かれる。男性も頭痛や吐き気などを訴えることが多い。

仕事面では責任あるポジションを任される年齢となり、その弊害として日々大きなストレスにさらされることになる。出社拒否、燃え尽き症候群などが起こるのもこの時期である。不況の影響でリストラにあうなど、大きな挫折を味わう人もいるだろう。

さらには子どもの教育と親離れ、老いていく両親の介護など、さまざまな問題がふりかかる。どれも体力、能力が成長する一方であった若い頃には実感することができなかったもの。言い換えれば中年期とは、自分という人間の限界を突きつけられる時期なのである。

こうしてアイデンティティは再び揺らぎ始める。中年期特有のものであることから、**中年期クライシス**と呼ばれる。

中年期に抱える問題

ユングは40歳前後を「人生の正午」、その後の中年期を「人生の午後」と呼んだ。

中年期クライシスが生じる

身体的変化	▶体力が衰える、疲労回復に時間がかかる、閉経する、性機能の衰え、生活習慣病にかかりやすくなるなど
社会的変化	▶責任あるポジションにつく、管理職に昇進する、次世代の育成が役割になる、自分の限界を認識する、リストラされるなど
家庭的変化	▶子どもの教育、子どもの親離れ、親の介護、夫婦関係の再構築など
心理的変化	▶それまでのやり方、生き方ではうまくいかないと感じ始め、「自分の人生はこれでよかったのか」「自分はどうしたいのか」と考え直す

中年うつ、心身症、更年期障害、燃え尽き症候群、出社拒否、空の巣症候群などを発症することもある

さまざまなストレスを抱える中年期は、ほかの年代に比べて自殺者が多い。40代の男性が最多である。また30〜44歳の男性の死因は自殺がトップである。

●アイデンティティを再構築する

中年期クライシスによって揺らいだアイデンティティを再構築するためには、自分の人生を振り返る作業が必要になる。それまで思い描いていた理想の人生を軌道修正するためだ。

もちろん、中年期においてもまだまだ成長する可能性は残されてはいるし、更年期障害も適切な治療によって軽減できる。しかしそれでも、若い頃のような生き方は望めないのだ。

まずはそうした事実を認め、受け入れていくことが必要だ。その後で改めて「自分は何者なのか」問い直す。そうして「これからどう生きていくべきか」「新たにどんな目標を掲げるべきか」模索し、答えを見つけた後に、新たな人生を踏み出すのである。

こうした人生の軌道修正がうまくいけば、アイデンティティは再び安定する。

結果、その後の老年期も自信を持って迎えることができるのだ。

喪失を受け入れる

ヘックハウゼンは、発達的制御の行為位相モデルを使い、中年期の喪失や変化の受け入れ方を説明。一次的コントロールはあらゆる年齢の人が行っているが、中年になると目標への取り組み方を変えたり、あきらめるということ（二次的コントロール）を無意識に行っているという。

一次的コントロール	二次的コントロール
周囲の環境に自ら直接働きかけ、自分に沿うように環境を変えていこうとする。	自分の内面に働きかけ、自分の目標や願望を調整しようとする。

➡ 中年期は二次的コントロールを用いる場合が多くなる

空の巣症候群

中年期の、それも専業主婦の女性によく見られる症状に「空の巣症候群」がある。それまで生きがいとしていた子育てが終わり、子どもが自立（巣立ち）したことで、空になった家に取り残され、急にむなしさや虚脱感を覚えるようになるというものだ。

頭痛、肩こり、吐き気、食欲低下といった身体的な症状をともなうことも多い。夫の協力があれば予防ないしすぐに回復するものだが、そのままにしておくとうつ病、キッチンドリンカーといった重い症状に発展し、治療が必要になるケースもある。

ちなみに、老年期になり、定年を迎えた夫がずっと家にいることで妻がストレスを感じ、身体に変調をきたすということもある。この症状を「主人在宅ストレス症候群」といい、熟年離婚の原因にもなっている。

子どもの巣立ち（打ち込むものがなくなっちゃった…）→ 忙しい夫 →（私は一人ぼっち…）空の巣症候群

ミニ知識 昇進すると聞くと喜ばしいことのようにも思えるが、自分の責任が増すことにストレスを感じ、うつを発症する人もいる。それを昇進うつという。

▶ 高齢期の心と身体

65歳以上を高齢期という。体力は落ち、記憶も薄れていくが、すべての能力が失われるわけではない。年をとっても伸び続ける結晶性知能もある。

●老いとは何か

日本の平均寿命は延び続けている。2021年には女性は87.57歳、男性も81.47歳と、男女ともに80歳を超えている。

高齢者（65歳以上）数も増えており、総務省の発表によると2022年段階で3627万人に達している。つまり日本の総人口の29％以上が高齢者という計算になるのだ。この長い**高齢期**をどのように過ごすのか。それは高齢者自身のみならず、日本という国全体が考えるべき課題となっている。

そもそも老いとはどのような現象なのか。まず、中年期から始まった身体的な衰えはいよいよ目立ち始める。外見上は、白髪が増え、しわが増し、身長・体重が減っていく。腰と背中の筋肉が弱るため、背筋が曲がり前屈みの姿勢を取るようになる。また呼吸器系、内分泌系、泌尿器系、消化器系、循環器系と、生理機能の低下も進んでいく。

このように老化は、外見上の衰えに生理機能の衰えが重なることで生じる。幸い、病気やケガをともなわない健康的な範囲の老化であれば、数十年をかけて少しずつ進むものである。現代の高齢者はそのため衰えを感じながらも、老いと「うまくつきあう」ことができるのである。

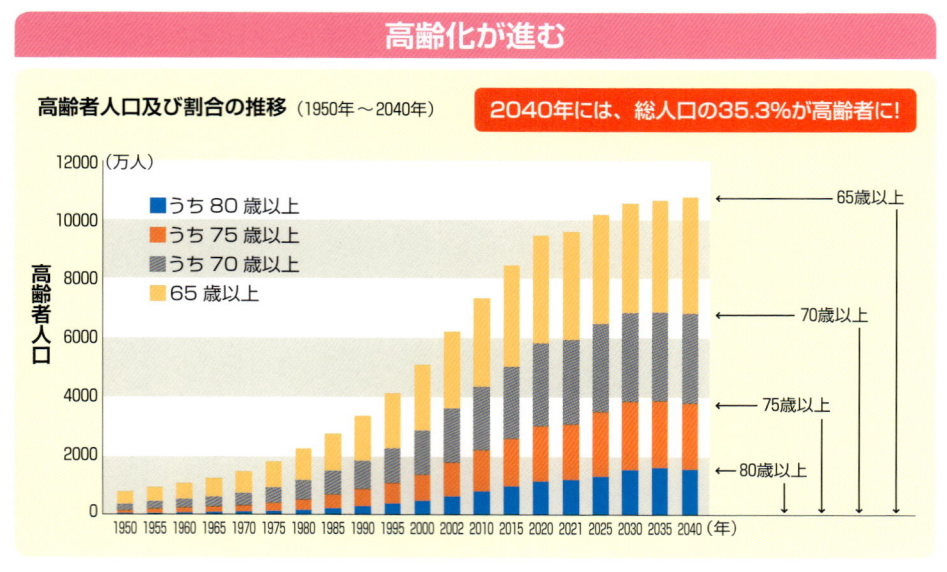

高齢化が進む

高齢者人口及び割合の推移（1950年～2040年）

2040年には、総人口の35.3％が高齢者に！

自己知識　仕事をリタイアした高齢者は、「孫など家族との団らんのとき」に最も大きな生きがいを感じている（内閣府「令和3年度　高齢者の日常生活・地域社会への参加に関する調査」）。

●認知能力の変化

老いは知覚能力、認知能力の変化をももたらす。五感が鈍くなること、記憶力が衰えることはよく知られているが、一方で知能は伸び続けているという事実もある。それまで生きてきた経験が糧になる文化・教養・知識に関する知能は、意欲次第で老年期においても衰えないのだ。それは芸術や文学の世界で高齢者が活躍していることからも明らかである。こうした知能を**結晶性知能**という。

一方、衰える知能もあり、それを**流動性知能**という。問題解決能力や、短時間での情報処理に関する能力であり、新しい場面に適応したりするときに働く知能だ。こうした老化現象は次の4つの力の低下であるとまとめることができる。

予備力	…身体的機能の余裕。日常生活で必要な能力と最大限の能力との差。
防衛力	…病気への抵抗力、免疫力など。
適応力	…新しい環境に順応する力。
回復力	…病気、ケガ、疲れから回復する能力。

（柴田、1997）

TOPICS 認知症

老年期に抱えるトラブルの代表が認知症であり、人々の関心は高い。認知症はその原因によって主に、アルツハイマー型、脳血管性型、レビー小体型に分けることができる。

認知症全体の約半数を占めるのがアルツハイマー型で、その特徴は記憶障害。物忘れがひどくなり家族の名前すら忘れてしまう。脳血管性認知症では、麻痺や言語障害が起こるが、近年その多くがアルツハイマー型だとわかってきている。レビー小体型はアルツハイマー型についで多い認知症。典型的な症状は認知障害で、特に、実在していないものが生々しく見えてしまう幻視。運動機能障害も起こり、歩行障害や体の固さをともなうのが特徴だ。男性の発症が女性の約2倍といわれている。

認知症の治療は、何よりも早期発見、そして医療機関に相談することだ。本人は自分の変化に悲しみや不安を感じている。その気持ちを汲みつつ、本人の自尊心を尊重しながらサポートすることが大切である。

3つのタイプ

アルツハイマー型認知症
脳の神経細胞が激減して脳が萎縮、知能の低下や人格の崩壊が起きる。

脳血管性認知症
脳の血管が詰まったり破れたりすることで、その部位の脳の働きが悪くなり、発症する。

レビー小体型認知症
大脳皮質の多数の神経細胞内に、レビー小体と呼ばれる異常な構造物が現れることで起こる。

ミニ知識 レビー小体はパーキンソン病の原因ともされており、認知症の場合は大脳皮質全体だが、パーキンソン病は脳の下のほうにある「脳幹」に出現する。

死の受容

人生最後の課題は、やがて訪れる死を受け入れ、穏やかに過ごすことである。
精神科医のロスは、そのプロセスを5段階に分けた。

●人はどのように死を迎えるか

　人の生涯は死によって幕を閉じる。老年期になると、たとえ自分は元気であっても、身近な人の死を経験することは避けられない。その中で、やがて訪れる自らの死を予感することになる。

　実際、死に直面すると誰しも穏やかではいられない。高齢者の死は、ほとんどが老衰ではなく病によるものだ。精神科医の**ロス**（スイス、1926-2004）は、余命を知らされた人間がどのように死を受け入れるのか、そのプロセスを5段階で説明した。

①**否定と孤独の段階**…余命を知らされてショックを受ける。とても信じられず、否定しようとする。

②**怒りの段階**…残された時間が少ないことに焦り、怒りやすくなる。周囲の家族や医者が怒りの矛先になる。

③**取引の段階**…何とか死を逃れようと手を尽くす。

④**抑うつの段階**…すべての努力が無駄と悟り、悲しみのあまり抑うつ状態になる。

⑤**受容の段階**…静かな気持ちで死を待つようになる。痛みや不安からも解き放たれる。

　受容の段階にたどり着くには、当人だけの努力では難しい。家族や友人など、周囲の親しい人間によるサポートが不可欠である。彼らとの関わりの中で、自分は愛されている、自分の人生には価値があったと実感することが、死の受容のカギになるのである。

死の受容の5段階

余命を告げられる → 否定と孤独の段階（自分が死ぬなんて、そんなはずがない）→ 怒りの段階（なぜ自分が死ぬんだ、おかしいじゃないか）→ 取引の段階（神様、お金はいりません。命だけ助けてください！）→ 抑うつの段階（もうダメだ…）→ 受容の段階（いい人生だった。満足だ。）

> ミニ知識　2018年の内閣府の調査によると、一人暮らしをしている高齢者の50.8%が、誰にも看取られずに亡くなる「孤立死」を身近に感じていることがわかった。

●自分の人生を受け入れる方法

エリクソンは老年期の発達課題を「統合対絶望」だとした。すなわち、人生のよい面と悪い面を見つめ直し、自らの一生を丸ごと受け入れる（自我の統合性を獲得する）ことが老年期においては重要であり、それができなければ、人は自分の生涯を後悔し絶望の気持ちの中で死ななければならないというのである。

自我の統合性を獲得する方法としておもに行われているのは、精神科医のバトラー（アメリカ、1927-2010）が提唱した**回想法（ライフレビュー）**である。これは、高齢者が自分の人生を振り返り、かつ他人に語りかけることで、人生に新たな意義を見いだす、というものである。過去の人生を批判的に検討することで、それまで受け入れられなかった未解決の葛藤が解決されると考えられる。

回想法は現在、高齢者の心理的ケアの手段として発展し、認知症患者などのコミュニケーションスキル改善、社会化を促進することを目指す回想法（レミニッセンス）と区別されることが多い。

回想法で人生を振り返る過程の中で、老いによって傷つけられていた自尊心が回復したり、死の不安が軽くなったりという効果があるといわれる。

CLOSE UP ターミナルケア

ロスは、200名を超える末期患者をインタビューする中で死の受容のプロセスを見いだした。その成果をまとめた著書『死ぬ瞬間』によって、延命目的ではなく身体的・精神的苦痛を取り除くために行われる終末医療（ターミナルケア）が注目されるきっかけを作った。

回想法

回想のテーマ

学生時代／仕事／家族／ふるさと／恋愛／幼少期／流行

自らの人生を振り返り、他者に話す

歴史的なニュース、昔の道具、映画や音楽などのネタをきっかけに、高齢者の会話を促すことが多い。

	一般的な回想法 (Reminiscence)	ライフレビュー (Life review)
目的	楽しみの提供、コミュニケーションスキルを高める	統合の促進
対象	認知症の高齢者にも適用できる	おもに健常高齢者に適用
焦点	ポジティブな思い出	ネガティブな思い出は評価づける
効果	情動の安定、抑うつの提言	自我の統合、英知の獲得

➡ 自分の人生の意義の再確認、自尊心の向上、死の不安の軽減

ミニ知識　体力の衰えのために、家に閉じこもりがちになるとますます筋力が落ち、やがて活動意欲も失う。この「閉じこもり」は寝たきりや認知症の原因にもなる。

サクセスフル・エイジング

老いていくなかでも幸福を感じるにはどうすればよいのか。幸福を数値化し、老後の人生の質を高めようという試みが始まっている。

●幸福な老いとは何か

　幸福に老いることを近年では「**サクセスフル・エイジング**」という。老年期は体力を失うほか、社会人としての第一線を退く、近親者が亡くなるなど、さまざまな喪失を経験する時期だ。これらのネガティブな側面のみとらえていては、幸福な余生は望めない。サクセスフル・エイジングは、老いを受け入れ、その過程に適応するための試みだとも言える。

　幸福な老いをどう計るかについては、いくつかの指標がある。近年注目されているのは、高齢者が人生や生活に抱く主観的な満足を示す**主観的幸福感**である。「昔はこうだった」などと過去を評価するのではなく、この瞬間いかに満ち足りているかこそを問題とする指標だ。

　主観的幸福感を決めるのは、たとえば健康状態や経済的安定などだ。

　また**ソーシャル・サポート**も重要である。家族や友人、知人たちとの人間関係や彼らによる支えのことだ。人はサポートし合う仲間がたくさんおり、交流が活発であるほど自分の人生には価値があると感じられる。定年を迎えて職場の人間関係を失ってもソーシャル・サポートがあれば生きがいを失うことはないのだ。

CLOSE UP　ソーシャル・サポートの定義

ソーシャル・サポートという言葉が登場したのは1970年代。研究者によりさまざまな定義がされているが、老年期だけでなく、子育て、職場での人間関係、地域社会の問題など、現代社会の多くの問題でその重要性が説かれている。

生きがいと友人の数

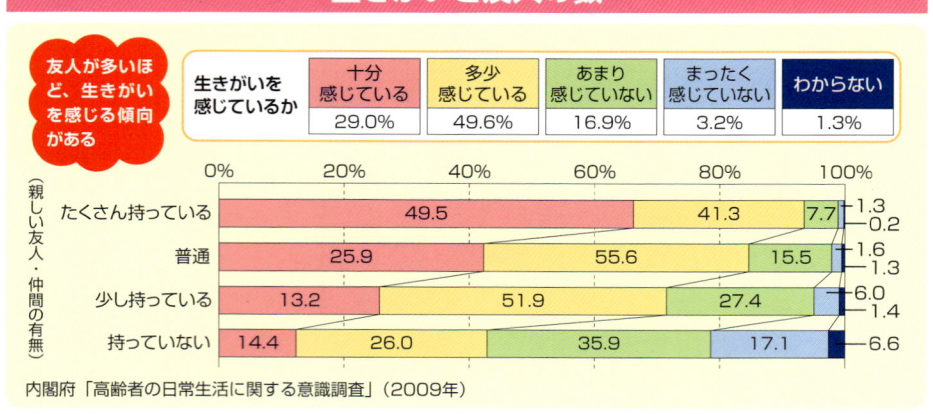

友人が多いほど、生きがいを感じる傾向がある

生きがいを感じているか
- 十分感じている　29.0%
- 多少感じている　49.6%
- あまり感じていない　16.9%
- まったく感じていない　3.2%
- わからない　1.3%

（親しい友人・仲間の有無）

	十分感じている	多少感じている	あまり感じていない	まったく感じていない	わからない
たくさん持っている	49.5	41.3	7.7	1.3	0.2
普通	25.9	55.6	15.5	1.6	1.3
少し持っている	13.2	51.9	27.4	6.0	1.4
持っていない	14.4	26.0	35.9	17.1	6.6

内閣府「高齢者の日常生活に関する意識調査」（2009年）

目己知国　バークマンとブレスロウは、ソーシャルサポートが十分に形成されている人は、そうでない人に比べて死亡率が低いことを明らかにしている。

ソーシャル・サポートが老年期を支える

情緒的サポート
共感や愛情の提供など心のケア

道具的サポート
金銭など形のあるモノやサービスの提供

情報的サポート
問題解決に必要なアドバイスや情報の提供

評価的サポート
適切な評価を提供

ハウスは1981年、ソーシャル・サポートの機能を4つに分類した。良好なサポートを受けられる人は、ストレスが少なく、心身の健康を保ちやすい。

自分自身もソーシャル・サポートの一員であり、他のメンバーをサポートする役目を負っている。

（ネットワーク図：病院・行政、同級生、元仕事仲間、家族、趣味のつきあい、ご近所）

●理想の老いを考えるモデル

ただし、老いの姿は多様である。サクセスフル・エイジングについても、対照的な3つの考え方がある。

活動理論は、老年期に入っても若い頃と同じように活動的に過ごすことがその人の生きがいを保つとする考え方だ。仕事を続けてもよいし、その代わりとなる趣味や地域活動でも構わないという。

離脱理論は逆に、社会の第一線から身を引いて活動を縮小し、自分のために時間を使うのがよいとする考え方である。

継続理論は、変化はしつつも高齢期に入ってもそれまで築いてきた習慣が維持・継続されるという考え方だ。

ちなみに現在は、高齢になっても働きたいとする人が増えている。一見、活動理論を裏づけているようだが、独立行政法人労働政策研究・研修機構「高年齢者の雇用・就業の実態に関する調査」によると、働きたい理由は「経済上の理由」とする人が大半で、次いで「生きがい、社会参加のため」が挙げられている。

3つの理論

活動的

活動理論
現役時代さながらに活動的に過ごす。趣味や社交に打ち込む人もいれば、仕事を続ける人もいる。

非活動的

離脱理論
社会活動は主観的幸福感を高めないとする考え方。非活動的で、自分の時間を大切に過ごすことを重視。

継続理論
引退しても生活習慣や行動パターンを大きく変えずに過ごすのが望ましいとする考え方。

目目知識 仕事の効能をより強調し、社会の中で生産し続けることが幸福につながるのだとするプロダクティブ・エイジングという考え方もある。

第6章 人間の発達　サクセスフル・エイジング

Column ❻ 日常の疑問を心理学で解説!
育児は女性が行うべき？

伝統的な性別役割が子育てにも影響を及ぼしている

　女性の社会進出が顕著になるのと並行して、育児をする夫、いわゆるイクメンが話題です。小学生に対するアンケートでも「子育てをする父親はかっこいい」と答えた子どもが多いという結果になりました。

　一方で、日本には1960年代から専業主婦が多く、男は外で働き、女は子育てをするものだ、という風潮もあります。実際、社会生活基本調査（総務省、2006年）によると、家事・育児時間の男女差は、平日では男性が一日平均30分であるのに対し、女性は3時間32分でした。

　こうした、「育児は女性が行うべき」という固定的な==性別役割分担意識==は、10年前に比べればリベラルになっていることも報告されています。「男は仕事、女は家庭」という意識を持つ男性独身者の割合は1992年の62％から2005年の36％へ、女性も50％から29％に減っており、家庭に関する男女の意識は、少しずつですが変わってきてはいるのです。

　しかし現在でも、夫の育児参加率は欧米などに比べまだまだ低い状況です。まだ「育児は女性が行うべき」という性別役割分担意識が根強く残っていることも一つの要因として考えられるでしょう。

　日本では、女性が主に育児をすることが多いのですが、発達心理学の観点からみれば、夫が育児に関わることは多くのメリットがあります。むしろ母一人だけで子育てをしている状況のほうがマイナスです。

　たとえば、父親が育児に協力的である方が、子どもへの母親の関わりが良好になるという調査結果や、母親の育児不安が軽減されることが明らかになっています。

　家族心理学の観点から見ると、結婚して家庭を持てば心理的な"役割"が増えていきます。「個人としての自分」に加え、「夫または妻としての自分」そして「親としての自分」という役割が発生してくるのです。

　この3つの役割をバランスよく務められれば、家族関係は良好になると考えられます。しかし日本では、親子関係重視の文化的な背景も手伝って、特に女性が、"母親"としての役割に傾きがちで、結果として家族全体がバランスを失ってしまうことが多いようです。

　女だから子育てをする、男だから仕事で家族を支える、といった価値観は、家族関係においてもマイナス。夫もどんどん子育てに参加し、妻が個人として生活を楽しめるよう、お互いの生き方を尊重しあうことが大切なのです。

● **性別役割分担意識**
「男は仕事、女は家庭」「男は主、女は従」などに表させるように、性の違いによって役割を固定化してしまう考え方や意識をいう。一般的に男性優位の関係を作り上げる背景となっており、労働市場における男女雇用機会均等、男女の平等な社会参画などの問題が取り上げられる際のキーワードとなる。

教えてくれたのは
小田切紀子先生
▶p18

第7章
心のトラブルを考える

人間には、心の健康を保とうとする機能がもともと備わっている。
しかしストレスが限度を超えると、この機能が失調し、
さまざまな心のトラブルが生じる。

臨床心理学とは・・・・・・・・・・・・・・220	心理療法の分類・・・・・・・・・・・・・・242
神経症・・・・・・・・・・・・・・・・・・・・・・222	精神分析的心理療法・・・・・・・・・244
社会問題化する「うつ」・・・・・・224	来談者中心療法・・・・・・・・・・・・・246
統合失調症・・・・・・・・・・・・・・・・・・226	認知行動療法・・・・・・・・・・・・・・・・248
心身症・・・・・・・・・・・・・・・・・・・・・・228	夢分析・・・・・・・・・・・・・・・・・・・・・・250
パーソナリティ障害・・・・・・・・・・230	自律訓練法・・・・・・・・・・・・・・・・・・252
犯罪心理学・・・・・・・・・・・・・・・・・・232	
現代人が抱える病・・・・・・・・・・・・234	
カウンセリング・・・・・・・・・・・・・・236	
心理アセスメント①・・・・・・・・・・238	
心理アセスメント②・・・・・・・・・・240	

臨床心理学とは

神経症やうつ、心身症、統合失調症といった、心のトラブルを抱える人をサポートしようとするのが、臨床心理学だ。

●心に問題を抱える人をサポートする

人間には本来、目の前の現実の姿に応じて、自分自身を心のありようをコントロールしたり、必要があれば環境を変えたりして生きる能力が備わっている。

たとえばフロイトが挙げた**防衛機制**もその一つだ。それは、自分に都合のよい言い訳をして失敗をごまかす「合理化」や、不安や罪悪感を無意識下に追いやる「抑圧」、気持ちと反対の行動をとることで不安から逃れる「反動形成」など、いずれも自分の欲求が満たされないというストレスフルな状況から心を守るためのメカニズムである。

しかし時として、人間は適応に失敗し、心にトラブルを抱えてしまう。

その結果として、摂食障害や神経症、心身症など、さまざまな症状が現れる。臨床心理学は、それらの原因を探るとともに、治療法やカウンセリングの技法について研究するものだ。

防衛機制の例

自分の欲求が満たされない状態に適応しようと、心はさまざまな方法を試みる。しかしストレスが限度を超えると、機制が働かなくなり、心のトラブルという形で現れる。

		例
抑圧	ストレスの元となる不安や苦痛、罪悪感などを無意識に追いやること。	・よく言い間違いをする ・性的衝動や上司への憎しみを抑え込み、夢に見る
同一化	自分と、自分が欲しいものを持っている他人とを同一と見なす。	・好きなミュージシャンを自分と重ね、言動を真似る ・憧れのファッションモデルと同じ服を着る
代償	ある目標が達成できなかったときに、他の目標を達成することで満足すること。	・子どものいない夫婦がペットを子どものようにかわいがる
反動形成	気持ちと反対の行動を取ることで不安から逃れる。	・本当が気が弱いのに強がりを言う ・本当は嫌いな上司なのにおべっかを使う
逃避	空想したり、病気になるなどして、現実の困難な状況から逃げようとする。	・学校に行きたくない気持ちが高まると頭が痛くなる
合理化	自分の失敗や好ましくない行為について、納得のいく理由をつけて正当化する。	・会社で評価されないのを上司のせいにする ・成績が上がらないのは「参考書が悪い」
昇華	スポーツや芸術など社会的文化的に価値ある形へ、不安や葛藤を転化する。	・「人を殴りたい」という反社会的な欲望をボクシングで満たす ・失恋した悲しみを小説や歌で表現することで癒す

ミニ知識　心理臨床家のもとに相談に訪れる人のことをクライエント（来談者）という。

第7章 心のトラブルを考える

臨床心理学とは

臨床心理学の役割

心の専門家
公認心理師、臨床心理士など

クライエント
心にトラブルを抱えた人たち

臨床心理学の知見を生かしてアプローチ
・カウンセリング
・心理アセスメント
・精神分析
・来談者中心療法
・自律訓練法
etc.

どんなお悩みを抱えていらっしゃいますか？

神経症／統合失調症／パーソナリティ障害／うつ／心身症

心のトラブルの原因を探り、その解決策を導く

●さまざまな心のプロたち

その役割を担っているのが、「公認心理師」や「臨床心理士」をはじめとする心の専門家たちである。心のトラブルを解決するという同じ目的を持った職業に「精神科医」があるが、公認心理師や臨床心理士は患者を観察してカウンセリングなどその人に見合った心理療法を用いるのに対し、精神科医は薬も処方できるというアプローチの違いがある。

心の専門家たちの活躍の場はさまざまだ。精神科や心療内科において心理治療を行うことは知られているが、教育、福祉、司法といった領域においても彼らの力は求められている。たとえば、学校におけるスクールカウンセラー、ビジネスシーンでの産業カウンセラーとして、各領域の専門家たちと連携しながら、心に問題を抱えた人のケアに対応している。

精神科医と公認心理師の違い

精神科医
●医学部卒
●薬を処方できる

医学的なアプローチにより患者を「治療する」のが役目

「悩んでいる人を助ける」という目的は同じ！

公認心理師
●心理系大学院修了
●カウンセリングなどの心理療法を用いる

心理学的なアプローチによりトラブル解決を「サポートする」のが役目

> **ミニ知識** 薬を処方できない心理臨床家は、どんな心理療法が適切か、クライエントをしっかり調査・分析しなければならない。それを「心理アセスメント」という。

神経症

神経症は過剰なストレスなどの心因によって生じる精神障害で、昔はノイローゼと呼ばれた。不安症や強迫症など、症状からいくつかの種類に分けられる。

●症状によって名称が異なる

大きな精神的ショックやストレス、精神疲労などによって引き起こされるさまざまな症状を**神経症**と呼ぶ。ドイツ語の「Neurose」から、かつては日本でもノイローゼと呼ばれ精神病と同一視されることもあったが、現在では精神病ではなく、感覚や感情が過敏になり過ぎて心のバランスを欠いた状態だと考えられている。

現在の診断基準（DSM-5）では、神経症は、その症状によって、いくつかの種類に分類される。その代表的なものとして挙げられるのが**不安症**である。不安症には、突然の冷や汗や嘔吐、呼吸困難などに襲われるパニック症や、常に過剰な不安や心配を感じて日常生活にも支障をきたす全般不安症がある。また、危険ではないはずのものに過剰な恐怖心を抱く**恐怖症**（社交不安や広場恐怖など）も含まれる。また、大きなストレスをきっかけに自分の知覚・記憶・運動機能・現実感を失う**解離症**も、神経症の一つだ。

強迫症は、不安や恐怖を取り除くために、特定の行動を繰り返さずにはいられない状態（強迫行為が生じる）になるものだ。たとえば家を出る前に玄関の施錠を何度も確認する、汚れていない手を洗い続けるという行為を繰り返し、日常生活に支障をきたす。

さまざまな神経症

社交不安症（社交恐怖）
人を接するときに極度に緊張する恐怖症の一種で、人や社会に対して強い不安を抱く。ひきこもりにつながることもある。

何度も鍵を確かめても気になって気になって…

人の視線が怖い！

パニック症
突然の動悸や息切れ、めまい、発汗前触れもなく発作が起きる。30分〜1時間で治まるが、「また発作が起きるかもしれない」という不安にも襲われる。

孤独でたまらないよ

強迫症
ある行為や思考にとらわれて抜け出せない自分でも馬鹿げたことだと思いながら、恐怖心を振り払うために強迫行為を繰り返す。

解離症
「自分が自分である」という感覚が失われる
過去を思い出せない「解離性健忘」や、現実感が希薄で生きている実感がわからない「離人症」など。

> ミニ知識　「恐怖」は、たとえば「対人」「不潔」「高所」など対象がはっきりしている。それに対して、「不安」は対象がはっきりしていない点が特徴だ。

●内向的な人が神経症になりやすい

神経症になりやすいタイプというのはあるのだろうか。

一般的に、内向的な性格の人は発症しやすいと見られている。たとえば、自分の行動や言動を振り返ってささいなことでも反省してしまう真面目な人は要注意だ。また物事にこだわり、融通の利かない執着心の強いタイプや、上昇志向が強く目的達成のためならどんな努力も惜しまない完璧主義タイプ、人の面倒見がよく、あれこれと気を配る心配性タイプなども心のバランスを欠きがちで、神経症になりやすいとされている。

とはいえ、神経症の人が持つ不安や恐怖は多かれ少なかれ誰しも持ち合わせている。

ばい菌やウイルスに対する恐怖心は誰にでもあるし、外出前に戸締りや元栓を確認するのも当然のこと。すなわち神経症患者と健康な人とを区別するのは、行為や考えが行き過ぎているかどうかなのだ。生活に支障が出るほどの恐怖や強迫行為が生じる場合は専門家の診断が必要だろう。神経症の治療方法としては、薬物療法のほか、認知行動療法、自律訓練法などが有効とされている。

CLOSE UP 神経症発症の原因

本文で説明したように神経症になりやすい性格というものがあるが、この他にも自律神経が鋭敏過ぎるといった遺伝的要因もある。こうした「性格」や「遺伝」が土台（準備性）となったところへ、精神的ショックや対人トラブルなどの直接的心因が加わったとき、神経症が発症すると考えられている。

神経症になりやすい性格

心因 → **性格** → **発症**

- **責任感が強く内向的なタイプ**：真面目なあまり、小さなつまずきを重く感じてしまい、劣等感を抱く
- **融通が利かないこだわりタイプ**：粘り強く努力できるが、その分一つのことにこだわり過ぎてしまう
- **完璧主義の努力家タイプ**：常に完璧でないとストレスを感じてしまう
- **細かなところに気がつく世話焼きタイプ**：普通の人なら見過ごしてしまうような小さなことも気に病んでしまう

➡ 精神的な原因（心因）が引き金となって、心のバランスを崩してしまう

豆知識　パニック症は近年増加しており、中でも女性の患者が多い。発作は30分〜1時間程度で治まるが、また起きるのではないかという不安からうつ状態に移行することもある。

社会問題化する「うつ」

憂うつ、集中力低下、イライラなどが続く気分障害を指す。ストレスなどの外的要因が大きいとされるが、神経伝達物質との関係も指摘されている。

●重症化すると自ら命を絶つケースも

気分が落ち込む、わけもなく悲しい、食欲が落ちる、眠れない、ひいては生きる気力がなくなり自殺願望まで抱く——そんな状態を**うつ状態**（抑うつ状態）という。この状態が身体疾患や脳疾患、他の精神障害（たとえば統合失調症など）で引き起こされるものでない場合、**うつ病**と診断される。

近年「うつは心の風邪」といわれるほど、うつ病と診断される人が増えてきた。うつ病が原因とされる自殺も目立っている。2021年中の自殺者2万1004人のうち、原因・動機が特定できたのは1万5093人。この中でうつ病が原因のケースは3割近い3968人に上る（警察庁調べ）。こうした事態に厚生労働省は都道府県・市町村向けの対策マニュアルを策定している。

うつ病が社会問題化する一方で、頭痛やめまいなどの身体症状が前面に出る「仮面うつ病」も増えているという。また、気分の落ち込みや不安、イライラなど、うつ病に似た症状が出るものの、好きなことをしているときは気分がよい、過食や過眠になるといった「非定型うつ病（新型うつ病）」も多数報告されている。うつ病の広がりとともに、症状の現れ方も多彩かつ複雑になっているのだ。

うつ状態とは

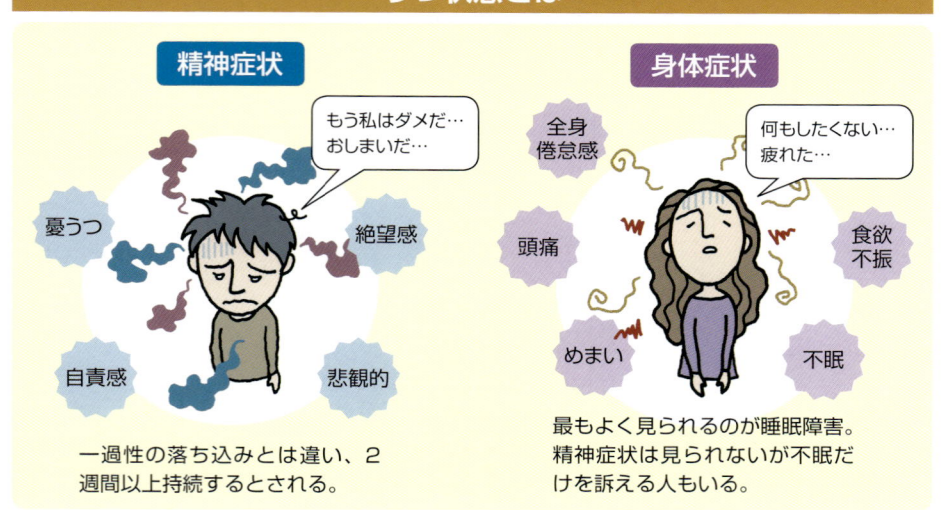

精神症状

憂うつ／絶望感／自責感／悲観的

もう私はダメだ…おしまいだ…

一過性の落ち込みとは違い、2週間以上持続するとされる。

身体症状

全身倦怠感／頭痛／めまい／食欲不振／不眠

何もしたくない…疲れた…

最もよく見られるのが睡眠障害。精神症状は見られないが不眠だけを訴える人もいる。

> **ミニ知識** 典型的なうつ病の場合、気分の日中変動が見られることが多い。朝起きたときが最も気分が重く、夕方になるにつれてやや回復していくというもの。

●原因はセロトニンの伝達異常？

うつの原因としては、ストレスや心的外傷などさまざま考えられている。主流なのが**セロトニン**という脳内で情報伝達を行う物質がうまく機能しないことを原因とする「セロトニン説」だ。

右のイラストは脳内の神経細胞（ニューロン）同士の接続部分を描いたものだ。この隙間でセロトニンの受け渡しが行われている。

本来は①→②→③のルートでセロトニンが次の神経細胞へ伝わっていく。しかしうつ病の場合、放出されたセロトニンが送り手側の神経細胞に再び取り込まれてしまう。すなわち、①→②→④のルートを通ってしまい、セロトニンが次の神経細胞に伝わらないのである。

そこで登場したのが、送り手側の再取り込み口（④）を塞ぐSSRIという薬だ。セロトニンの働きを促進するこの薬は、抗うつ薬として効果を上げている。

セロトニンの役割

脳は無数の神経細胞でできており、その神経細胞はシナプスによって繋がっている。シナプス間で情報のやりとりをしているのが、セロトニンなどの神経伝達物質である。

セロトニンがうまく伝達されないと… → ●怒りっぽくなる ●ふさぎがちになる

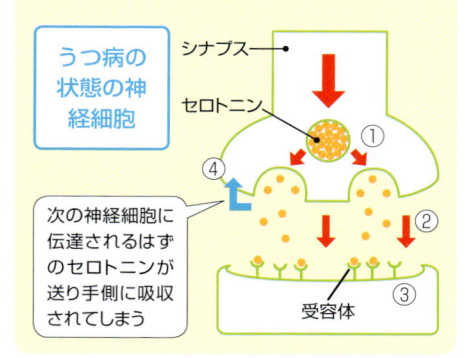

うつ病の状態の神経細胞／シナプス／セロトニン／受容体／次の神経細胞に伝達されるはずのセロトニンが送り手側に吸収されてしまう

TOPICS 双極性障害

うつ状態の反対は躁状態だ。極めて活発かつ楽観的になり、強烈な万能感が生じることから自信過剰にもなる。突然大きな買い物をするのも、躁状態ではよく見られる。この躁とうつという極端な感情を繰り返す気分障害を「双極性障害」という。

以前は「躁うつ病」と呼ばれ、うつ病の一種だと考えられてきたが、現在ではまったく異なる病気であることがわかっている。

躁：活発になり、気分が大きくなる
うつ：身体がだるく、気分が落ち込む。

何でもできるぞ！／悲しい…／もう死んじゃおうかな…

躁とうつのアップダウンを繰り返す

> 豆知識　躁うつ病の発症率は人口の0.4〜0.7％程度とされ、うつ病ほど多く見られる病気ではない。遺伝性が高いという指摘もある。

統合失調症

幻覚や妄想、意欲低下、感情の平板化などがおもな症状で、本人に病気の自覚はない。原因ははっきり特定できていないが、適切な治療をすれば社会生活を送ることができる。

●脳の機能障害、遺伝、環境などが原因か

　統合失調症は、かつて**精神分裂病**と呼ばれていた精神障害である。犯罪報道の中で耳にすることもあり、そのため病気に対する誤った理解を持つ人もいた。しかし、精神分裂という説明はこの病気の本質をとらえていない上、患者の人格をも否定する。そこで2002年に**統合失調症**という名称に改められた。

　統合失調症の症状はさまざまだが、大きく陽性症候群と陰性症候群に分けられる。陽性症候群は、客観的に異変が認められる症状を指す。たとえば、誰かに監視されているとか操られているなどと思い込む「**妄想**」、誰かに話しかけられる「**幻聴**」、実際にはないものを見る「**幻視**」などがある。どの症状も、あるはずのないものを認識するという点で共通している。

　一方、陰性症候群は、精神的な機能の衰えによるものであり、客観的には異変がわかりにくいという特徴を持っている。無表情になる、意欲が低下する、会話の量や内容が希薄になる、閉じこもりがちになるといった症状が代表的だ。

　統合失調症の原因ははっきりしていないが、近年の研究では脳の神経伝達物質の働きの異常、遺伝、環境などが影響しているのではないかと見られている。

統合失調症の症状

陽性症候群
- 妄想
- 奇行
- 感情不安定
- 幻視
- 幻聴

➡ 客観的に異変がわかる

陰性症候群
- 無表情・無関心
- 閉じこもり
- 意欲の低下
- 思考の貧困化

➡ 異変に気づきにくい

> **豆知識** 統合失調症を発症する人は、100人に1人程度といわれる。発症年齢はさまざまだが、比較的思春期に多く発症する傾向が見られる。

●複数の治療の組み合わせが有効

以前は「不治の病」とされた統合失調症だが、現在は、適切な治療を施せば十分に社会生活を営むことができる。治療は、（1）薬物療法、（2）心理療法、（3）リハビリテーションを組み合わせることが多い。

薬物療法では脳の神経伝達物質の働きを高める抗精神病薬を利用する。これは妄想や幻覚に効果があるが、症状が軽減されたからといって患者の判断で服用をやめると再発のおそれがある。薬の服用は継続して行う必要があるだろう。

また円滑な社会生活を送るためには心理療法も重要だ。

感情を表に出さなくても、患者は内面で強い恐怖や不安を抱いている。したがって統合失調症患者には批判や励ましをせず、本人の不安定な心に寄り添って気持ちを楽にさせることが求められる。入院患者の場合はこれらに加えて、リハビリテーションを通じて社会との接点を作ったり、基本的な家事を習得させたりすることも意味がある。

治療の結果、患者の約4分の1が治癒し、約半数は症状が改善したという報告もある。息の長い取り組みが必要だ。

CLOSE UP　ずば抜けた才能を発揮する患者も

ノーベル経済学賞を受賞した数学者のナッシュは統合失調症を患っていた。その半生は映画『ビューティフル・マインド』（2001年、アメリカ）でうかがうことができる。また、彫刻家や画家として現代美術界で存在感を放つ草間彌生や、猫を多く描いたイギリスの画家、ウェインはこの病の経験を創作の糧としている。

統合失調症の治療

精神医学の領域

薬物療法
脳の神経伝達物質ドーパミンやセロトニンの働きを高める抗精神病薬を利用する。妄想や幻覚に効果がある。

リハビリテーション
入院患者に対しては、リハビリテーションを通じて社会との接点を作ったり、基本的な家事を習得させる。

臨床心理学の領域

心理療法
患者は内面で強い恐怖や不安を抱いている。本人の不安定な心に寄り添って気持ちを楽にさせることが求められる。

ミニ知識　薬のなかった昔は症状の進行を止められず、患者が精神荒廃に至るケースが少なくなかった。それもこの病気が治る見込みのない恐ろしい病だという誤解につながった。

心身症

心理的ストレスや社会的ストレスが原因で身体に疾患が現れることがある。それがいわゆる「心身症」だ。呼吸器系、消化器系、循環器系など、影響は全身に及ぶ。

●ストレスが身体症状を引き起こす

たとえば「好きな人の前では胸がドキドキする（＝血圧が高くなる）」とか、「仕事や対人関係でトラブルがあって食欲がわかない（＝胃腸の働きが悪くなる）」といった経験は誰にでもあるだろう。心と身体は密接に関係しており、心に問題が生じると、ときには身体の不調が引き起こされることもある。

神経症やうつ病といった、ほかの精神障害による身体症状を除いて、心理的ストレスや社会的ストレスがもたらす身体の不調のことを、**心身症**という。その症状は、呼吸器系、消化器系、循環器系等、身体の全域に及ぶ。なお心理学では、ストレスをもたらす外部刺激のことを**ストレッサー**と呼ぶ。その種類は、物理的ストレッサー、化学的ストレッサー、生物的ストレッサー、精神的ストレッサーの4つである。

症状が一時的なものか、あるいは慢性的であったとしても、本人がそれほど苦痛に感じていなければ問題ない。先に述べた通り、ストレスが身体症状につながること自体は珍しくないからだ。しかし症状が重い場合は専門家の診断を受けたり、ストレスをうまく解消できる方法を身につけることが望ましい。また現実には、同じストレッサーに囲まれていても、ストレスを受けやすい人とそうでない人がいる。アメリカの心臓外科医フリードマンとローゼンマンは、前者をタイプA、後者をタイプBと呼んだ。

ストレスを受けやすい人・受けにくい人

心臓外科医フリードマンとローゼンマンは、心臓疾患の患者を観察することで、ストレスを受けやすいタイプAとそうでないタイプBを明らかにした。

タイプA ストレスを受けやすい人
- モタモタするな！
- 競争が好き
- 仕事人間
- せっかち
- 挑戦的
- 野心的

タイプB ストレスを受けにくい人
- 気楽にやろうよ
- プライベート重視
- のんびり
- 勝負にこだわらない
- マイペース
- 従順

> ミニ知識　心身症になりやすい性格傾向としてアレキシサイミアというものがある。真面目で感情の表出が苦手、人から頼まれると断れずに頑張り過ぎてしまうタイプだ。

4つのストレッサー

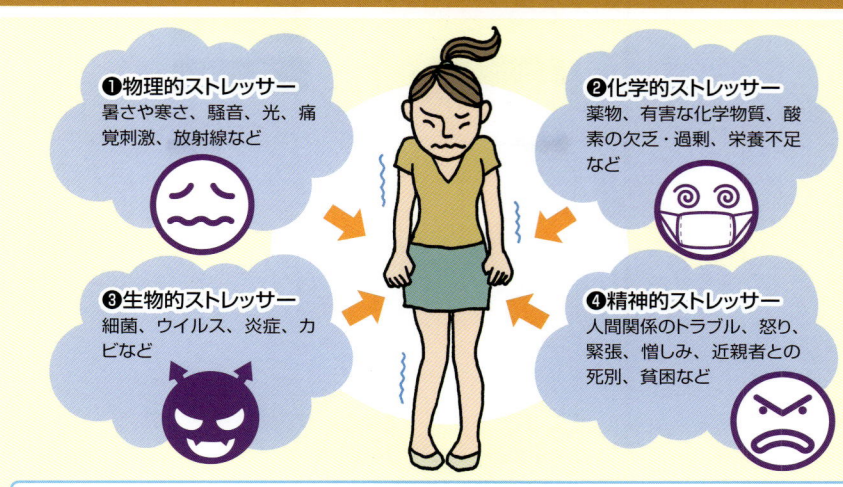

❶ 物理的ストレッサー
暑さや寒さ、騒音、光、痛覚刺激、放射線など

❷ 化学的ストレッサー
薬物、有害な化学物質、酸素の欠乏・過剰、栄養不足など

❸ 生物的ストレッサー
細菌、ウイルス、炎症、カビなど

❹ 精神的ストレッサー
人間関係のトラブル、怒り、緊張、憎しみ、近親者との死別、貧困など

身体全体に症状が及ぶ

狭心症、自律神経失調症、円形脱毛症、頭痛・眼精疲労、気管支ぜんそく、過呼吸症候群、じんましん、アトピー性皮膚炎、高血圧、低血圧、動悸、胃痛、食欲不振、胃・十二指腸潰瘍、過敏性腸症候群、胃痛など

TOPICS 急激な環境変化に注意

人間は、身の回りの環境が急激に変化することに強いストレスを感じる。そのため、就職、出産、転職、転勤、離婚、定年退職などの人生の節目と呼ばれるタイミングは、心身症を引き起こすリスクが高くなる。

たとえば、一般的には喜ばしいとされる「昇進」も危険である。昇進して管理職になると、仕事量が増えるだけではなく、上司や部下に対する気配りなど新たな責務が生じる。そこにやりがいを感じられるうちはいい。しかし、あまりの環境の変化に強いストレスを感じ、それが限度を超えると、腹痛などの身体症状を訴えることがあるのだ。

逆に、新入社員たちがかかりやすいのが五月病だ。これも心身症に含まれる。学生から社会人へと大きな変化を遂げた4月を過ぎて、それまでためたストレスが、食欲不振や倦怠感、頭痛などの身体症状として吹き出してくるのだ。

せっかくの昇進も人によってはただ憂うつなだけ。

第❼章 心のトラブルを考える　心身症

ミニ知識 子どもは不安や恐れを感じやすく、またそれを表現する言語力を持たないため、ストレスが身体症状として現れやすい。小児科の中には専門外来を設けているところもある。

パーソナリティ障害

明らかな精神障害は認められないものの、性格に著しい偏りが見られる場合はパーソナリティ障害が疑われる。境界型や依存型、自己愛型などさまざまな分類がある。

●著しい性格の偏り

第4章で見たように、人はそれぞれパーソナリティに個性を持っている。たとえば内向的な人もいれば、外向的な人もいて、どちらが優れているということは言えない。しかし、何日も家に閉じこもるほど内向的であれば明らかに問題だ。

このように考え方や行動が一般的な常識からかけ離れているために周囲と軋轢を生じ、なおかつそこに統合失調症や神経症、うつ病などの精神障害が認められない場合は、**パーソナリティ障害**と考えられる。ドイツの精神病理学者、シュナイダーはこの病気について、「性格の偏りのために、自分も苦しみ、周りも苦しむ」と定義している。

パーソナリティ障害を抱える人は、幼少期に親とのスキンシップが十分でなかった、家族間の不和が激しく安定した愛着を形成できなかったというケースが多いようだ。家庭という共同体の中で最低限の社会性や常識を養えなかったことが発症の原因と考えられるわけである。

そのため本人には問題行動を起こしているという意識がない。客観的に見れば風変わりな習慣や信念であっても、本人はそれに誇りを抱いていることも少なくないのである。したがって思考や行動を矯正するような治療は効果を上げにくいのが実情だ。抑うつ状態や情緒不安定には薬物を用いつつ、認知行動療法（→p248）など認知機能に働きかけるアプローチが必要といえる。

DSM-5（アメリカ精神医学会による精神障害の診断と統計の手引き、第5版）ではパーソナリティ障害を右図の通り10種類に分類している。

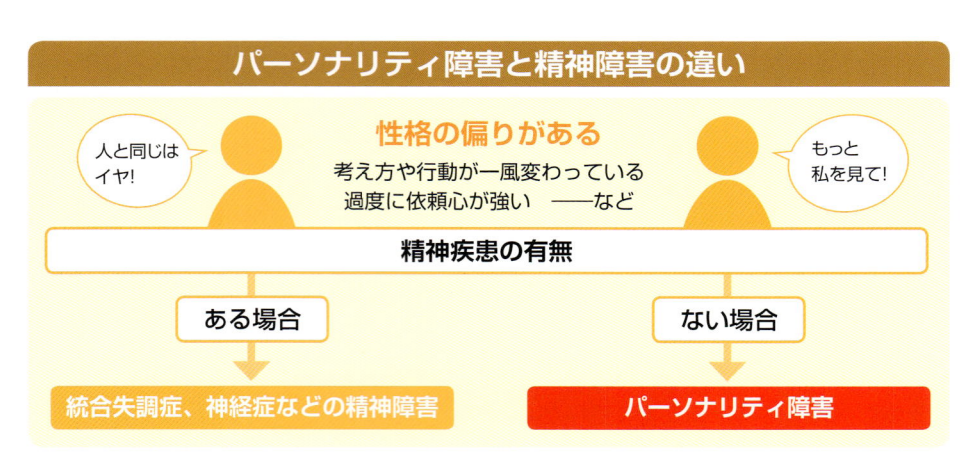

パーソナリティ障害と精神障害の違い

性格の偏りがある
考え方や行動が一風変わっている
過度に依頼心が強い　――など

「人と同じはイヤ！」　「もっと私を見て！」

精神疾患の有無

- ある場合 → 統合失調症、神経症などの精神障害
- ない場合 → パーソナリティ障害

> **豆知識** 境界性パーソナリティ障害は、近年、若い女性を中心に増えているといわれる。見捨てられるのではないかという不安感に苛まれたり、過食を繰り返すことも特徴の一つだ。

パーソナリティ障害の例

自己愛型
自分のことしか関心がなく、他人を見ても利用することばかり考える

- 私って特別な人間
- 全部私の思い通りになって当然だわ

境界型
しばしばかんしゃくを起こすなど、感情が不安定。自殺行為を繰り返すことも

- あの人は信用できない！
- 殴ってやらないと気が済まない！

パーソナリティ障害の分類

DSM-5によればパーソナリティ障害は以下の3群10種類に分けられる。

グループ	種類	特徴
A群 一風変わった信念や習慣を持つ。妄想を抱く傾向も。	妄想型パーソナリティ障害	これといった根拠もなく相手を疑い、信頼関係が築けない。
	統合失調質パーソナリティ障害	孤独を好み、閉じこもりがち。他人とのコミュニケーションが難しい。
	統合失調型パーソナリティ障害	突拍子もない行動や発言をする。迷信や霊感、第六感を信じる。
B群 感情の起伏が激しく、ストレスに弱い。	反社会性パーソナリティ障害	自己中心的で、社会のルールや法律に反する行動もためらわない。
	境界性パーソナリティ障害	感情の起伏が激しく、衝動的な面も。自傷・自殺傾向がある。
	演技性パーソナリティ障害	周りの注目を集めようと、芝居がかった振る舞いをする。
	自己愛性パーソナリティ障害	自分のことにしか関心がなく、他人への思いやりや共感能力に欠ける。
C群 対人関係に強い不安や恐怖心を抱く。	回避性パーソナリティ障害	批判や対立を恐れるあまり、そうした関係になりそうな人を避ける。
	依存性パーソナリティ障害	ささいなことでも他人に意見を求めるなど、強い依頼心を持つ。
	強迫性パーソナリティ障害	「こうでなければならない」という思い込みに縛られ、柔軟性に欠ける。

ミニ知識 精神科医のコフートは、自己が充足されず常に傷ついている人が神経症を発症し、さらに自己愛性パーソナリティ障害に発展していくと考えた。

犯罪心理学

犯罪心理学とは、犯罪者の心理学的要因を探ったり、矯正や更生のための技術を開発することを目的とした学問だ。専門的見地から捜査機関に情報を提供することもある。

●犯罪者は異常な存在ではない

ニュース番組などで犯罪者の隣人が「とてもあのような事件を起こす人には見えなかった」とコメントする報道を見ることがある。「魔が差す」「心の隙につけ込まれる」という言葉からもうかがえるように、犯罪に走るのは決して異常人格者というわけではない。きっかけがあれば誰でも罪を犯す可能性があるといえる。

犯罪心理学の創始者である精神科医のロンブローゾは、犯罪者には共通する身体的・精神的特徴があるとして「生来性犯罪者説」を掲げた。しかし現在この説は否定され、人を犯罪に至らしめる背景には社会的・心理的要因があり、なおかつ2つの要因が相互に作用しているという説が有力となっている。

また犯罪学者のハーシーは、「なぜ多くの人は犯罪をしないのか」という視点から犯罪の原因を追求した。彼によれば、家族の存在や社会的信用など社会と繋がるきずなが弱まったときに罪を犯す可能性が高くなるという。その繋がりのもろさが、「魔が差す」という形で表れるともいえるだろう。

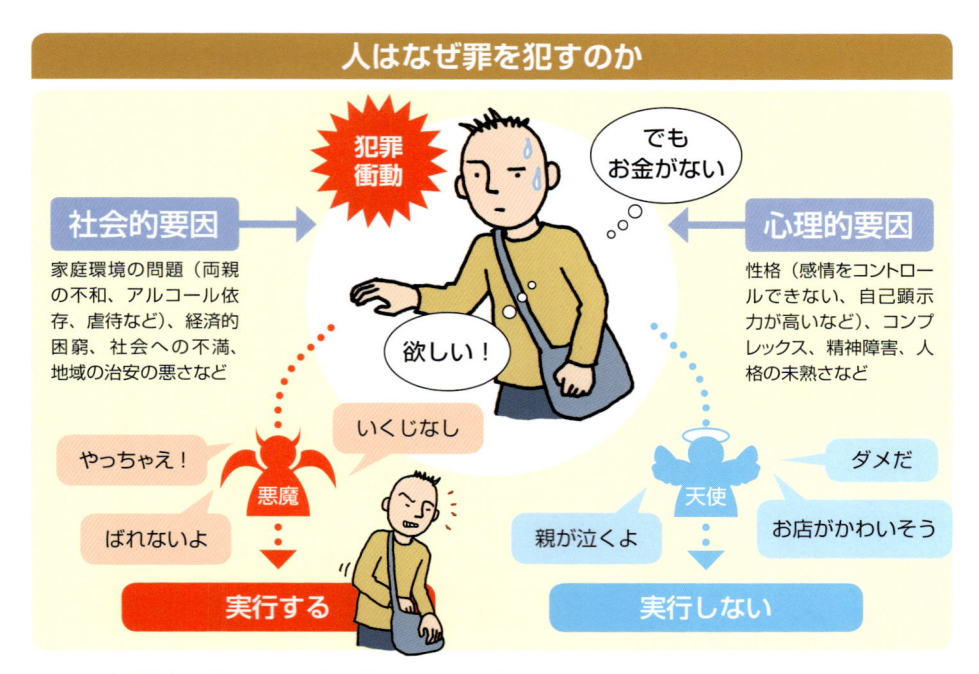

人はなぜ罪を犯すのか

社会的要因
家庭環境の問題（両親の不和、アルコール依存、虐待など）、経済的困窮、社会への不満、地域の治安の悪さなど

犯罪衝動
でもお金がない
欲しい！

心理的要因
性格（感情をコントロールできない、自己顕示力が高いなど）、コンプレックス、精神障害、人格の未熟さなど

悪魔：やっちゃえ！／いくじなし／ばれないよ → **実行する**

天使：ダメだ／親が泣くよ／お店がかわいそう → **実行しない**

> **ミニ知識** 心理臨床の現場では、犯罪に巻き込まれた被害者の心のケアも重要だ。だまされやすい人や攻撃行動を誘発しやすい人には、同じ悲劇を招かないための指導も求められる。

●犯罪の抑止を目指す

犯罪心理のエキスパートというと、奇抜な推理力でもって犯人を特定する、いわばFBI捜査官のようなイメージを持つ人が多いかもしれない。しかし犯罪心理学の領域はそれだけにとどまらず、大きくは3つの分野に広がっている。

1つは、人はなぜ罪を犯すかという心理的要因を探ることだ。犯罪を起こした人間の特性を研究し、今後の対策に役立てたり、まだ捕まっていない犯人像を検討したりする（→CLOSE UP参照）。

2つめは容疑者や関係者の心理を研究し、捜査や裁判で専門的見地から情報を提供することである。たとえば、容疑者の嘘を見破る、目撃者の証言や容疑者の自白の信頼性を検証する、といった課題がこれに当てはまる。

そして3つめが矯正や更生のための技術を開発・改善することだ。罪を犯した人が社会復帰するため、実際に犯罪者と接しながら心理学的にどのような対応がふさわしいかを考えていく。たとえば、子どもが非行に走る背景にはDV（ドメスティック・バイオレンス）など家族の問題がしばしば隠れており、そのため本人を矯正するだけでは足りないとする考え方がある。

CLOSE UP　プロファイリング

プロファイル（profile）とは「輪郭を描く」「側面を描く」という意味で、プロファイリングとは犯罪の様子から犯人の特徴、生い立ち、動機などを推論することをいう。映画やドラマで耳にしたこともあるだろうが、日本の捜査現場ではアメリカほど活用されていないようだ。

第❼章　心のトラブルを考える　犯罪心理学

犯罪心理学の3つの領域

- なぜ人は罪を犯すのか　**犯罪者の心理を探る**
- 目撃者の発言は信じられるのか　**捜査や裁判で貢献**
  - あのとき犯人は確かにこう言いました
- 罪を犯した人をどう社会復帰させるのか　**矯正や更生に関する研究**

→ 最終的な目的は犯罪の抑止

ミニ知識　近年は少年犯罪も目立っている。臨床心理の専門家は、児童自立支援施設、保護観察所、少年院などで、犯罪を起こした少年の矯正や社会化を担う。

▶現代人が抱える病

「個（孤）の時代」ともいわれる現代。DV（ドメスティック・バイオレンス）、子どもの虐待、ストーカー、摂食障害、ひきこもりなど、時代を反映した心のトラブルが増えている。

●多様化、複雑化する心の病

社会の変化とともに、そこで暮らす人間の心のありようも変化する。

たとえば、過度なストレス環境のためか、うつを原因とした自殺者は年々増えつづけている。また核家族化や都市化が進んだことで、人々は複雑な悩みを誰にも話すことなく、自分一人で抱え込んでしまい、結果として心の病が深刻化するケースが増えている。

家族のトラブルで目立つのは子どもの虐待だ。殴る、蹴るなどの身体的虐待のほか、暴言を吐くなどの心理的虐待、性交渉を強いるなどの性的虐待、食事を与えないなど養育そのものを放棄するネグレクトの4つがある。虐待のある家庭では夫婦間でのDV（**ドメスティック・バイオレンス**）があるケースも多い。また、家庭で暴力を振るう人の中にはアルコールや薬物への依存症を患う人も少なくなく、病巣の根深さが感じられる。

青少年の間では極端な過食や拒食に走る**摂食障害**や、ときには命を奪うまでにエスカレートするいじめ、自宅に閉じこもるひきこもりもある。特定の人に執拗につきまとうストーカーも現代の病理の現れといえるだろう。

近年増えつつある心の病

摂食障害
食べることが止められなくなる過食症と、自分は太っていると思い込み食べ物を口にしない拒食症とに分かれる。いずれも過度なダイエットが引き金となって起こる。

ひきこもり
6ヵ月以上自宅にこもって社会参加しない状態を指す。うつ病や神経症を原因とする人もいるが、中には精神障害が認められないのにひきこもる（社会的ひきこもり）人も少なくない。

育児に全力を注いでいた主婦が、子どもの親離れとともに燃え尽き症候群になる例もある

仕事依存症
一見すると仕事熱心に見えるが、家に仕事を持ち帰る、休日も仕事を続ける、一方で家庭には居場所がない、という状態は、アルコール依存や薬物依存と同様、立派な依存症と見なされる。

仕事依存症の人は、仕事をすることで安心を得ている。身体が休まらないので、やがてうつや過労状態になることも

燃え尽き症候群
何かに一生懸命打ち込んできた人が、心身共に消耗し、やる気を失ってしまった状態をいう。対人関係もわずらわしくなり、人を突き放すような態度をとる。

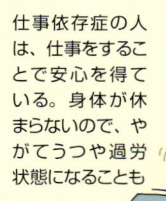

依存症の中には、インターネットに常時触れていないと落ち着かない「ネット依存症」や、特に必要でないものを衝動的に買って心の満足を得る「買い物依存症」などもある。

●DVに隠された共依存の関係

DVは夫婦など親密なパートナー間の暴力をいい、男性が女性に身体的・心理的・性的暴力を振るうことが多い。

DVには、（1）ストレスで加害者が苛立ちを募らせ、被害者の緊張が積み重なる蓄積期、（2）溜め込んだ苛立ちが暴力に発展する爆発期、（3）加害者が被害者に謝罪して親密になるハネムーン期、という3つのサイクルがあり、これを繰り返しながら暴力が増長していく。

この過程で加害者は被害者をストレスのはけ口として支配すると同時に甘え、被害者は「自分がこの人を支えている」「自分がいなければこの人はダメだ」と思い込むようになっていく。つまり互いに相手に依存する関係（＝共依存）ができあがっていくわけだ。こうしたパートナーの場合、加害者だけでなく被害者も治療の対象となる。

共依存が暴力を増長させる

- 仕事のストレスやコンプレックスを妻にぶつける（夫）
- でもこの人には私がいないと…　夫の暴力のはけ口になることで自分の存在価値を見いだす（妻）
- 共依存

大きな事故や災害がもたらすPTSD

命が危険にさらされるような衝撃的な出来事が、トラウマとして人の心に深い傷を残すことがある。PTSD（心的外傷後ストレス障害）と呼ばれるものだ。

症状としては、ふいにその記憶がよみがえったり悪夢となって表れたりする再体験や、その出来事に関連する場所や話題に触れられない回避症状などがある。また、そうした症状から逃げるためアルコール依存や薬物依存などの引き金にもなる。

1980年代に、ベトナム帰還兵の症状として、注目された。日本では、阪神・淡路大震災や地下鉄サリン事件の際にPTSD発症者が出ているが、未曾有の災害となった東日本大震災でも被災者の心のケアが課題となっている。

思春期に多い心の病に「身体醜形障害（醜形恐怖）」がある。自分の見かけを過度に気にして整形手術を繰り返したり、ひきこもりになったりする。一種の神経症ともいえる。

カウンセリング

悩みを相談しにくる人の主体性を尊重するのがカウンセラーの使命だ。指示や指導、治療よりも、クライエントの気持ちや考えにきちんと耳を傾けることを重視する。

●クライエントの成長を促す点は心理療法と同じ

カウンセリングとは「相談する」という意味で、カウンセリングを行う人をカウンセラーと呼ぶ。

心理療法が、社会適応の困難な、比較的重度の症状を抱える人を相手に治療や症状改善のための指示・指導を行うのに対して、カウンセリングはおもに健全な社会生活を送っている人を対象として、その主体性を尊重する点が特徴だ。相手の悩みにじっくりと耳を傾け、課題を解決する方策を本人が見つけ出し、そこへたどり着くまでを支える。いわば伴走者やサポーターとしての役割が求められるのである（両者の担当領域の違いについては「心理療法の分類（→p242）」を参照のこと）。

しかしカウンセリングも心理療法も、心理的な要因が関係する症状を緩和して、**クライエント**（依頼者）の人間的な成長や自己実現を促していくという意味で目的は一致している。特に心理療法の一つである来談者中心療法（→p246）では、その名の通りクライエントの主体性を重視するなど、カウンセリングとの親和性が高い。

カウンセリングと心理療法との明確な線引きは難しいのが実情で、両者は一括して心理臨床と呼ばれている。

カウンセラーはクライエントの"伴走者"

・自己一致（純粋性）
・無条件の肯定的態度
・共感的理解が
　求められる

あなたの問題を解決するには、どんなゴール（答え）を目指したらいいかな？あなたの目指すところまでお供しますよ！

クライエント　　カウンセラー

> **自己知識** カウンセリングと似たものにコンサルテーションがある。専門知識を持つ人が問題解決のための助言を行うというもので、心理ケアより具体策の提示に重きが置かれる。

●教育現場や職場でもカウンセリングが求められている

カウンセラーはさまざまな場所で活躍しており、それぞれのニーズに合わせたケアを展開している。業務に必要な資格や、持っておくと有利な資格も異なる。

心理カウンセラーの代表的な資格といえば**公認心理師**や**臨床心理士**だろう。病院やメンタルクリニックなどでは医師と連携して治療に当たることもある。

職場や学校でも心のケアが重視されている。**産業カウンセラー**は働く人たちの悩みを解決へと導いていく。昨今の成果主義の流れや人員削減に伴う過重労働で精神的なバランスを崩す労働者が増えており、企業が専属カウンセラーを雇用するケースも増えてきた。学校にもスクールカウンセラーや教育カウンセラーがいて、子どもたちのストレス、不登校問題、進路選択にともなう不安などに、教師や親とはまた別の立場で対応している。

精神保健福祉士は精神保健福祉センターや保健所などで精神障害者のカウンセリングに当たるほか、社会復帰のための調整なども行う。心理療法の色彩が濃いといえる。音楽療法士や行動療法士の有資格者が、病院や福祉施設で心理カウンセラーとして活動することもある。

CLOSE UP　カタルシス

人に愚痴をこぼすとスッキリするように、内面に溜め込んでいるものを発散するとストレスは軽減される。特にそれが無意識の領域に溜め込まれているものなら、心の緊張も大きくほぐれる。これを心理学用語でカタルシス（浄化）という。カウンセリングで心のわだかまりをうまく引き出すことができれば、それだけカタルシス効果も大きくなる。

第7章　心のトラブルを考える　カウンセリング

さまざまな場所で活躍するカウンセラー

民間資格

臨床心理士
心の問題の専門家。薬は処方せず、心理療法や心理検査、カウンセリングを行う。

産業カウンセラー
労働者のメンタルヘルスケア、人間関係の悩み相談、キャリア開発などに当たる。

スクールカウンセラー
教育現場で子どもや教員、親の相談にのる。

音楽療法士
音楽を通じて心の健康を取り戻す手助けをする。

行動療法士
クライエントの問題行動を改善する。

国家資格

公認心理師
医療・福祉・教育・司法など幅広い領域で心理学の専門知識や技術を活かした支援に取り組む。

精神保健福祉士
精神障害者のカウンセリングを行う。精神科ソーシャルワーカーと呼ばれることも。

> ミニ知識　心理カウンセリングを行うのに必ずしも資格は必要ではない。しかし人の心を扱う仕事である以上、有資格者と同等かそれ以上の専門的な知識や経験を養いたい。

心理アセスメント①

個人の性格を何らかの方法でとらえることを心理アセスメント（心理査定）という。クライエントは、カウンセリングや心理療法の前にこれを受けることになる。

●クライエントの抱える問題を見立てる

心理療法やカウンセリングを行う際、クライエントの問題の改善・解決へ向けた方針を立てるには、まずクライエント本人がどのような人格の持ち主で、現在どのような問題を抱えているかをできるだけ正確に把握する必要がある。

たとえば「人づきあいがうまくできない」というクライエントがいて、本人は性格的な問題だと考えていたとしても、本当の原因は生育環境にあったり、あるいは社会的要因や表面的にうかがえない身体的要因があるかもしれない。問題の根の部分を正確に見極めなければ効果的な心理臨床は実現しないのである。

そこで行われるのが**心理アセスメント**だ。アセスメントとは「査定」「評価」のこと。多面的な要素からクライエントの状態をチェックすることで、問題の性質や程度を総合的に探り、解決策の策定に役立てるというわけだ。

●複数の手法を組み合わせるのが一般的

心理アセスメントの一般的な手法としては、**行動観察法**、**面接法**、**質問紙検査法**、**投影法**などといったものが挙げられる。これらに加えて病院や心理相談室などでは知能検査や発達検査が実施されることも少なくない。

また、高次脳機能障害の検査で行われる神経心理学検査や、クライエントに一定の条件で一定の作業に取り組んでもらい、そのときの態度や結果からクライエントのパーソナリティを査定する作業検査法などもある。

いずれも手法の違いとともに、質問の仕方でも違いが生じる。たとえば質問紙検査法のように固定の質問にイエスかノーかで答えるものでは、クライエントがある程度質問の意図を汲み取ることが可能なので、無意識のレベルまで推定することは難しい。しかし客観的で信頼性のある結果が得られる。一方で投影法のようにクライエントが自由にイメージをふくらませるやり方では、査定の客観性は低くなるものの、より深い意識水準まで探ることができる。

それぞれの手法の特徴やアセスメントの目的、クライエントの状態などを総合的に勘案した上で、複数のアセスメントを実施するのが一般的だ。

CLOSE UP　テスト・バッテリー

いくつかの心理アセスメントを組み合わせて用いること。そのためには実際の査定を行う前の面接（初回面接）がカギとなる。クライエントの悩みを聞くと同時に態度や話しぶりを観察し、知的側面を見るのか、対人関係を把握するのか、深層心理を探るのかなどを判断、どんなアセスメントを組み合わせるかを決めていく。

> 自己知識　子どもを対象としたアセスメントでは、心理臨床家が一緒に遊ぶなどして直接関わりあいながら査定を行うことがある。

第7章 心のトラブルを考える

心理アセスメント①

心理アセスメントの役割

心理アセスメント＝治療の前に行う「査定」

- 家では眠れないのかな？
- 家族との関係も聞いてみたいな
- 実は仕事中眠くてたまらないんです…

環境的要因　性格的要因
身体的要因　社会的要因

➡ クライエントの状態を多元的に分析する

心理アセスメントの位置づけ

1. **最初の面談** — クライエントの悩みを聞く
2. **心理アセスメント** — 問題を総合的に理解する
3. **治療** — 実際の治療を始める
4. **心理アセスメント** — 治療の効果を確認する

医療　教育　就職活動　矯正・更生　など、幅広い分野で活用されている

さまざまな心理アセスメント

行動観察法
話し方や服装、面接者との位置の取り方などから、クライエントの情報を集めていく。

面接法
面接者とクライエントが対面し、面接者の質問にクライエントが答える形で査定を進める。

質問紙検査法
紙で用意された質問に対して、あてはまる度合いなどをクライエントが書き込む。

投影法
回答の自由度の高さが特徴。インクの染みでできた図を見せ、その反応を見るロールシャッハ・テスト（下図）などがある。

知能検査
学習指導や就職指導、障害者認定などの際に行う。

発達検査
主に子どもの発達の度合いを調べる際に行う。

投影法には、複数の絵を見せて物語を作ってもらうTAT（主題統覚検査）や、自分について説明する文章の空欄を埋めるSCT（文章完成法）などもある。

心理アセスメント②

心理アセスメントでよく使われる手法のうち、面接法と質問紙検査法について取り上げる。それぞれの手法の中でも、質問の自由度や客観性などによって種類が細分化されている。

●カウンセリングや心理療法の基本・面接法

心理アセスメントにおける面接とは、クライエントと対面で話しながら問題の背景を見立て、解決方針を考えるというものだ。具体的には、クライエントが何についてどの程度悩んでいるのかという主訴や、その問題が現在に至るまでの過程を探る意味で生育歴や家庭環境、本人の病歴なども確認していく。

こうした質問を事前にどれだけ用意しておくかによって面接法の種類は、(1)**構造化面接法**、(2)**半構造化面接法**、(3)**非構造化面接法**に分類できる。

精神疾患の把握を目的とする場合は質問の内容や手続きが決まっていて客観的に病状を査定しやすい構造化面接法を、心理療法における面接では自由度の高い非構造化面接法をそれぞれ採用するなど、目的によって構造化の度合いを調整していくことが重要だ。

またこれは行動観察法にも重なるが、面接の場ではクライエントの表情や声の抑揚、しぐさなども重要な情報となる。目をそらしたり腕を組んだりする場合は、そのときの話題にあまり触れたくない、すなわち隠したいことがあるとも考えられる。そこに問題の原因が潜んでいることもあるので、面接時はこうした非言語表現にも注意を向けていく。

構造化面接の例

あらかじめ決められた質問項目に忠実に従って面接を進めていく。

「それは…」
「いつも空虚感がある?」
「自分を尊敬できますか?」
「将来に不安を感じますか?」
「人混みの中にいるのは怖くないですか?」

➡ うつ病、人格障害など、基準の定められた精神疾患を把握するために行われる

半構造化面接法
- 質問項目は決めておくが、必要に応じて柔軟に内容を変えていく。
- 回答の自由度と査定の客観性を適度に両立させられる。インテーク面接(初回面接)で使われることが多い。

非構造化面接法
- 質問を用意せず、クライエントの話や反応に沿って質問を変える。
- 面接する人や面接のタイミングによって得られる情報にばらつきが生じるものの、意外な情報が得られる。

ミニ知識 面接ではクライエントと面接者の座る位置も重要だ。正面で向き合う「対面法」、机の角を挟む「90度法」、横に並ぶ「180度法(平行法)」などがある。

●教育現場やキャリア開発でも使われる質問紙検査法

　心や身体の状態、対人関係、価値観などに関する質問に対して、クライエントが選択肢の中から答えを選び、その結果を集計して性格や人格の傾向を浮かび上がらせるのが質問紙検査法である。

　回答を意図的に操作される危険性はあるものの、客観性の高い結果が得られること、短時間で簡単に、しかも多くの人を査定できるといった利点があるため、学校の進路選択や企業でのキャリア開発の場面などでも使われている。

　代表的な技法としては、矢田部ギルフォード性格検査（→p116）、エゴグラム、ミネソタ多面的人格目録（MMPI）、一般精神健康質問紙（GHQ）などが挙げられる。

質問紙検査法（性格検査）

	○	△	×
・ささいな失敗が忘れられない			✓
・自分の意見をはっきり言う	✓		
・一人でいるほうが気楽だ	✓		
・行動する前に必ず計画を練る		✓	
・何に対しても興味を失うことがある			
・小さいことを気に病む			
・人の先頭に立つことが多い			
・正しいことはためらわず実行する			

質問の例
一問一答式で、「○（当てはまる）」「△（どちらでもない）」「×（当てはまらない）」などの選択肢から回答を選ぶ。回答には点数が振り分けられていて、回答終了後に集計する。

検査結果の例
集計結果を「抑うつ傾向」「気分の変化」「神経質」といった性格を表す因子にあてはめ、点数の分布によって性格の系統や混合タイプかどうかなどを査定する。

検査結果（イメージ）

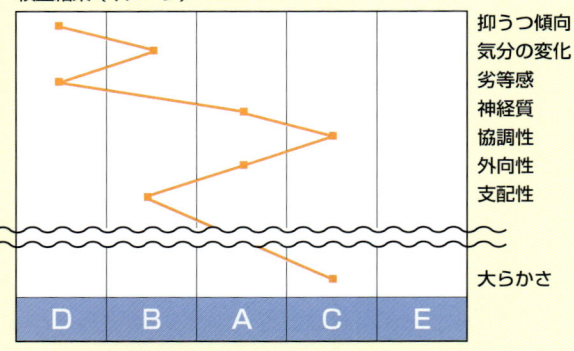

抑うつ傾向　D
気分の変化　B
劣等感　　　A
神経質
協調性
外向性
支配性　　　C
大らかさ　　E

豆知識　YG性格検査の質問は全部で120問。回答に多少時間はかかるが、人格傾向を総合的に査定できる。日本で最も使われている質問紙法の一つだ。

第7章　心のトラブルを考える　心理アセスメント②

▶心理療法の分類

心理療法には大きく3つの流れがある。精神分析的療法、認知行動的療法、来談者中心療法だ。クライエントの特性を加味しつつ、最もふさわしい心理療法を選択する。

●クライエントの心の変容を導く

心理療法とは、専門的な訓練を積んだセラピスト（心理療法家）がクライエントの精神症状の改善や人格の変容を目指すというものだ。カウンセリングよりも深刻な症状を抱える人がおもな対象とされ、具体的には統合失調症やうつ病、パーソナリティ障害、重度の神経症・心身症などのクライエントが該当する。薬物療法と並行して行われることもある。

心理療法は数多くあるが、それらの底流にある理論的支柱として3つの**代表的アプローチ**が挙げられる。

1つはフロイトを中心とする**精神分析的心理療法**（→p244）だ。フロイトは心の構造が自我、エス、超自我から成り立つと考え、これらの関係をとらえることでクライエントの自己理解を促し、症状を改善しようと考えた。これが精神分析理論であり、この理論に基づく手法が精神分析的心理療法である。

2つめの流れはロジャーズが創始した**来談者中心療法**（→p246）である。セラピストが治療を主導するのではなく、クライエントを中心としてカウンセリングに重きを置いていることが特徴だ。

3つめの**認知行動療法**（→p248）は、認知のゆがみを修正する認知療法と、適切でない習慣行動を是正する行動療法とを融合させたもの。ベックやエリスなどによって発展した。

心理療法の領域と種類

進路相談／キャリア相談／暴力行為／ひきこもり／心身症／神経症／パーソナリティ障害／うつ病／統合失調症

カウンセリング
言葉によるコミュニケーションを通じて心のトラブルを解決する

心理療法
心に深刻な問題を抱える人が対象

薬物療法

・精神分析的心理療法（→p244）
・来談者中心療法（→p246）
・認知行動療法（→p248）
・夢分析（→p250）
・自律訓練法（→p252）
・箱庭療法
・遊戯療法
・催眠療法
など

ミニ知識　心理療法は英語では「サイコセラピー」という。日本では医学分野では「精神療法」、心理学分野では「心理療法」という呼び方が定着している。

心理療法の3つの流れ

精神分析的心理療法

フロイト
- フロイトの提唱した精神分析理論に基づく。
- 社会不適応の個人や心理的問題に対応する。
- クライエントの不適切な行動を変えるには難しい面がある。

「なんでも自由に話してください」
「つい子どもに手を上げそうになって…」

昔は、カウンセラーとクライエントが目を合わせない位置に座ることが多かった

認知行動療法

ベック
- 学習理論をベースに問題行動を変容させ、クライエントの社会適応を目指す。
- 焦点となる問題行動の修正という対症療法に終わる可能性がある。

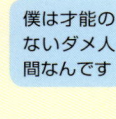

「僕は才能のないダメ人間なんです」
「どうしてそんなことが言えるの?」

クライエントの認知のゆがみを正していく

来談者中心療法

ロジャーズ
- カウンセリングが中心。
- クライエントの潜在的な回復力・成長力を引き出す。
- 言語力に乏しいクライエントには不向き。
- 自己理論に基づく。

「それは苦しかったでしょう…」
「この人なら私の気持ちをわかってくれる」

クライエントの話を無条件で肯定的に受け入れる

●そのほかの心理療法

ほかにも、クライエントの夢を手がかりに問題を軽減・解消しようとする夢分析、クライエント自身が自己暗示をかけることで心身をリラックスさせる自律訓練法、クライエントが砂の入った箱にミニチュア玩具を自由に置いて心の世界を表現し、問題と向き合っていく箱庭療法などの心理療法がある。また、遊びを通じて問題にアプローチする子どもを対象とした遊戯療法、通常とは違う意識状態に導いてクライエントの無意識に触れる催眠療法、絵画や音楽などを用いる芸術療法、即興劇を通して自己理解を深めるサイコドラマも心理療法の手法だ。

セラピストはそれぞれの特徴を踏まえつつ、クライエントの特性も見極めながら、ふさわしい心理療法を選択する。

CLOSE UP 箱庭療法

箱庭療法とは、砂やフィギュアなどを使って木箱の中に箱庭作品を作るというものである。これは言葉を介さない自己表現であり、まだ言葉がうまく扱えない子どもに対しても使える心理療法とされる。カウンセラーは箱庭からクライエントの内面の様子を観察する。心のバランスが回復するにつれて、箱庭もバランスのとれた作りになっていくという。

> **ミニ知識** 心理療法ではクライエントだけでなく、その家族に対する援助が必要となるケースもある。特に子どもの問題行動や夫婦間トラブルの場合は、合同面接を行うことも。

精神分析的心理療法

自我、エス、超自我と、互いに影響しあう3つの心の側面をとらえるのが精神分析理論だ。クライエントの無意識に抑圧された欲求や葛藤を明らかにしていく。

●心の中には組織がある？

フロイトは人間の心について自我、エス、超自我という3つの側面から成り立っていると考えた（→p32）。

自我は通常、私たちが「自分である」と認める部分で、自己を現実に適応させるための調整役を果たす。**エス**は動物的な本能の部分で、社会のルールや倫理性などおかまいなしに快感や満足を追求しようと自我にさまざまな要求をする。家庭のしつけや社会的教育などによって形成される**超自我**は良心や規範、倫理などを司り、これもまた自我に対して道徳的観点から要求を突きつける。

たとえるなら自我が会社員、エスが「会社を休んで遊びに連れていって」などと要求するわがままな子ども、超自我が職場の厳格な上司で、自我は双方からの要求に板ばさみとなりながら実務（現実世界への対応）に追われているわけだ。

この3者のせめぎあいがバランスを崩すとき、人は心を病むとフロイトは考えた。そこで精神分析的心理療法では、まずクライエントにこの心の構造を理解してもらう。3つのモデルを通すことで、クライエントが意識化するのに抵抗を感じる物事が解釈しやすくなり、無意識に抑圧されている葛藤や欲求も明らかになる。そしてエスや超自我の働きをゆるめると同時に、自我を強化して欲望や規範意識を適切な形に調整していくのである。

フロイトの理論と精神分析的心理療法

セラピストは自我との対話を通して自我、エス、超自我の3つの関係を調整していく。

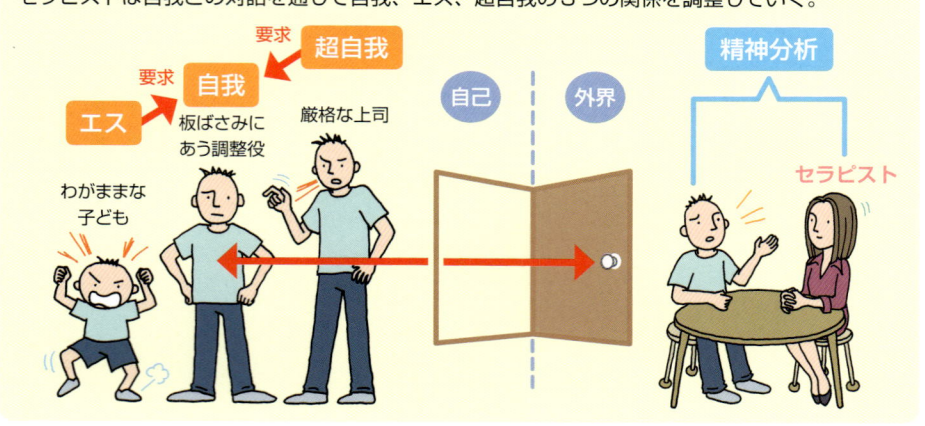

無意識の領域へ降りていきやすいよう、フロイトはクライエントを寝椅子やソファに寝かせ、自分は本人から見えない位置で治療を進めた。現代は対面式スタイルの治療が多い。

●セラピストに投影される感情も手がかり

精神分析的心理療法においては、セラピストは会話によってクライエントの心の構造の解釈を促し、自己理解を進める手助けをする。しかし、クライエントの語る内容だけでなく、クライエントがセラピストに抱く印象や関係性も分析の対象となる。

たとえば、セラピストが女性の場合、クライエントがセラピストに対してまるで母親を前にしたときのような感情を抱くことがある。このように、無意識のうちに、ある人に抱いていた特定の感情をセラピストに向けてしまうことを**転移**という。また、そのときの感情が好意的なものなら**陽性転移**と呼び、逆に否定的なものなら**陰性転移**という。陽性転移は、セラピストとクライエントの間に信頼関係を築く上で不可欠であり、治療の一助になるものと歓迎される。なお、セラピストがクライエントに対して好意的あるいは否定的な感情を抱くことを**逆転移**という。

一般に、カウンセリングや心理療法を行うとこのような転移現象が頻繁に起こる。仮に、クライエントがセラピストを母親のように慕う一方で、父親の話になると表情が暗くなる場合、両親との関係、特に母との密着や父との不和といった問題が背景にあるとも考えられる。このように、転移はクライエントとのラポール（信頼関係）を築く上で重要であるばかりでなく、問題解決の糸口となる場合もあるわけだ。

CLOSE UP 徹底操作

心理療法によってクライエントが自己洞察を深めることができても、習慣化した行動や思考パターンはなかなか変えることができない。そこでセラピストは徹底した解釈と自己分析を実現し、適切な社会行動が取れるようにするため、クライエントに繰り返し働きかける。これを徹底操作という。

陽性転移と陰性転移

転移とは、精神分析の治療において、クライエントがセラピストに対して抱く特別な感情のことを指す。特定の誰かに抱いていた感情を、セラピストに対して向けている。

陽性転移
たとえば、クライエントがセラピストに対して、自分をかわいがってくれた父親の姿を投影したとする。すると、セラピストに対しても、父親と同じく好意的な印象を持つ

陰性転移
逆に、クライエントがセラピストに対して、自分に対して厳しかった父親の姿を投影したとする。すると、セラピストについても否定的な印象を持つ

セラピスト
クライエント

> 精神分析的心理療法はゆっくりと時間をかけてクライエントの心の殻をはいでいく。毎週1回以上の面接を長期的に続けていくのが一般的だ。

来談者中心療法

「真に問題を解決できるのはクライエント本人だけ」という考えのもと、カウンセリングではクライエントの自己概念とありのままの自分を一致させることを目指す。

●自己不一致の状態が現実への不適応を引き起こす

来談者中心療法は、アメリカの心理学者、ロジャーズが創始した療法である。精神分析や行動療法のように治療者が主導権を握るのではなく、「真に問題を解決できるのはクライエント本人だけ」という考えから、治療の主役はクライエントであるとした。

その中心にあるのは、「こうでありたいと考える理想の自己」と、実際の経験から作られる「現実の自己」とを一致させることが重要とする自己理論である。両者がかけ離れた状態、すなわち自己不一致のとき、人は自分を受け入れることができずに不適応が起きるとロジャーズは考えた。つまり理想と現実のギャップが問題なのだ。

これを解決するには、ロジャーズが「真に問題を解決できるのはクライエント本人だけ」と語ったように、クライエントがありのままの自己を知り、受け入れていくしかない。

その手段としてロジャーズはカウンセリングを重視した。セラピストがクライエントの話を**傾聴**し、心から共感することで、クライエントは現実の自分を許容する。その結果自己一致に至って治癒に結びつくのである。

もっとも、クライエント中心とはいえ、セラピストとの人間的交流を尊重した療法である。そのためセラピストには「純粋」「受容」「共感」の3条件が求められるといわれる。

自己不一致とは

人は誰でも「理想の自分」を持っている

- 理想の自分
- 現実の自分

しかし度が過ぎると…

自己不一致の状態

- 自己概念（理想）
- 実際の経験（現実）

一致する部分が小さいと心の健康が損なわれる

たとえば、理想の自己が「たくましい肉体を持った男性」で、現実の自分が「ぽっちゃり体型の男性」だった場合、理想と現実に大きなギャップが生じる。そのようなギャップが、心のバランスを崩す原因になるとロジャーズは考えた。

ラポールとは、セラピストとクライエントの間に結ばれる信頼関係のことを指す。ラポールの構築なしにカウンセリングを試みても、治癒は望めない。

来談者中心療法のための必要十分条件

❶ 心理的接触がある
クライエントとセラピストの間にラポール（信頼関係）があると、クライエントは胸の内を素直に話せる

「2人でゆっくり治していきましょうね」
「この先生になら、何でも打ちあけられる」

❷ クライエントの自己不一致
来談者は自己不一致の状態にあり、心理的に傷つきやすい、あるいは不安な状態にある

❸ セラピストの自己一致（純粋）

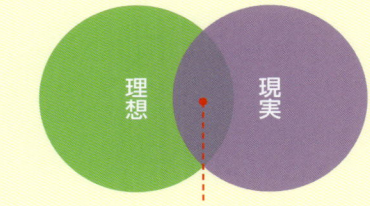

理想 / 現実

一致している部分が大きい

セラピストが自己一致の状態にあり、言動や態度に裏表がなく純粋である。これもクライエントが安心して話すためには欠かせない

❹ セラピストの無条件の肯定的関心（受容）

「あなたのお気持ちはよくわかります」

セラピストはクライエントの話や行動を批判せず、無条件で肯定的に受け入れる

❺ セラピストの共感的理解（共感）

「それは苦しかったでしょう。よく頑張りましたね」

セラピストがクライエントの不安や苦しみを自分のことのように理解し、共感を示す態度をとる

❻ セラピストの受容と共感のクライエントへの伝達

「やっと私の気持ちをわかってくれる人が見つかった！」

カウンセリングを通して、セラピストが受容と共感の姿勢をクライエントへ伝える。その結果、ラポールが生じて治療につながっていく

セラピストの3条件

セラピストに「一致（純粋さ）」「受容」「共感」が備わっていることで、クライエントは現実に向き合うためのよりどころを得ることができる。その結果、心の変容が実現するとロジャーズは考えた。

ミニ知識 音声として「聞く」のではなく、相手の話に「耳を傾けて（積極的に）」「聴く」のが傾聴だ。話の背後にある感情も受け止める姿勢が求められる。

認知行動療法

小さな失敗を悲観的にとらえすぎるなど、物事のとらえ方のゆがみや非論理的な思い込みを修正することで、問題行動を軽減・解消していくのが認知行動療法である。

●ゆがんだ認知を修正する

　山登りで頂上まで残り半分という地点まで来たとき、「まだ半分もあるのか」と考えるのと、「もう半分も登ったのか」と考えるのでは疲労感が違うものだ。悲観的な見方をする前者は山頂までの道のりを重い足取りで歩くだろうし、楽観的な後者は「もう少しだ」とばかりに軽快に進んでいくだろう。

　また、「仕事は完璧にこなさなければならない」と考えるような人は、自分の理想とする成果にたどりつけなかった場合、自分自身を「ダメ人間だ」と否定して落ち込んでしまうことがある。他人が「立派にこなしている」となぐさめても聞く耳を持たない。自分が作りあげた思い込みにとらわれてしまうわけだ。

　このように、物事をどの角度から見るか、あるいはその人がどのような固定観念を持っているかで認知の仕方は変わる。また、その結果として行動も変わってくるのだ。

　これに着目したのが**認知行動療法**である。問題行動を是正するには、その人のゆがんだ認知を正すことが必要だとする考えに基づいている。セラピストはクライエントの自動的に出てくる思考（自動思考）に対して「それが現実的である証拠は？」などと繰り返し問いかけ、時間をかけて認知を変容・再構成していくのである。

認知の変容

「家事は完璧にこなさなくちゃ！」

→ 認知の変容 →

・いつも完璧は難しい
・忙しい人には無理
・ほかの人だって同じ

「人間なんだから完璧なんて無理よね」

非論理的な思い込みにとらわれている　　　物事のとらえ方が修正される

> 認知行動療法は、スキナーやアイゼンクによって発達した行動療法と、ベックやエリスが発展させた認知療法とが融合してできたものである。

●論理的反論で信念を変化させる

アメリカの臨床心理学者、エリス（アメリカ、1913-2007）が開発した**論理情動療法**は、認知行動療法の中の一手法である。

ここで使われる理論は、ABC理論と呼ばれる。A（Activity event＝出来事）はB（Belief＝信念、固定観念）を通してゆがめられ、その結果としてC（Consequence＝行動）があるとする考え方だ。このうち、Bの「信念や固定観念」をカウンセリングによって突き崩すことがまずは重要となる。しかし、それが不合理であることがセラピストの指摘によって頭では理解できたとしても、クライエントはそう簡単に固定観念を手放すことはできない。

そこでエリスは、論理的に反論することで固定観念の変化を促そうとした。たとえば、営業職に就いている人が「あの契約が取れなければ自分は負け犬だ」と根拠もなく思い込み、不必要なストレスに悩んでいるとする。その場合セラピストは「失敗したら何か問題があるのか」「営業先は1つしかないのか」「負け犬とは何か」などと、論理的に問いかけていくのだ。

こうしてクライエントに「あの契約がとれなくてもすべてが終わりになるわけではない」と納得させることができれば成功である。誤った認知からクライエントを解放することができる。

エリスは非合理な信念（**イラショナル・ビリーフ**）として、（1）〜ねばならない、（2）悲観的、（3）非難・卑下的、（4）欲求不満低耐性という4つのパターンを挙げた。

エリスのABC理論

A　Activity event（出来事） → B　Belief（信念、固定観念） → C　Consequence（行動）

さまざまな認知のゆがみ

① 〜ねばならない
→ （例）勉強をしなければならない、男は強くあらねばならない

② 悲観的
→ （例）絶望的、もうだめだ、おしまいだ、世も末だ

③ 非難・卑下的
→ （例）自分はだめな人間だ、生きている価値がない

④ 欲求不満低耐性
→ （例）耐えられない、我慢できない、許せない、信じられない

カウンセリングでゆがみを正していく

ある営業社員の例　A社との契約が取れなかった
→ 契約が取れなければ終わりだ → もうだめだ！
→ 営業先はA社以外にもある → 次はがんばるぞ！

> **目記知国** 問題行動は不適切な学習によってもたらされるものである。したがって再学習によって行動を変えさせることができるというのが行動療法における学習理論である。

▶夢分析

フロイトとユングはどちらも夢に意味があると考えたが、アプローチは違っていた。フロイトは「自由連想法」、ユングは「拡充法」と呼ばれる技法をそれぞれ編み出している。

●無意識を意識的にとらえようとする手法

心理臨床において、クライエントが見た夢を手がかりに深層心理を読み解こうとするのが**夢分析**である。夢の中では日常的な意識ではとても生み出すことのできない、現実や常識を超えた出来事が展開する。それは無意識のなせるわざであるとする考えに基づき、夢を分析すれば無意識の働きを意識的にとらえることができるのではないかという観点から、この技法が確立された。

フロイトが始めてユングが発展させたが、両者の考え方や具体的な分析手法は異なっている。それは心の構造についての考察が違っていることに由来する。

フロイトは意識と無意識は対立的な関係にあるとして、無意識には抑圧された記憶や欲望、衝動が押し込められていると考えた。「夢は欲求を隠している」というのがフロイトの説だ。対してユングは意識と無意識には対照的な自分がいて、互いに補い合う調和的な関係であるとし、「夢は欲求を教えてくれる」と考えた。

どちらも無意識の情報が夢に現れるという点では一致しているが、その内容と現れ方が異なるわけだ。したがって両者のアプローチ法も異なっている。フロイトの夢分析は「**自由連想法**」、ユングの夢分析は「**拡充法**」と呼ばれている。

夢はどんな意味を持つのか

2つの考え方

夢にはその人の無意識に抑圧された情報が表れる

意識 → 前意識 → 無意識

夢は願望の充足である（フロイト）
・夢の正体は、抑圧された願望
・睡眠中は抑圧の力が弱まるので、願望が形を変えて夢に出てくる

夢は願望の象徴である（ユング）
・夢には隠された意味などない
・夢それ自体が無意識からのメッセージ

もともとユングはフロイトの弟子だった。しかしユングが考えた人類に共通する無意識（集合的無意識）の存在をフロイトが認めず、2人はたもとを分かつことになった。

●自由連想法と拡充法

自由連想法では、まずクライエントがその夢の内容から連想することを自由に語っていく。セラピストはその内容に、クライエントの前日の体験や抱えている問題、性格などを加味して夢に意味づけ（解釈）をする。こうして無意識を探ることでクライエントが気づかなかった願望や欲求に光を当て、心のバランスを取り戻すのである。

拡充法では、クライエントは見た夢についてセラピストと語りあいながらイメージをふくらませていく。それによって夢が何を伝えようとしているのか、無意識がどんな状態にあるのかを探るのである。セラピストは解釈を挟まず、クライエントの無意識へのアクセスを手助けするサポート役に徹する点が、自由連想法との大きな違いといえる。

フロイトは夢をこう分析した

傘、ステッキ、ピストル、噴水、蛇口	男性器のシンボル
箱、靴、タンス、部屋、船	女性器のシンボル
旅に出る、鉄道旅行	死のシンボル
水に入る、水からはい上がる	誕生のシンボル

フロイトとユングの手法の違い

フロイトの自由連想法…夢からの連想を自由に語る

- **セラピスト**：クライエントの話が終わってから、その夢の意味を解釈する
- **クライエント**：「最初に犬が出てきて…小さい頃飼っていた犬に似ていた気がします」夢について思いつくことを自由に連想していく。最初のイメージから離れてよい
- **狙い**：それまで隠れていた無意識の願望に気づかせる

ユングの拡充法…物語や神話をもとにイメージを広げていく

- **クライエント**：「大きな怪物が追いかけてきたんです！」夢に出てきたことそのものについて、イメージをどんどん広げていく
- **セラピスト**：「それはあの神話に似ていますね」神話や物語などを利用して、クライエントの連想を助けていく。夢の意味を解釈しようとはしない
- **狙い**：夢のイメージを十分に味わうことで、自己の治癒力を活性化する

> ミニ知識　自由連想法では、夢の解釈はセラピスト次第というところもある。分析には専門的知識と熟練した技術、クライエントへの細心の配慮が必要だ。

自律訓練法

誰でも行うことができる自己催眠の一つ。自己暗示によって心身の状態を整えることを目的とする。治療の場面のみならず、会社や学校などでも活用されている。

●心身の緊張をほぐし、リラックス状態に導く

自律訓練法（じりつくんれんほう）とは、誰でもできる催眠療法の一種だ。意識の働きを弱めた状態で自己暗示をかけ、体の緊張をほぐし、それによって心もリラックスさせるというものである。

落ち着く環境で目を閉じ、公式と呼ばれる決められた言葉を心の中でゆっくりと繰り返し唱える。これを1日数回、5〜10分ずつ行う。背景公式と呼ばれる基礎から始め、できるようになったら6つの公式を1つずつ加えていく。

長期的に続けることで呼吸が深くなる、血圧が安定する、胃腸の機能が活性化する、集中力が高まる、疲労が回復するといった効果が得られる。これは自律神経のバランスが整うことによるものだ。

自律神経系は内臓の働きや発汗・体温調整、代謝機能などを司り、緊張時や興奮時に働く交感神経系と、安静時や休息時に働く副交感神経系に分かれる。自律訓練法は交感神経優位の緊張状態を解き、副交感神経優位のリラックス状態を生み出すのである。

心理臨床の場面でも、神経症、心身症、あがり症、夜尿症、吃音、不眠といった症状の改善に成果をあげている。

ただし、本人の同意と主体性に基づいた訓練ということで、一般的には9歳以上でないと適用は難しいとされている。また心臓や呼吸器に重い疾患を持つ人や妄想を示す精神疾患を持つ人は安易に行ってはならない。

2つの自律神経系

交感神経が優位
➡ 内臓の働きや代謝が活性化、緊張状態に

副交感神経が優位
➡ 血圧や心拍数が下がりリラックスモードに

自律訓練法を続けると副交感神経が優位になり、心身の緊張状態が緩和される

自律訓練法は場所を選ばない

たとえば電車の中でも

- 満員電車も気にしない…
- 僕は落ち着いている…
- 涼しくて気持ちがいいぐらいだ…

自律訓練法は落ち着ける場所であれば立ったまま行ってもよい。職場、学校はもちろん、電車の中でも実践できる手軽さが利点だ。

豆知識 目を閉じてリラックスすると、意識の活動が弱くなり、暗示にかかりやすくなる。この催眠状態を意図的につくりだし、暗示によって心のトラブルを解決するのが催眠療法である。

自律訓練法の標準的なやり方

①背景公式　自律訓練を行う準備

「落ち着いている…　落ち着いている…」

椅子に座ったり横になったり、リラックスしやすい状態をつくる

身体をしめつけるベルトや腕時計ははずす

→ 心の中で「気持ちがとても落ち着いている」とくり返し唱える

②6つの公式　決められた言葉を心の中で唱える

1つ体得したら次の公式に移る

第1公式
「右腕が重い」と心の中で唱えて、実際に右腕の重さを感じる。次に「左腕が重い」と唱え、左腕の重さを感じる。さらに「両足が重い」と唱え、両足が重くなるのを感じる。

第2公式
「右腕が温かい」と唱え、実際に右腕の温かさを感じる。次に「左腕が温かい」と唱え、左腕の温かさを感じる。さらに「両足が温かい」と唱え、両足が温かくなるのを感じる。

第3公式
「心臓が静かに規則正しく打っている」と唱え、それを感じる。

第4公式
「呼吸が楽になっている」と唱え、それを感じる。

「呼吸が楽になっている…」

第5公式
「お腹が温かい」と唱え、それを感じる。

「お腹が温かい…」

第6公式
「額が涼しくて心地よい」と唱え、それを感じる。

③消去動作　手足を曲げ伸ばしして、大きく深呼吸してから目を開ける。これにより催眠状態を解く

長期的に続けることで

→ 神経症　心身症　あがり症　夜尿症　吃音（きつおん）　不眠

などの改善も期待できる

豆知識　催眠状態にある人は、カウンセラーの言葉を素直に受け止められる。たとえば「あなたは絶対に緊張しない」などと暗示をかけられるだけであがり症が治ってしまうことがある。

Column ❼ 日常の疑問を心理学で解説!

若者に急増！ 新型うつって？

従来の症状に当てはまらない新たなうつが増えている

うつ病と聞くと、どんなイメージが思い浮かぶでしょうか。真面目で几帳面な人がなりやすく、発症すると無気力な状態になる、様々な ==身体的症状== が出るといったところが一般的だと思います。ところが近年、このイメージに当てはまらないうつ病が増えています。現在、学問上の明確な定義はありませんが、従来のうつ病の諸症状とは明らかに違うため、便宜上「新型うつ」と呼ばれています。

たとえば、会社にいる時間はうつ病の症状が顕著だがアフター5にはすっきりする「社内うつ」や、うつ病で休みをとったのに海外旅行に出かけたり、自責感より ==他責感== が強く批判的な言動が目立ったりするのが特徴的です。一見すると自己中心的な振る舞いであり、会社をさぼるための方便としてうつ病を利用しているとも見えかねないところもあります。

病気なのかどうかも議論が分かれるところ

はたしてこれが病気なのかどうか学会でも議論が分かれています。実際、症状自体はウソではないので判断が難しいところです。なお、こうした新型うつにかかる人のほとんどは、20～30代の若年層です。

新型うつの症状を訴える若者を見ると、いくつかの類似点があるように思います。未熟で甘えが強く、社会の規範に適応できないということです。

人は誰でも、社会に出れば規範の中で生きなければいけません。会社が定めた時間に出社したり、仕事の約束に遅れなかったり、ときには嫌な仕事もこなしたりする必要が出てきます。対価としてお金をもらうためには当たり前のことです。

社会的背景にも原因 治療法の確立が急務

ところが、それを当たり前と思えない若者が強いストレスを感じ、結果として新型うつを訴えるようになっているのです。ですから見方をかえると、新型うつの増加は、現代の日本社会に、そういった未熟な若者の数が増えてきている証拠なのかもしれませんね。しかし「ただの甘え」といって彼らを切り捨てることはできません。新型うつがさらに増えていけば社会に悪影響を及ぼすのは自明の理です。臨床心理学的なアプローチによって新型うつの原因を解明、治療法の確立を模索していかなければならないと考えています。

うつ病の身体的症状 ●
頭痛、めまい、食欲・性欲の減退、疲労感、肩や背中のこりなどがある。

他責感 ●
何らかの問題が生じたとき、その原因を他人や社会など自分以外のところに求める傾向をいう。反対に、なんでも「自分のせいだ」と思い詰める傾向を自責感という。

教えてくれたのは
宮城まり子先生
▶p6

INDEX

あ行

アーリーマジョリティ · · · · · · · · · · · · 162
アイ・コンタクト · · · · · · · · · · · · · · · · 139
愛他行動 · 189
愛着（アタッチメント） · · · · · · · · · · 182
アイデンティティ · · · · · · · · · · · · · · · · 198
アイデンティティ拡散 · · · · · · · · · · · · 199
アイデンティティ・クライシス · · · · 198
アイデンティティ・ステイタス · · · · 199
アジテーター · 158
アスペルガー症候群 · · · · · · · · · · · · · · 196
遊び · 190
圧覚 · 48
アッシュ · 128
アニミズム · 24
アフォーダンス理論 · · · · · · · · · · · · · · · 56
アリストテレス · · · · · · · · · · · · · · · · · · · 24
アルゴリズム · 81
アンチ・クライマックス法 · · · · · · · · 147
いじめ · 195
一面提示 · 146
一回性の要因 · 111
意図の共有 · 189
イノベーター · 162
意味記憶 · 76
意味ネットワーク · · · · · · · · · · · · · · · · · 78
イラショナル・ビリーフ · · · · · · · · · · 249
陰性転移 · 245
ヴィゴツキー · 66
ウェーバー · 27
ウェクスラー · 91
ヴェルトハイマー · · · · · · · · · · · · · · · · · 28
ウソ · 185
内田クレペリン検査 · · · · · · · · · · · · · · 117
うつ状態 · 224
うつ病 · 224
ヴント · 28
運動視差 · 45
栄光浴 · 123
エインズワース · · · · · · · · · · · · · · · · · · 183
エゴグラム · 114
エス · 32,244
エディプスコンプレックス · · · · · · · · 172
エピソード記憶 · · · · · · · · · · · · · · · · · · · 76
エビングハウスの図形 · · · · · · · · · · · · · 53
エリクソン · 173
エレクトラコンプレックス · · · · · · · · 173
演繹的推理 · 82
遠感覚 · 177
援助 · 144
援助の返報性 · 145
応用心理学 · 36
オピニオンリーダー · · · · · · · · · · · · · · 162
温覚 · 48
音楽心理学 · 37
音楽療法士 · 237

か行

外言 · 66
外向型 · 102
外耳 · 46
回想法 · 215
外的統制者 · 124

255

INDEX

海馬	49
解離症	222
外発的動機づけ	68
カウンセリング	236
蝸牛	46
学習障害	196
学習心理学	37
学習性無力感	70
拡充法	250
カクテルパーティ効果	52
角膜	44
仮現運動	29
課題達成凝集性	154
可聴域	47
活動理論	217
カニッツアの三角形	54
ガラス体	44
空の巣症候群	211
感覚	40
感覚記憶（感覚レジスター）	73
感覚遮断の実験	93
感覚心理学	37
環境閾値説	171
感情	58
桿体	44
顔面フィードバック仮説	60
記憶	72
気質（テンペラメント）	98
基礎心理学	36
基底膜	46
機能的遊び	190
帰納的推理	82
機能類型	103
ギブソン	56
キプニス	157
記銘	72
きめの勾配	45
逆転移	245
脚本分析	115
キャノン＝バード説	60
ギャングエイジ	194
ギャング集団	194
嗅覚野	49
嗅球	49
吸てつ反射	177
教育心理学	36
協応	177
共同注意	188
強迫症	222
恐怖症	222
共鳴動作	188
ギルフォードの多面構造説	87
近感覚	177
近接性の効果	134
近接の要因	50
クライエント	236
クライマックス法	147
クレッチマー	100
群衆	158
経験説	110
継続理論	217
傾聴	246
ゲーム分析	115
ケーラー	65,80
ケクレ	85
ゲシュタルト心理学	28,50
ゲゼル	170
血液型	104

256

結婚	206
結晶性知能	88
欠乏動機	92
原因帰属	124
元型	33
言語相対性仮説	67
幻視	226
原始反射	177
幻聴	226
権力	156
行為者─観察者バイアス	125
好意の返報性	131
好奇動機	93
攻撃行動	164
口唇期	172
口唇探索反射	177
構成主義心理学	28
構造化面接法	240
構造分析	114
行動主義心理学	30
行動療法士	237
更年期障害	210
肛門期	172
公認心理師	221, 237
合理化	220
交流分析	114
コーシャスシフト	153
コールバーグ	187
ゴールマン	91
古典的条件づけ	30, 64
コミュニケーションネットワーク	151

さ行

サーストンの多因子説	87
細胞期	174
作業検査法	117
錯視	54
サクセスフル・エイジング	216
錯覚	54
産業カウンセラー	237
産業心理学	36
ジェームズ	70
ジェームズ＝ランゲ説	60
ジェンセン	171
ジェンダー	112
自我	32, 244
視覚	44
自己一致	35
試行錯誤	80
自己開示	131, 203
自己高揚帰属バイアス	126
自己成就予言	131
事後情報効果	77
自己中心性	191, 193
自己中心性バイアス	127
自己中心的言語	66
自己呈示	121, 132
仕事依存症	234
自己認知	184
自己卑下的帰属バイアス	126
自己評価維持方略	123
自己不一致	246
自己抑制	185
視細胞	44
視床	60

INDEX

視床下部	49	象徴的遊び	190
耳小骨	46	情動	58
糸状乳頭	49	情動の共有	189
自尊感情	70	触覚	48
自尊心	122	初頭効果	128
実験心理学	41	自律訓練法	252
質問紙法	116	人格（パーソナリティ）	98
死の受容	214	神経症	222
自発的微笑	180	新行動主義心理学	31
自閉スペクトラム症	196	心身症	228
社会心理学	37	人生の正午	210
社会的ジレンマ	140	身体醜形障害	235
社会的動機	94	ジンバルド	156
社会的微笑	180	心理アセスメント	238
ジャストローの錯視	55	心理社会的発達理論	173
ジャルゴン	180	心理的離乳	202
自由神経終末	48	心理療法	242
囚人のジレンマ	141	親和動機	94
集団	150	水晶体	44
集団間差別	155	錐体	44
集団凝集性	154	スーパー	205
周波数	46	スキナー	31,64
自由連想法	250	スクールカウンセラー	237
主観的幸福感	216	ステレオタイプ	104
熟知性の法則	131	ストレッサー	228
主人在宅ストレス症候群	211	ストレンジ・シチュエーション法	183
主張的自己呈示	132	スピアマンの2因子説	86
出生順位	108	スポーツ心理学	36
シュトラッツ	168	性格（キャラクター）	98
シュテルン	171	性格心理学	37
準拠集団	150	性器期	172
順応	52	精神物理学	27
昇華	220	精神分析学	33
生涯発達	168	精神分析的心理療法	244

精神保健福祉士	237	第二反抗期	202
生得説	110	大脳皮質	43
性役割	112	大脳辺縁系	58
摂食障害	234	対比	52
説得的コミュニケーション	146	脱自己中心化	193
セリグマン	71	達成動機	94
セルフ・ハンディキャッピング	122	田中熊次郎	192
セルフ・モニタリング	120	ダラード	164
セロトニン	225	短期記憶	73,74
宣言的記憶	76	男根期	172
選好注視法	176	知覚	41
潜伏期	172	知能	86
躁うつ気質	100	チャンク	74
想起	72	注意欠陥・多動性障害	196
双極性障害	225	注意の共有	188
相互抑制効果	145	中耳	46
操作動機	93	中心窩	44
創造的思考	84	中枢神経	42
相補性	135	中年期クライシス	210
ソーシャル・サポート	216	聴覚野	46
ソーンダイク	65,80	長期記憶	73,76
ソシオグラム	155	超自我	32,244
		聴衆	158
		直接音	46
		痛覚	48

た行

第一反抗期	185	ツェルナー錯視	55
胎芽期	174	ティンバーゲン	164
体験の共有	188	デカルト	24
胎児期	174	デシベル	47
代償	220	手続き記憶	76
対人凝集性	154	徹底操作	245
体制化	50	テラトゲン	174
体性感覚野	48	転移	245
第二次性徴	200	ドア・イン・ザ・フェイス法	147

同一化	220
投影法	117
道具的（オペラント）条件づけ	31, 65
瞳孔	44
統合失調症	226
洞察	80
闘争・逃走反応	59
同調	152
道徳性	186
逃避	220
ドゥンカー	80
トールマン	65
特性論	99, 106
ドメスティック・バイオレンス	234
トランスパーソナル心理学	34

な行

内観法	28
内言	66
内向型	102
内耳	46
内的統制者	124
内発的動機づけ	68
内閉気質	100
喃語	180
二重拘束	139
人間工学	36
人間性心理学	34
認知行動療法	248
認知症	213
認知的動機	93
粘着気質	100
ノーマン	57

は行

把握反射	177
バーコヴィッツ	164
パーソナリティ障害	230
パーソナルスペース	137
パーテン	190
バーナム効果	105
ハヴィガースト	169
バウム・テスト	117
箱庭療法	243
パチニ小体	48
発達障害（神経発達症）	196
発達心理学	37
バトラー	215
パニック	159
ハノイの塔の実験	67
バビンスキー反射	177
パブロフ	64
バルテス	168
ハロー（後光）効果	136
半構造化面接法	240
犯罪心理学	232
反射音	46
バンデューラ	165
反動形成	220
ピアジェ	66, 88, 186, 190
ひきこもり	201, 234
非言語コミュニケーション	138
非構造化面接法	240
ビッグ・ファイブ理論	107
ビネー	90
ヒューリスティック	81
不安症	222

ファンツ ・・・・・・・・・・・・・・・・・・・・・・ 176
フィーリンググッド効果 ・・・・・・・・・・ 131
フェヒナー ・・・・・・・・・・・・・・・・・・・ 26,41
腹側線条体 ・・・・・・・・・・・・・・・・・・・・・ 49
フット・イン・ザ・ドア法 ・・・・・・・・ 147
不登校 ・・・・・・・・・・・・・・・・・・・・・・・・ 201
不敗幻想 ・・・・・・・・・・・・・・・・・・・・・・ 153
普遍的無意識 ・・・・・・・・・・・・・・・・・・・ 33
プライミング効果 ・・・・・・・・・・・・・・・ 78
フラストレーション ・・・・・・・・・・・・ 164
プラトン ・・・・・・・・・・・・・・・・・・・・・・・ 24
フロイト ・・・・・・・・・・・・・・・・・・・ 32,244
プロダクティブエイジング ・・・・・・・ 217
プロファイリング ・・・・・・・・・・・・・・ 233
分離不安 ・・・・・・・・・・・・・・・・・・・・・・ 182
閉合の要因 ・・・・・・・・・・・・・・・・・・・・・ 50
ヘルツ ・・・・・・・・・・・・・・・・・・・・・・・・・ 47
ヘルマン格子 ・・・・・・・・・・・・・・・・・・・ 55
ヘルムホルツ ・・・・・・・・・・・・・・・・・・・ 27
扁桃核 ・・・・・・・・・・・・・・・・・・・・・・・・・ 49
ペンフィールド ・・・・・・・・・・・・・・・・・ 48
ペンローズの三角形 ・・・・・・・・・・・・・ 55
防衛機制 ・・・・・・・・・・・・・・・・・・・・・・ 220
傍観者効果 ・・・・・・・・・・・・・・・・・・・・ 144
報復の自己呈示 ・・・・・・・・・・・・・・・・ 133
ボウルビイ ・・・・・・・・・・・・・・・・・・・・ 182
歩行反射 ・・・・・・・・・・・・・・・・・・・・・・ 177
保持 ・・・・・・・・・・・・・・・・・・・・・・・・・・・ 72
ポッゲンドルフ錯視 ・・・・・・・・・・・・・ 55
ホランド ・・・・・・・・・・・・・・・・・・・・・・ 205
ホリングワース ・・・・・・・・・・・・・・・・ 202
ホン ・・・・・・・・・・・・・・・・・・・・・・・・・・・ 47
ポンゾ錯視 ・・・・・・・・・・・・・・・・・・・・・ 55

ま行

マイスネル小体 ・・・・・・・・・・・・・・・・・ 48
マクドウガル ・・・・・・・・・・・・・・・・・・ 164
マクレーランド ・・・・・・・・・・・・・・・・・ 94
マグレガー ・・・・・・・・・・・・・・・・・・・・ 160
マジカルナンバー7 ・・・・・・・・・・・・・・ 74
マスキング ・・・・・・・・・・・・・・・・・・・・・ 52
マズロー ・・・・・・・・・・・・・・・・・・・・・・・ 34
末梢神経 ・・・・・・・・・・・・・・・・・・・・・・・ 42
満足動機 ・・・・・・・・・・・・・・・・・・・・・・・ 92
ミューラー・リヤーの錯視 ・・・・・・・ 54
味蕾 ・・・・・・・・・・・・・・・・・・・・・・・・・・・ 49
無意識 ・・・・・・・・・・・・・・・・・・・・・・・・・ 32
メーラビアン ・・・・・・・・・・・・・・・・・・ 129
メルケル細胞 ・・・・・・・・・・・・・・・・・・・ 48
メルツォフ ・・・・・・・・・・・・・・・・・・・・ 177
妄想 ・・・・・・・・・・・・・・・・・・・・・・・・・・ 226
網膜 ・・・・・・・・・・・・・・・・・・・・・・・・・・・ 44
毛様体 ・・・・・・・・・・・・・・・・・・・・・・・・・ 44
燃え尽き症候群 ・・・・・・・・・・・・・・・・ 234
モブ ・・・・・・・・・・・・・・・・・・・・・・・・・・ 158
モラトリアム ・・・・・・・・・・・・・・・・・・ 198
モロー反射 ・・・・・・・・・・・・・・・・・・・・ 177

や行

やりとり分析 ・・・・・・・・・・・・・・・・・・ 115
有郭乳頭 ・・・・・・・・・・・・・・・・・・・・・・・ 49
夢分析 ・・・・・・・・・・・・・・・・・・・・・ 33,250
ユング ・・・・・・・・・・・・・・・・・・・・・ 33,102
よい連続の要因 ・・・・・・・・・・・・・・・・・ 50
養護性 ・・・・・・・・・・・・・・・・・・・・・・・・ 208
葉状乳頭 ・・・・・・・・・・・・・・・・・・・・・・・ 49

INDEX

陽性転移 ………………………… 245
抑圧 ……………………………… 220
欲求5段階説 ……………………… 34

ら行

来談者中心療法 …………… 242, 246
ライフ・キャリアの虹 …………… 205
ラガード ………………………… 162
ラタネ …………………… 144, 161
ラベリング ……………………… 131
ラポール ………………………… 246
リーダーシップ ………………… 148
離人性障害 ……………………… 222
リスキーシフト ………………… 153
離脱理論 ………………………… 217
リハーサル ……………………… 74
リビドー ………………………… 172
流行 ……………………………… 162
流動性知能 ………………………… 88
両眼視差 …………………………… 45
両面提示 ………………………… 146
リンゲルマン …………………… 161
臨床心理学 ………………… 37, 220
臨床心理士 ………………… 221, 237
類型論 …………………………… 99
類似性の法則 …………………… 135
類同の要因 ……………………… 50
ルービン ………………………… 203
ルール遊び ……………………… 190
ルビンの杯 ……………………… 51
ルフィニ小体 …………………… 48
冷覚 ……………………………… 48
レイトマジョリティ …………… 162

レビンソン ……………………… 204
老婆と娘 ………………………… 51
ローボール法 …………………… 147
ロールシャッハテスト ………… 117
ローレンツ ……………………… 164
ロジャーズ ………………… 35, 246
ロス ……………………………… 214
ロック …………………………… 25
ロフタス ………………………… 77
論理情動療法 …………………… 249

わ行

ワーキングメモリ ……………… 75
ワイナー ………………………… 125
ワトソン …………………… 30, 171
ワラス …………………………… 84

英数字

ABC理論 ………………………… 249
AD/HD …………………………… 196
DSM-IV …………………………… 230
EQ ………………………………… 91
IQ ………………………………… 90
LD ………………………………… 197
PM理論 …………………………… 149
PTSD ……………………………… 235
S-R理論 ………………………… 30
X理論 …………………………… 160
YG性格検査 ……………………… 116
Y理論 …………………………… 160
Z理論 …………………………… 160

写真・資料提供

- 写真提供：アフロ　shutterstock

おもな参考文献

- 久能徹・松本桂樹　監修『図解雑学　心理学入門』(ナツメ社)
- 山内弘継・橋本宰　監修『心理学概論』(ナカニシヤ出版)
- 小野寺敦子　著『手にとるように発達心理学がわかる本』(かんき出版)
- 松原達哉　編著『史上最強カラー図解　臨床心理学のすべてがわかる本』(ナツメ社)
- 岩田誠　監修『史上最強カラー図解　プロが教える脳のすべてがわかる本』(ナツメ社)
- 服部環　監修『心理学の「現在」がわかるブックガイド』(実務教育出版)
- 齊藤勇　著『図解雑学　人間関係の心理学』(ナツメ社)
- 齊藤勇　著『図解雑学　恋愛心理学』(ナツメ社)
- 齊藤勇　編『人間関係の心理学』(誠信書房)
- 福島哲夫　著『図解雑学　ユング心理学』(ナツメ社)
- 池上知子・遠藤由美　共著『グラフィック社会心理学』(サイエンス社)
- 林洋一　監修『やさしくわかる発達心理学』(ナツメ社)
- 林洋一　監修『史上最強図解　よくわかる発達心理学』(ナツメ社)
- 山下富美代　編著『図解雑学　発達心理学』(ナツメ社)
- 大村政男　著『図解雑学　心理学』(ナツメ社)
- 青木紀久代・神宮英夫　編著『徹底図解　心理学』(新星出版社)
- 清水弘司　監修『図解雑学　性格心理学』(ナツメ社)
- 匠英一　監修『知識ゼロからのビジネス心理術』(幻冬舎)
- 山本晴義　監修『ビジネスマンの心の病気がわかる本』(講談社)
- 柏木恵子・古澤頼雄・宮下孝広　著『新版　発達心理学への招待』(ミネルヴァ書房)
- 渋谷昌三　監修『スーパー図解雑学　見てわかる心理学』(ナツメ社)
- 福屋武人　監修『図解心理学』(学術図書出版社)
- 渋谷昌三　著『面白いほどよくわかる！心理学の本』(西東社)
- 青木紀久代　編著『徹底図解　臨床心理学』(新星出版社)

監修者略歴

大井晴策（おおい　せいさく）

元立正大学心理学部特任教授
1942年生まれ。1968年早稲田大学大学院文学研究科心理学専攻修士課程修了。関東短期大学、玉川学園女子短期大学、玉川大学などを経て立正大学へ。社会心理学、発達心理学、幼児教育など幅広い分野で活躍。近年は乳幼児の睡眠と生活習慣に関する研究などを行っている。著書に『親と子の心理テスト』（創拓社）、『独断と偏見　思い違いの心理学』（創拓社）、『深層心理テスト　あなたの恋愛doチェック』（二期出版）、『深層心理の読み方』（HBJ出版）、共訳書に『ヒューマンブレイン』（プレジデント社）、監修書に『恋愛を成功させる心理学』（土屋書店）などがある。

本書に関するお問い合わせは、書名・発行日・該当ページを明記の上、下記のいずれかの方法にてお送りください。電話でのお問い合わせはお受けしておりません。
・ナツメ社webサイトの問い合わせフォーム
　https://www.natsume.co.jp/contact
・FAX（03-3291-1305）
・郵送（下記、ナツメ出版企画株式会社宛て）
なお、回答までに日にちをいただく場合があります。正誤のお問い合わせ以外の書籍内容に関する解説・個別の相談は行っておりません。あらかじめご了承ください。

ナツメ社Webサイト
https://www.natsume.co.jp
書籍の最新情報（正誤情報を含む）はナツメ社Webサイトをご覧ください。

史上最強カラー図解
プロが教える心理学のすべてがわかる本

2012年2月9日初版発行
2024年4月10日第10刷発行

監修者	大井晴策	Oi Seisaku,2012
発行者	田村正隆	
発行所	株式会社ナツメ社 東京都千代田区神田神保町1-52　ナツメ社ビル1F（〒101-0051） 電話　03（3291）1257（代表）　　FAX　03（3291）5761 振替　00130-1-58661	
制　作	ナツメ出版企画株式会社 東京都千代田区神田神保町1-52　ナツメ社ビル3F（〒101-0051） 電話　03（3295）3921（代表）	
印刷所	ラン印刷社	

ISBN978-4-8163-5164-8　　　　　　　　　　　Printed in Japan
〈定価はカバーに表示してあります〉
〈落丁・乱丁本はお取り替えします〉

本書の一部分または全部を著作権法で定められている範囲を超え、ナツメ出版企画株式会社に無断で複写、複製、転載、データファイル化することを禁じます。